テキスト
総合型地域スポーツクラブ

増補版

日本体育・スポーツ経営学会／編

VARIOUS SPORTS	BASKETBALL SOCCER VOLLEYBALL BASEBALL	TENNIS TABLE TENNIS BADMINTON GYMNASTICS	
		JUDO KENDO SWIMMING SKIING	
	GOLF GATE BALL OUTDOOR SPORTS TREKKING	AEROBICS WALKING FOLK DANCE ……etc.	

大修館書店

ご　挨　拶

　このたび本学会の名において、地域におけるスポーツクラブづくりのテキストを出版することになりました。会の責任者として出版に至った経過や出版の意図を申し上げてご挨拶に代えさせていただこうと思います。

　ご承知のように平成12年に当時の文部省は「スポーツ振興基本計画」を発表いたしました。スポーツ振興法が公布されて以来の懸案事項が何と40年ぶりに実現したということになります。21世紀におけるスポーツ振興のあり方に大きな影響をもつ国家レベルのマスタープランでありました。そのスポーツ振興計画に盛り込まれた生涯スポーツ社会実現のための具体的な方策が総合型地域スポーツクラブづくりであることは読者のみなさんもご存じのことと思います。このクラブづくりは、実は平成7年度から国の補助事業として異例の高額補助によって始められておりました。住民の主体的な参加と経営を基本とする地域社会に根ざしたスポーツクラブづくりを全国に、という提案は、これからのわが国におけるスポーツのあり方を示す優れた構想であると思います。しかし他方で、補助金によってクラブをつくっていくという方法論は極めて不安を感じさせるものでした。案の定動き出したわが国の地域スポーツクラブづくりは、今日に至るも殆どといっていいほど順調に推移しているとはいえない状況です。最も大きな問題は、クラブづくりを進める人々や組織が抱いているクラブづくりの方向や理念に大きな差異が存在したまま、あるいは理念やビジョンなどといったものを欠落したまま、事態が急速に進んでいるということであります。理念や方向さえ踏みはずさなければ地域の特徴を生かしたクラブづくりは大いに結構なことですが、方向が間違ったまま進んでいったのでは取り返しがつかないことになると思います。

　日本体育・スポーツ経営学会は、総合型地域スポーツクラブを専門的な科学的研究の対象とする数少ない学術団体です。上に述べたような現在の混迷状態を傍観しているわけにはいきません。特に、体育・スポーツ経営学の研究は、理論を生み出したところで満足してはいけません。それが実践現場の方々に理解され、生かされてこそ評価されてしかるべきなのです。しかし、これまで学会といえば学者・研究者だけの閉ざされた組織というイメージがあり、実践現場とは遠く隔たった存在と受け止められてきたことも否めません。これまでの学会イメージを払拭し、わが国のスポーツが大きく変貌をとげようとしている今こそ、学会という立場から体育・スポーツの経営現場に貢献することが必要であります。こうした認識に立って、関東一円の地方公共団体の人々を中心に多くの体育・スポーツ関係者に呼びかけ、スポーツ経営セミナー2001「21世紀型生涯スポーツの豊かな発展を目指して―総合型地域スポーツクラブへの提言―」と銘打った研究集会を平成13年12月に開催しました。このセミナーでは、何よりも総合型地域スポーツクラブの正しい意味や方向性を伝えることを大切にしました。我々の呼びかけは予想以上の反響を呼び、定員を超える方々に参集いただき概ね好評を得ると同時に、さらなる本会の社会貢献に対するご要望も寄せられました。セミナーは一度限りで終わることなく、平成14年度には福岡と大阪で開催することが予定されています。

　本書は、その時作成された簡単なテキストがベースになっています。そして、セミナーによ

るだけでなく、広く関係する人々や将来関係を持つであろう学生諸君に訴えていこうという意図で企画されたものであります。敢えて「テキスト」という用語を使いましたように、本書は総合型地域スポーツクラブづくりの基礎・基本を示したテキストであり、マニュアル本ではありません。マニュアルは文部科学省も出していますし、類似の書はいくつか出版されていると思います。いずれの本とも異なる点は、総合型地域スポーツクラブの理論的な根拠を示しながら、ケーススタディをも行っているという点です。クラブづくりは終わりのない営みです。今の時点で成功例を見つけることは無理といわざるを得ません。その意味で、クラブづくりを合理的に進める技術的なマニュアルは存在しないといった方がよいでしょう。今大切なことはしっかりとした方向や理念を地域の一人一人が確認しあうことであり、それをふまえて第一歩をどのように踏み出すかであります。本書はその手がかりを与えてくれるものと確信しています。

　本書の執筆者は、学会の新進気鋭を中心にしています。いささか気負いや難解な表現が散見されるかも知れません。しかし、日本のスポーツの変革を目指す意欲に満ちています。未熟な点は忌憚のないご意見を寄せていただきたいと思います。

　最後になりましたが、本書が世に出るまでの技術的な問題は、大修館書店の太田明夫氏に全てお任せいたしました。この場をお借りしてお礼を申し上げます。本書が本学会としての責任ある社会貢献の契機となることを心から願っています。

平成14年10月

日本体育・スポーツ経営学会　会長　八代　勉
『テキスト総合型地域スポーツクラブ』編集委員長　清水　紀宏

| 執　筆 |

八代　　勉	筑波大学名誉教授	第1章
柳沢　和雄	筑波大学教授	第2章、第14章
赤松　喜久	大阪教育大学教授	第3章
作野　誠一	早稲田大学准教授	第4章、第5章、第9章、第14章
清水　紀宏	筑波大学教授	第6章、第8章
中尾　健一郎	長崎短期大学教授	第7章
野﨑　武司	香川大学教授	第10章
藤田　雅文	鳴門教育大学准教授	第10章
冨山　浩三	大阪体育大学教授	第11章
松永　敬子	龍谷大学准教授	第12章
木村　和彦	早稲田大学教授	第13章
齊藤　隆志	日本女子体育大学教授	第14章

| 編　集 |

『テキスト総合型地域スポーツクラブ』編集委員会

清水　紀宏（委員長）

柳沢　和雄

浪越　一喜

目　次

ご挨拶　　iii

第Ⅰ部　総合型地域スポーツクラブの基礎理論

第1章　総合型地域スポーツクラブとわが国のスポーツシステム ── 2

1．21世紀型スポーツシステムと総合型地域スポーツクラブ　　2
2．民間スポーツ・フィットネスクラブの役割と共存　　4
3．学校体育、既存スポーツ団体との関係　　4
4．都道府県・市区町村におけるスポーツ振興計画のあり方　　6
5．自立した住民をどのように育て、どう組織するか　　8
6．まとめにかえて　　10

第2章　総合型地域スポーツクラブの実像と虚像 ── 13

1．総合型地域スポーツクラブは「新規」の施策か　　13
2．総合型地域スポーツクラブが求められる社会背景　　15
3．総合型地域スポーツクラブの考え方　　20
4．総合型地域スポーツクラブの基盤　　22
5．総合型地域スポーツクラブ育成とその誤解　　23

第3章　地域社会におけるスポーツ組織・団体間の新しい関係づくり ── 30

1．クラブづくりの過程とクラブ運営におけるコンフリクト・マネジメント　　30
2．イノベーション採用・定着過程におけるコンフリクトの意義　　33
3．コンフリクトをいかにつくり、そして乗り越えるか　　34
4．既存組織・団体と総合型地域スポーツクラブの関係をどのように構想したらよいのか　　36

第4章　住民主導型クラブの形成とその支援 ── 42

1．「運動」としてのクラブ組織化　　42
2．クラブ組織化に向けた支援　　47

第5章　総合型地域スポーツクラブの経営 ─自主運営をめざして─ ── 51

1．自主運営のための組織と事業　　51
2．総合型クラブの経営と資源調達　　56

第6章　総合型地域スポーツクラブと学校開放 ——————59

1．総合型地域スポーツクラブづくりにおける「校区」の意味　59
2．学校開放の現代的意味　60
3．学校開放の現実と課題　62
4．学校開放の新しい展開－総合型地域スポーツクラブへ－　64
5．おわりに　67

第7章　体育行政システムのあり方と期待される役割 ——————68

1．求められるスポーツ行政の転換　68
2．地方分権・住民自治と総合型地域スポーツクラブ　68
3．総合型地域スポーツクラブに必要な地域スポーツ資源　71
4．生涯スポーツの振興における体育・スポーツ行政の役割　73
5．行政システムはどう変わらなければならないか　75

第8章　総合型地域スポーツクラブの育成と学校体育の改革 ——————78

1．はじめに－一人ひとりが豊かな環境創造に参加する時代へ－　78
2．生涯スポーツの発展を支える学校体育の意義　79
3．求められる部活動改革　80
4．部活動改革の方向性　82
5．部活動における生徒自治とは何か、またそれをどう具体化するか　84
6．おわりに－学校教師もクラブ会員に－　87

第Ⅱ部　ケースから学ぶ総合型地域スポーツクラブの育成方法

第9章　ケーススタディ①クラブづくりのプロセスに学ぶ
　　　　　［ふくのスポーツクラブ］——————92

1．はじめに　93
2．地域特性とスポーツ振興の経緯　93
3．「福野町スポーツクラブ連合」の設立　93
4．総合型「ふくのスポーツクラブ」への発展　95
5．「NPO法人ふくのスポーツクラブ」の誕生　98
6．クラブのこれまでとこれから　101

第10章　ケーススタディ②クラブスタッフの活動意欲を高める事業創造
　　　　　［岸和田市山直スポーツクラブ］——————104

1．はじめに　105
2．山直スポーツクラブの創設過程　105

3．クラブアイデンティティを高める事業創造　107
　　　4．おわりに　113

第11章　ケーススタディ③クラブを根づかせるマネジメント
［戸畑コミスポ（大谷コミュニティスポーツクラブ）］ ───── 114

　　　1．はじめに　115
　　　2．設立の経緯　115
　　　3．大谷コミスポの定着と運営上の転換期　116
　　　4．会員によるクラブ評価－会員のアンケート調査の結果より－　118
　　　5．クラブ定着のためのマネジメント－大谷コミスポから学ぶこと－　122
　　　6．大谷コミスポの今後の課題　123

第12章　ケーススタディ④クラブハウスを確保することの意味 ───── 125

　　　1．拠点としてのクラブハウスの役割　125
　　　2．クラブハウスの現状と意義　126
　　　3．クラブハウスを確保するまでのプロセスとその取り組み　128
　　　4．クラブハウスの整備にかかわる助成制度の活用　131
　　　5．おわりに－マイ・クラブハウス確保に向けて－　132

第13章　先行事例に学ぶ－総合型地域スポーツクラブの暫定的評価－ ───── 134

　　　1．現状での成果と問題点　134
　　　2．地域スポーツクラブが大きく育つための条件　140

第14章　"なぜクラブが育たないか"
－総合型地域スポーツクラブの考え方と課題－ ───── 144

　　　1．総合型地域スポーツクラブに対する誤解　144
　　　2．自立した総合型地域スポーツクラブをめざして　149
　　　3．近代システムとしての総合型地域スポーツクラブの危険性　154

資　料

　　　1．総合型地域スポーツクラブモデル図（文部省）　160
　　　2．文部科学省　総合型地域スポーツクラブ育成モデル事業　161
　　　3．スポーツ振興基本計画（抜粋）　161
　　　4．運動部・スポーツクラブの加入率　165
　　　5．既設総合型地域スポーツクラブの問題点と課題　166
　　　6．学校体育施設開放事業の推進について（文部事務次官からの通知）　167

第Ⅰ部

総合型地域スポーツクラブの基礎理論

第1章

総合型地域スポーツクラブと
わが国のスポーツシステム

1. 21世紀型スポーツシステムと総合型地域スポーツクラブ

(1) 行政主導で展開された20世紀のスポーツ振興システム

　わが国において本格的なスポーツ振興が政策として出されたのは、昭和36（1961）年におけるスポーツ振興法の制定以降であろう。当時は東京オリンピックの開催を控えて、オリンピックにおけるわが国の競技成績の獲得を視野に入れた競技スポーツの振興が基本にあったものと思われる。その後、昭和47（1972）年の保健体育審議会答申を契機として、一般大衆のスポーツの普及振興が本格的に進められるようになる。諸外国においてもスポーツフォアオール運動やトリム運動など、わが国と同じ頃に庶民のスポーツ・大衆のスポーツの振興が取り上げられている。それ以降の20世紀におけるわが国のスポーツの振興策には、一貫して国や地方公共団体がスポーツの普及・振興の推進主体として機能してきた。20世紀の後半40年近い間、いわば行政の主導によるスポーツ振興がなされてきたといえる。そして、ほぼ国民の30％程度が週あたり１回程度の運動を生活に取り込むようになったとされている。このスポーツ実施状況を諸外国、特にスポーツの盛んな国々と比較すると、決して高い率とは言い難い。あわせて、わが国における国民のスポーツそのものの、生活活動の中での重要度・優先度も決して高いものにはなっていない。スポーツを行うことのできる環境は、時間的な条件をはじめ、物的条件や人的条件等相当整ってきているにもかかわらず、である。このような状況を背景に、平成12（2000）年９月に文部省（現在の文部科学省）から出されたのが、スポーツ振興基本計画であり、総合型地域スポーツクラブを構築することによってわが国のスポーツの状況を大きく変えようという意図や、新しい

スポーツ振興システムを構築することの必要性をその中に読みとることができる。

(2) スポーツとの新しい関わり──スポーツを「支える」活動の重要性──

　近年、人とスポーツとの関わりに新しい視点が生まれてきている。すなわち、人類共通の文化としてのスポーツは単に「行う」という関わり合いだけでなく、「みる」そして「支える（創る）」という関わりを豊かに持つことが望ましいとされるようになってきている。とりわけ「支える（創る）」という関わりでは、ビッグスポーツイベントにおける各種のスポーツボランティアは、すでにオリンピックやワールドカップを中心にかなりの広がりを見せてきている。このようなビッグイベントのみならず、地域社会で展開される様々な「行う」スポーツをめぐる事業に対して、住民がボランティアとして活躍する創造的な活動が今後非常に大切になってくる。しかしこれまでは、このような地域活動に対する支援活動は、わずかな人々の間で行われていたに過ぎず、多くの人々は、スポーツの楽しさや喜びを自らの手で獲得することが大切なことを理解しないままに過ぎてきたという側面を持っている。新しい世紀の新しいスポーツ供給システムは、住民自らが創造することを基本とするものであり、多くの人々が「支える」活動に参加し、仲間とともに創造することによって発展するシステムである。

(3) 住民参加・住民主導型スポーツ振興システムとしてのスポーツクラブ

　総合型地域スポーツクラブは、まさに住民の自治的・自律的な活動を基調とするスポーツシステムである。一人でも多くの地域住民が、このスポーツシステムを支える役割を担い合いながら、生成・発展させていくべき性質のものである。そしてそのためには、一人ひとりの住民のスポーツ活動そのものが自律的であり、人に強制されたり、周囲の強いサポートによって生起するのではなく、本人の自由意思と責任において行われるようになっていくことが重要である。先に述べた20世紀におけるスポーツ振興方策のもとでは、どちらかといえば、本人の自律的・自発的な行動というよりは、他者に依存した形でのスポーツの状況が多くみられただけに、新しいシステムの構築には、住民はもとより、行政やスポーツ関係の団体・機関等、スポーツの振興に関わるすべての関係者の意識改革・発想の転換が必要であろう。したがってこの新しいシステムとしてのクラブを創造するためには、非常に大きなエネルギーが必要であるに違いない。

　平成7（1995）年から始まった総合型地域スポーツクラブづくりは、行政主導という、古いスポーツ振興システムのままで、新しいシステムを構築しようとする大変矛盾した一面を持っており、スポーツのイノベーションを促進するというよりも後退させる様相さえみせている。クラブづくりは住民の発意と熱意そして創意工夫によって成し遂げられるべき性質のものであって、行政がクラブづくりを直接手がけたり、過剰なサポートを行うべきではないと考える。今始まったばかりの新しいシステムづくりは時間をかけ、住民の創意を生かして、住民主導で展開されるべきであろう。

2. 民間スポーツ・フィットネスクラブの役割と共存

　総合型地域スポーツクラブは地域社会に根を下ろした公共セクターのスポーツクラブであり、同じスポーツクラブといっても、民間のスポーツクラブやフィットネスクラブとは様々な点で相違がある。メンバーの豊かなスポーツライフを実現するという目的や、人・もの・金・情報といった経営資源を整備充実させて、多様なスポーツ事業を提供するという、スポーツの経営体としての機能は共通している。しかし、住民の地域づくり、まちづくり運動の一環としてとらえることのできるほど公共性を持つ地域スポーツクラブと、企業として一定の収益を確保しながら経営を永続させねばならない民間クラブとでは、経営資源をはじめ、スポーツ事業の内容や経営の方法にも様々な相違点がみられる。

　民間スポーツクラブあるいはフィットネスクラブは、特にビジネスとして成立する都市部において、人々のスポーツライフを支えることに関して一定の役割を果たしてきている。スイミングをはじめとするアクアスポーツ、テニス、スキー、ゴルフそしてエアロビクス等に代表されるフィットネスやウエルネスといった、限られた運動種目をクラブやスクールといったサービスとして人々に提供してきている。とりわけ、アクアスポーツやゴルフは公共部門に比べて極めて優位な資源（施設＝屋内プール・ゴルフコース・練習場をはじめ、指導者やノウハウ）を武器にして、企業としての存続発展を続けてきている。公共部門で提供するスポーツ事業が集団的なスポーツを含む多様な運動種目を扱うのに対して、民間のそれは、上記のようにわずかの種目に特化して特徴を出しながら共存を図ってきたのがこれまでの状況である。

　総合型地域スポーツクラブの構想が出された当初、民間スポーツ・フィットネスクラブの業界には競合による経営の圧迫を危惧する意見も多少みられた。しかし、一部の種目に競合が起こるとしても、公共の屋内プールの設置が急ピッチで進むこともほとんどあり得ないことであるし、テニスにしても、民間の持つレベルの高いコーチングのノウハウを脅かすこともないと思われる。むしろ、地域社会におけるスポーツが今後成長しスポーツ人口が増加したときには、より専門的で高いレベルの指導を受けることのできる民間スポーツクラブのサービスの存在は、今まで以上に求められることが予想される。あるいは、民間のクラブのもつ物的資源と情報資源（ノウハウ）が、地域社会の総合型スポーツクラブをサポートするようになることも予想される。民間セクターには、共存あるいは自社の競争優位性を意識した経営が求められるところである。

3. 学校体育、既存スポーツ団体との関係

(1) 学校・学校体育

　住民主導の地域スポーツクラブの生成発展は学校および学校体育にとっても良い刺激と

なるにちがいないし、また積極的に関係を結んでいくことへの努力が学校と地域社会の双方に求められる。

　学校週五日制は子どもたちの生活を学校だけでなく、家庭や地域社会との関係を強めることを常態にするだろう。体育の授業をはじめ体育的な行事そして運動部活動といった学校における体育活動は、地域社会や家庭との関係を深めることによって、様々なメリットを生むことになる。そして、そのメリットは学校だけでなく、地域社会へも同時にもたらされるという好ましい状況も生まれてきている。学校の体育の授業や運動部活動に対して地域社会に居住する適切な専門的指導者が協力するという、いわゆる「外部指導者」の制度は、少人数化する学校教員組織の強化に貢献する側面を持っている一方で、指導・支援にあたった地域住民は、子どもたちとのふれあいを通して「自己充実」という非常に貴重な報酬を得ることになる。学社連携からさらに進んで学社融合という取り組みも始まっている。この取り組みでは、子どもと地域住民とが、時間的・空間的にそして内容までも共有する学習であり、総合的な学習への導入をはじめ、体育・スポーツ行事や部活動において導入の可能性が高く、学校および学校体育にとって好ましい状況へと進展していく可能性を大きく秘めていると言ってよいだろう。問題は、学校がこの新しい状況にどのように対応するかである。閉鎖的で、自己完結的な経営を進めてきたこれまでの学校経営を変革する力を自らに持つか、持とうとするかにかかっているといっても過言ではない。

　一方、地域社会やそれを構成する家庭に対しても、学校との関係構築への意識改革や協働への知識や能力の強化も求めねばならない。

(2) スポーツ・競技団体・既存のスポーツクラブの責任

　新しいスポーツ振興システムにもっとも敏感に反応し、自らの役割を自覚した行動をとるべきなのが、既存のスポーツ組織や団体そしてサークルであろう。新しいシステムはいわば民間（住民を含んだ）主導型の振興システムである。特に種目別のスポーツ団体は、これまでのように行政のサポートを受けながら、行政の仕事を分担するという役割から脱皮し、新しいスポーツ振興システムを構築し、推進する中心組織となることが期待される。また、地域社会に存在するスポーツ団体（スポーツ集団としてのクラブやサークル等）は、総合型地域スポーツクラブづくりの担い手として、これまでのスポーツ享受を通して身につけてきたノウハウとボランティアシップを発揮すべき大切な存在である。

　ところで、平成7(1995)年に始まった総合型地域スポーツクラブづくりや平成13(2001)年度を始期とする「スポーツ振興基本計画」に盛り込まれている地域スポーツ振興体制の構築に、これらスポーツ・競技団体や既存のスポーツ団体はどれほど積極的に行動しているだろうか。今のところよい実践例を耳にすることはなく、聞こえてくるのは、既存のスポーツ団体からの無関心さや反対や抵抗であったり非協力的態度ばかりである。わが国の国際的な競技力の向上を支える基盤が地域社会にあることを考えれば、総合型地域スポーツクラブにおいて自スポーツ種目が一定の位置を保つことは極めて重要であり、そこから将来のアスリートが誕生する可能性も大きい。そうであれば、クラブづくりとその背景に

ある新しいスポーツ供給システムの考え方を具現化するために率先的に着手することが競技団体に今求められる行動であろう。一方、既存のスポーツ集団としての多くのスポーツクラブは、これまで長きにわたって、地域社会に存在するスポーツ環境を利用してスポーツを楽しんできている。今起こっている新しい改革への歩みは、既存のスポーツクラブ加入者を巻き込みながら、新しいスポーツ愛好者を増やしていこうという住民の社会運動である。既存のスポーツクラブおよびそのメンバーがこの新しい動きを起動させることなしに、総合型地域スポーツクラブという新しいスポーツシステムづくりは成功するはずがないと考える。しかし、クラブづくりを進めている自治体の中には、既存のスポーツクラブが既得権を楯にしながら協力を渋るところが多く見られるために、既存のスポーツクラブ抜きでクラブを発足させている事例すら見られる。将来に禍根を残す取り組み方であることを否定できない。

4．都道府県・市区町村におけるスポーツ振興計画のあり方

(1) 総合型地域スポーツクラブづくりを方向付けるスポーツ振興計画の必要性

　平成12（2000）年9月にスポーツ振興法の公布以来初の国家スポーツ振興基本計画が世に出された。基本計画を作成する直接的な契機は、スポーツ振興投票制度の成立にあったとされるが、基本計画は単にサッカーくじの収益金の処理のしかたに基礎を与えるというものではなく、文字通りわが国のスポーツの総体を振興・発展に導くための基本計画であるはずである。スポーツ振興法においては、「（計画の策定）」の項で次のように規定されている。

第四条　文部科学大臣は、スポーツの振興に関する基本的計画を定めるものとする。
　2　文部科学大臣は、前項の基本的計画を定めるについては、あらかじめ、審議会等の意見を聴かなければならない。
　3　都道府県及び市（特別区を含む）町村の教育委員会は、第一項の基本的計画を参しゃくして、その地方の実情に即したスポーツの振興に関する計画を定めるものとする。
　4　都道府県及びスポーツ振興審議会が置かれている市町村の教育委員会は、前項の計画を定めるについては、あらかじめ、スポーツ振興審議会等の意見を聴かなければならない。

　国の基本計画が出された今、都道府県及び市区町村はそれぞれ独自の基本計画の策定に取り組むことが求められている。基本計画の柱となっている、①国民の豊かな運動生活の実現をめざす、生涯スポーツ社会の実現に向けた、地域におけるスポーツ環境の整備充実方策、②わが国の国際競技力の総合的な向上方策、そして③生涯スポーツ、競技スポーツと学校体育との連携を推進するための方策、の3項にわたる総合的な基本計画を都道府県及び市区町村は策定する作業に取りかからねばならない時期に来ている。ここでは、上記3つの視点を考慮しながら、特に地域スポーツの振興に関する基本計画の在り方について

取り上げてみよう。なお、国の基本計画の策定はスポーツ振興法の公布以来初めてと記したが、地方公共団体においては、おそらく何回となく振興計画を策定してきた経緯があるはずである。今回の国の計画の理念や視点には十分配慮しながらも、地方自治体の独自性豊かな計画が創造されることは大いに望まれるところであり、国の計画のコピーとならないように計画策定の責任にあたる者は心すべきであろう。

(2) 自治体における基本計画策定上の留意事項

①現状の正しい把握に立脚した計画の策定を

一般に計画は、目標、目標達成のための内容や方法・手段、実施のための期間・時期が明確にされている必要がある。目標は達成の可能性のあるものであること（達成のための内容や方法・手段が予測できるもの）、達成度の測定が可能であることが必須条件である。国の計画においても政策目標に示されている内容は、生涯スポーツ社会の実現という目標を、「できるかぎり早期に、成人の週1回以上のスポーツ実施率が2人に1人（50％）となることを目指す」と示しているように、達成度を測定できる数値目標を掲げている（問題があるとすれば、測定時期と測定の方法が不明）。

目標から、目標達成の方法等の基本的な計画を策定するに際して地方自治体が最も重視する必要があるのは、現状・実態の正確な把握に尽きると思われる。国が示した運動の実施率は果たして正しく国民の運動生活の実態を反映しているかどうか。基礎となったのは、総理府による「体力・スポーツに関する世論調査」に基づく推計である。この種のデータは、地域社会→市区町村→都道府県→国という流れで把握されることが望まれるが、これまでに地方自治体においてもスポーツの実施率を精密に把握するということは行われておらず、推計値に基づく目標設定となったわけである。地域社会でのスポーツ人口調査が市町村単位でまとめられ、それを都道府県ごとに集計して国としてのスポーツ実施状況を総合的に把握するという仕組みが確立されたならば、非常に意味のある数値となるであろう。そこで、今回の市区町村の基本計画の策定にあたっては、地域住民のスポーツ実施状況の把握をできるだけ正確に行うというところからスタートさせてほしいと考える。

スポーツの実施状況だけでなく、スポーツを実施する上で必要な環境条件の整備状況や人々のスポーツ活動を阻害している要因等についても、できるだけ正確に把握することが必要である。個々の市区町村が振興計画を策定する上で収集した様々な情報はそのまま都道府県の基本計画を策定するための重要な資料となるであろうし、都道府県の教育委員会にあっては、個々の市区町村に対して基本計画策定の方法に関するガイドラインを示すことは重要である。

都道府県の基本計画は市区町村の実態をベースにして立案される。個々の市区町村への助成・指導・支援のための計画とあわせて、県レベルで実施すべき生涯スポーツに関わる事項（例えば、スポーツ指導者の育成・援助、県レベルの生涯スポーツ関連行事等）に関して、達成すべき目標とそのための条件整備に関する計画を立案すべきである。特に、スポーツ環境の整備に関する都道府県レベル独自の役割をふまえた整備目標の策定が非常に

重要であろう。スポーツの実施状況は個々の市町村によって一様ではない。実施率の高い市町村もあれば、低いところもあるであろう。市町村はそれぞれの実施状況を基礎にして自市町村の達成目標を設定するであろう。したがって、それを平均して県の目標値を設けることも統計的には可能であろうが、その数値は県としての計画策定上さほど意味を持つものではない。むしろ、市町村のスポーツの振興状況を把握した上で、それぞれの自治体に応じた支援策を立てたり、都道府県レベルの事業に関する計画が基本となる。

❷計画の策定は組織的に

スポーツ振興法においても、基本的な計画の策定に関してはスポーツ振興審議会の議を経るものとあるように、都道府県においてはスポーツ振興審議会に諮問するとともに、必要に応じて計画策定に関するワーキンググループの形成が望まれる。とりわけ、総合型地域スポーツクラブの生成発展という課題は単に教育関係部局で処理できる性質のものではなく、まちづくり、厚生、福祉、建設というように様々な部局を横断して、それぞれが関係を持ちながら実現していくべき大きな課題である。行政組織内だけでも上記の関係者による協議に基づく計画の立案が望まれるし、市町村においては、さらに各方面から市民を加えて、総合的な計画立案作業が進められるべきであろう。

❸計画の住民への周知と継続的な評価を

総合型地域スポーツクラブづくりが市町村の行政課題として登場したことは間違いないことであるが、このクラブづくりの構想がどれだけ一般市民に浸透しているだろうか。おそらくほとんど知られていないというのが今日の状況であろう。行政としては、計画の立案から実行に際して市民の参加とともに、情報の公開を推進していくことが重要であろう。

また、計画に盛り込まれた目標は、継続的に達成状況を評価することが求められる。とりわけ、スポーツの実施状況に関する情報は年間を通して常時把握できる情報管理システムが市町村内、市町村間で構築されることが非常に重要である。都道府県の仕事の大きな部分はこの情報システムの構築と言っても過言ではない。

5．自律した住民をどのように育て、どう組織するか

総合型地域スポーツクラブを核とする住民主導・参加型のスポーツ供給システムを構築していく上で、もっとも難しいことは、住民がそのようなクラブ、そのようなシステムを求めるか、そして積極的に経営に参加するかという問題である。行政主導型に慣らされてきた住民にとっては、あえてなぜそのような負担を好んで求めるのか、といった言葉がでてきそうである。しかし、わが国の今日の状況を変えていく上で、新しいシステムへの転換は正しい選択である。したがって、その理想を実現するパートナーとしての自律的なスポーツ愛好者をいかに育てるか、という課題を時間をかけながら解決していく必要が生じている。

自律した住民をいかに育てるべきか、非常に難しい問題である。と言うよりは育成という考え方はいかにも行政主導の思考であり、自律的な住民が育っていくような環境の醸成

こそが今必要である。家庭教育をはじめとして地域社会における教育そして計画的・意図的にスポーツに対する意味や価値を教育する学校における体育・スポーツ教育において、自律的なスポーツの主体が育っていくように、家庭、地域、学校が連携しあいながらその責任を負っていくべきである。そこで、スポーツに対する自律的な態度や技術をいかにして育ててていくべきかについて述べてみよう。

(1) 家庭の責任

子供達が最初に出会うスポーツ（運動）は、父や母などとの遊びからであろう。幼少年期に家庭における運動経験を豊かに持つことは、その後の運動生活にとって好影響を持つことは間違いないであろう。運動以外の生活習慣を含めて幼少年期における家庭教育を十分果たすことのできる能力を家庭自身が持つようになることが望まれる。しかし家庭教育力の低下は覆うべくもない事実であることを考えると、家庭の教育力を高めるための様々な支援活動が社会の中で用意される必要性が増してきている。もちろん家庭の構成員一人ひとりがスポーツに対する好意的な態度やスポーツの処理能力・享受能力を高めようという意識を持つことや、高める努力をすることも極めて大切なことであろう。

(2) 地域社会の責任

家庭の教育力が衰退してきている上に、これまで家庭の教育力の向上に役立ってきたあるいは家庭の教育力を補完してきた地域社会の教育力も低下している現在の状況は大きく変えていかねばならない。地域社会は生活の場をともにする住民が自分たちの生活課題を自律的に解決していく場である。地域におけるスポーツ振興という課題に直面しそれを解決することができる住民組織が構築されねばならない。実は総合型地域スポーツクラブや住民主導型のスポーツ振興システムづくりは、地域の問題解決能力を蓄えることをめざした営みという側面を持っている。はじめに力を蓄えて組織化を進めるのではなく、組織化の過程、地域の様々な問題を自律的・主体的に解決していく過程を通じて、地域の教育力を高めていくという永続的な取り組みが求められよう。

(3) 学校の責任

学校の一番の責任は、児童生徒に生涯スポーツへの教育を徹底することである。単に運動に対する好意的な態度を形成するにとどまらず、スポーツを創る力、ボランティア活動の重要性等、生涯にわたって自他のスポーツライフの充実に努めることのできる人間を育てることが重要である。小学校－中学校－高校という段階を通してこのような力が確実に付いていくことの責任を持つことが学校の役割である。もう一つの役割は、地域社会における住民の参加型供給システムや、総合型地域スポーツクラブづくりへの協力である。単に物理的に学校の施設を地域住民に開放するだけでなく、学校の持つ教育機能を地域住民の学習に役立てていくということも望まれるところである。生涯学習時代にあっても、学校の先生方の「教育者としての専門性」を越える力を具備した地域住民はそれほど多くを

期待できないだけに、学校教員の専門的な知識や能力を是非とも地域社会に提供してほしいものである。学校と地域社会との連携や融合という関係の形成を積極的に推進させていく上でも、学校の組織的な理解と協力が必須であるし、それを行うことによって学校にとっても地域社会の協力を引き出すことにつながるであろう。

(4) 行政の責任

　これまでの行政主導型のスポーツ振興システムから住民主導型のシステムへ再構築する際に行政は何をすべきであろうか。同様に今始まっている総合型地域スポーツクラブの組織化において、行政が果たすべき役割は何であろうか。端的にいえば、行政は地域のスポーツ振興にとって、住民ができないことをなすべきであろう。できないこととは何か。スポーツを行う上で必要な物的環境の整備（地域レベルのスポーツ施設の充実、学校施設と地域施設との共同利用化の推進等）や人的な資源の充実、すなわち有能なスポーツボランティアの研修機会の提供、そしてスポーツ関連情報の収集および提供等、いわゆるスポーツを行うために必要な基盤の整備である。逆にスポーツクラブという人的なネットワークを創る仕事は住民自らが行うべき中核的な仕事である。そしてクラブとしての発展にとって必要な様々なスポーツ事業すなわち、スポーツ教室や行事の運営、施設の管理運営、そしてクラブを構成する多くのサークルや同好会等のスポーツ集団を組織したり活動を調整するといった仕事も、住民自らが自律的、自治的に行うべき性質の仕事である。

　文部科学省が平成7年度より始めた総合型地域スポーツクラブモデル事業は、上に述べたような行政が行うべき仕事とはおおよそかけ離れた、むしろ住民自らが行うべき仕事を国および地方公共団体が代替して行っているとさえみることができ、決して望ましいことではない。さらにいえば、国や地方公共団体が金を出してスポーツクラブを創るという発想自体を軌道修正しなければならないと考える。今始まったばかりの新しい社会への転換期に、軌道の修正を図ることは決して無駄なことではない。クラブづくりの核心部は住民が担うべきであり、行政はあくまで環境整備に専念すべきであることを銘記しなければならない。

6. まとめにかえて

　これまで述べてきたことをもう一度図に示しながら、まとめてみよう。

　図1-1は、これまでの、あるいは今もなお多くの市町村で展開されている地域スポーツの供給システム（経営システム）である。市町村におけるスポーツ行政は教育委員会の責任において行われ、市町村民の運動の成立や維持に必要な諸条件の整備をするのが行政の役割である。運動の成立・維持に直接的な関わりを持つ「スポーツ事業」（A.S.、P.S.、C.S.の3つのサービスが基本）を計画して提供する仕事と、スポーツ事業の基礎をなす経営資源を整えるという仕事の両方を行政の責任において実施する、これがこれまでの供給（経営）システム、すなわち、行政主導型スポーツ供給システムである。

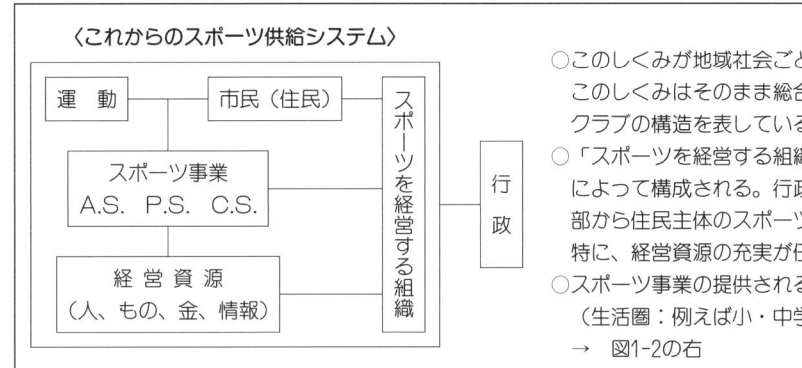

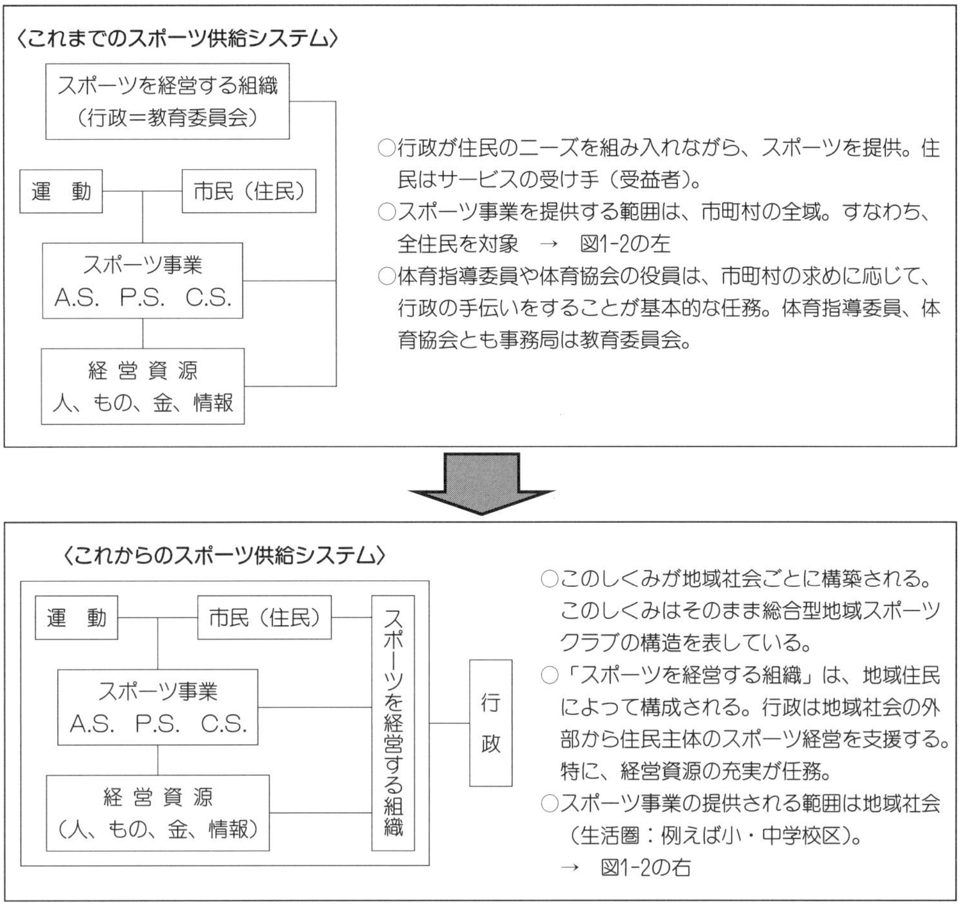

図1-1 スポーツ供給システムの転換

注）A.S.：Area Service＝施設の一般（個人）開放事業、P.S.：Program Service＝各種スポーツプログラムを提供する事業、C.S.：Club Service＝スポーツ集団を育成・援助する事業

　このようなシステムは、図1-2の左図に示すように市区町村全域を行政事業でカバーするという形を取ることが多く見られる。人口規模の大きな市町村の中には、地域社会を意識したゾーニング（区割り）に基づいて、それぞれのゾーンごとに、図1-1のようなシステムを設置するという方法をとっているところも見られる。もちろんキメの細かな行政という視点からいえば、ゾーニングをして地域スポーツ行政を行っているところの方が望ましいことではあるが、この場合でも、地域ごとに行政の出先の施設を作り、そこを拠点にした行政主導型のスポーツ供給システムであることは同じである。

　このような行政主導型のシステムによって、わが国の地域スポーツは進められてきたが、その結果は住民の「スポーツに対する自律性・自治性」「スポーツを創る力」「自らのスポーツを自らの手で」「スポーツを盛んにすることは住民の責任」というような意識や能力を育てることに結びつくどころか、行政依存の体質を助長してきた。スポーツを通しての「まちづくり」などというスローガンも単なるスローガンにとどまっている観を受ける。住民の代表として受け止めることもできる体育指導委員や体育協会のメンバーたちも、行政の

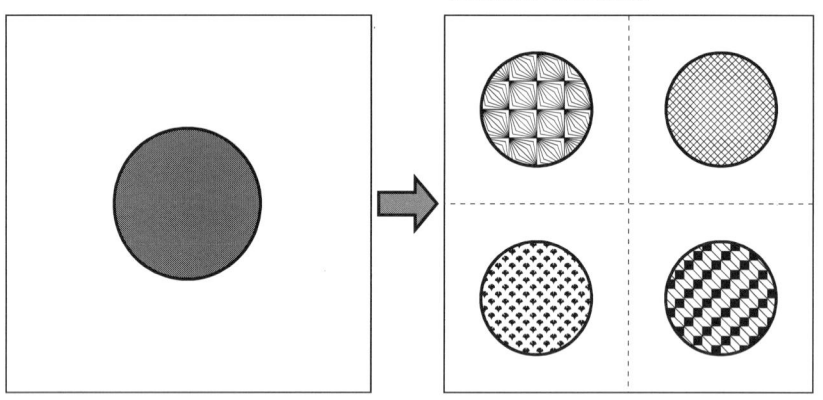

図1-2　地域スポーツの振興に関わる捉え方の転換

指示や依頼によって行動することが多く、住民の代表として自らスポーツ振興のための施策を提案するということも決して多くはない。

　このようなシステムが本来のスポーツ振興にとって最適なシステムであったかどうかを問い直してみるとき、スポーツの導入期や成長期にはともかくとして、成熟期に入った21世紀には明らかに様々な問題を含んでいることが明らかになってきているように思う。文化としてのスポーツは、享受者自らの努力や貢献を必要とするものであるし、そうであるからこそ、住民が自分達のこととしてその向上を目指して努力を惜しまないものである。地域に根ざした総合型のスポーツクラブづくりはこのような文化としてのスポーツの基本理念と具体的なスポーツの処理能力や教養を持った人々によってのみ創り上げることができるものであろう。

　これからのスポーツ供給システムは、図1-1の下図のように、地域社会を基盤にして（図1-2右図）、地域住民主体の組織によって営まれるシステムである。住民の運動・スポーツ活動の成立に必要なスポーツ事業を提供する仕事やその基礎となる経営資源を整える仕事を住民組織が主導的に行っていくのであり、行政はこのようなシステムをサポートする役割に徹するという構造をもっている。総合型地域スポーツクラブは、実はここでいうスポーツ供給システムと全く同じ機能と構造をもっているといっても差し支えない。行政区域内には複数のこのようなシステムが存在するわけで、行政はそのような地域ごとの個性をもった複数の住民組織が自律性をもちながらよりよい組織へ発展していくための支援を行うことが求められる。

第2章

総合型地域スポーツクラブの実像と虚像

1. 総合型地域スポーツクラブは「新規」の施策か

(1) ヨーロッパ型スポーツクラブの模倣ではない——過去の施策から学ぶ——

　総合型地域スポーツクラブを説明する際によく引用されるのは、ヨーロッパ型のスポーツクラブである。もちろん理解を促すためにヨーロッパ型クラブを参考にすることには意味があろう。特に、スポーツを人々の生活にとって欠かすことのできない生活文化としてとらえ、主体的にその活動に取り組むという価値観やライフスタイルは大いに学ぶところがある。

　しかし歴史や制度が異なるヨーロッパ型クラブを日本に持ち込んでも、独自のスポーツ振興施策の経緯と背景を持つ日本ではそれは現実的意味があるとは思えないし、むしろ育成に対する意欲をそぐ場合さえある。総合型地域スポーツクラブの育成に当たっては、各自治体が展開してきたスポーツ振興施策との整合性を検討したり、これまでの成果が総合型クラブの基盤となりうるかを吟味しなければならない。総合型クラブは過去の施策の延長線上にあることをまずは押さえておくべきであろう。

　今、必要なのはこれまでのスポーツ振興事業を見直すとともに、どのような地域社会を構想するかという検討作業である。それはスポーツが如何に地域生活にとって重要な文化的活動であるかというスポーツの社会的な意味（例えばスポーツによる青少年の健全育成とか地域の人間関係の広がりによる地域づくりなど）の確認作業でもある。おそらく、過去のスポーツ振興施策の検討とこの確認作業の延長線上に総合型地域スポーツクラブが待っているに違いない。

(2) 地域スポーツクラブ連合育成事業の教訓

「スポーツ教室からスポーツクラブへ」といった、いわゆる三鷹方式[1]に代表される行政手法によってこれまで数多くのスポーツクラブが意図的に育成されてきた。そのスポーツクラブの9割以上は年間を通して同じ種目を行うチーム型のクラブであるという[2]。チーム型クラブの増加は、活動拠点の確保や、活動が継続しないといった多くの課題を抱えるようになる。そうしたチーム型クラブが抱える課題や地域スポーツの課題解決のために、文部省は昭和62（1987）年から地域スポーツクラブ連合事業を展開していた。その概要は表2-1の通りである。

クラブ連合には、チーム型クラブの増加に伴う活動施設や財源の確保といった諸問題に対応するとともに、地域スポーツ全体の効率化や活性化、そして自主的に問題解決ができる組織育成への期待があった。しかしその後の展開を顧みると、クラブ連合が十全に機能

表2-1 地域スポーツクラブ連合育成事業の概要

昭和62年度（新規）33市町村　年間事業予算300万円　1/3を国庫補助（平成6年までに全国44市町が実施）

〈事業概要〉
　クラブの活動を一層充実させ、主体的なものにするためには、個々のクラブを有機的に連合させた組織を育成し、活動の活性化を図るとともに、連合組織による体育施設の効率的な活用を図ることが必要である。このため、国は、市町村の公共体育施設や学校体育施設を拠点としたクラブの連合組織を育成するための各種事業に対して助成することとし、もって、生涯スポーツの一層の普及発展に寄与しようとするものである。

〈事業内容〉
1. 企画連絡会議の開催
　　月2回程度実施　経費（資料印刷、会議室借料、会議費、その他）
　　①事業の企画・立案・調査等を行う
　　②個々のクラブが抱えている運営上の諸問題を自主的に解決する場として機能する
　　③個々のクラブ代表者やリーダー、体育指導委員、関係団体の代表者、有識者等で構成
　　④市町村担当者も加わり、行政目の指導援助、行政の窓口としての役割を果たす
2. スポーツ情報の提供
　　経費（講師、医師、相談員及びテスターの謝金、その他）
　　①クラブの相互理解を図るだけでなく、クラブ員以外の一般住民への啓蒙活動を通じ、クラブへの新規加入等も行う。
3. スポーツクラブ指導者の研修
　　年3回（1回は2日位）程度実施　経費（講師の謝金、その他）
4. スポーツ指導者の派遣
　　経費（指導者の謝金、場合によっては旅費、その他）
5. スポーツ交流大会の実施
　　年12回程度実施　経費（審判員への謝金、会場借料、その他）

〈連合組織〉
　本事業は、当面、市町村が直接各種事業を通じ連合組織づくりを行うこととし（第3者等に委託して行う事業ではない）、将来は、市町村から独立した連合組織として継続的なスポーツ活動を実施していけるようにすることをねらいとしている。連合組織は、市町村の規模やクラブの多少によって1以上の組織も考えられる。また既存の組織（市町村体協等）との関わりも無視できない場合も考えられるので、この場合、既存の組織の傘下の組織として取り込んでいくこと等の工夫も必要となる。

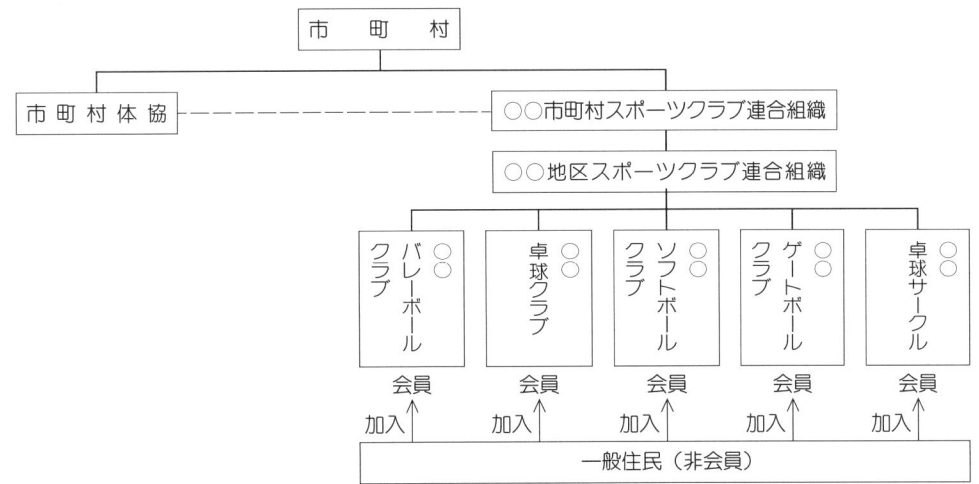

図2-1 連合組織図例

しているケースはまれであった。例えば、行政主導で学校施設を利用するクラブ連合を地域ごとに組織したが、クラブ連合の活動内容は施設の利用調整や事務連絡が中心であったり、既存の体協や公民館事業との調整が取れなかったり、行政がお膳立てしすぎたために自主的な活動には発展しなかった。また、連合が地域住民のために家族ぐるみ、地域ぐるみのイベントを催したり、スポーツの指導をするといった社会的活動をするまでには至らないケースもある。中にはクラブ連合に入ると活動費がもらえるという大きな誤解もあった[3]。補助金交付期間が終わると活動が停滞するケースなどを見ると、クラブ連合は連合に加盟する各クラブの利益を保証するための仕組みとしてみられていたともいえる。

確かにスポーツクラブ連合を組織化することによって、施設の効率的利用、指導者の確保、財源の安定的獲得といったメリットは期待できる。しかしクラブ連合は、地域のスポーツ資源の効率的活用のためにだけあったのではない。連合化することによって多様なスポーツの楽しみ、他のクラブとの交流といったクラブにとってのメリットや、単独クラブではできない事業展開が可能になったり、学校週五日制に対応できる地域の教育力やコミュニティ形成に貢献できるといった可能性が期待されていた。

2．総合型地域スポーツクラブが求められる社会背景

総合型地域スポーツクラブの必要性を考える場合、地域スポーツが抱えている問題との関連でその現代的意味を捉える必要があろうし、さらにはスポーツが社会的便益を持つとするならば、地域生活が抱える生活課題との関連からの検討も重要になろう。

(1) 地域スポーツの閉塞状況

①地域スポーツの基本的課題

年間に1回以上スポーツを行う人口は68％、1週間に1回以上スポーツを行う割合は約

37％であり[4]、日本もスポーツ大国になった感がある。確かにスポーツ人口は増大したと評価できるものの(スポーツ人口を増やす施策はなお継続されねばない)、地域スポーツの様相は「地域」にふさわしいものになっているとは言い難い。

極端な表現をすると、現在の地域スポーツはチャンピオンシップスポーツのコピーということができよう。すなわち、地域スポーツがチャンピオンシップスポーツの論理である勝ち負けの論理で実践されている場面も多く見られる。それゆえ地域スポーツにおける様々な問題が発生してきている。もちろんスポーツは「アゴン（競争）の原理」に基づいて組織化された活動であるので、勝ち負けを否定してしまうとスポーツは成り立たない。問題はスポーツに内在する「競争（競い合う）」楽しさを地域生活を豊かにする論理の中でいかに消化してゆくかにかかっていよう。

②地域のスポーツ活動の様相

日本人は地域の中でのスポーツの「楽しみ方」を十分理解しているのであろうか。スポーツは開放的と思われがちであるが、日本における地域スポーツは競争論理を重視するがゆえにその活動の様相は極めて閉鎖的になっていると思われる。すなわち、多くのスポーツクラブの活動を見ると対外試合に向けた練習が活動の中心となり、一年中同じ仲間と同じスポーツ種目を行っている。また、クラブの人間関係は選手と補欠というチーム型のクラブが多く、歴史と戦歴のあるクラブほどその敷居は高い。

さらに"自分たちが楽しめればよい"という意識を持つクラブや住民が少なからずおり、施設利用をめぐる既得権を主張し独占するといった「楽しみ」の囲い込み現象が見られる。また、クラブに限らず地域住民は行政依存、あるいは他者依存的性格が強く、第三者がスポーツ環境を整備してくれないとスポーツ実践が起こらないという傾向があるし、スポーツ行事などのスポーツ環境を整備するプロセスに参加しようとしない住民が多いのが現状である。

③地域のスポーツ環境の様相

地域のスポーツ環境の整備に関しては、以前から比べれば住民のニーズに対応しようと徐々に整備されてきてはいるものの、依然としてスポーツ教室、スポーツ行事といったプログラムを中心とした行政主導型の事業展開が多く見られる。行政主導型の事業展開はスポーツ振興の初期には必要であったものの、地方分権化が進む中でその継続は困難になることも予想されるし、何にも増して地域住民の自主性は育成されず、自立したスポーツ組織は育たないであろう。地域スポーツの主体は誰なのか、また行政は何をすべきかを再検討する必要があろう。

また、従来のスポーツ事業の構成方法をみると、人間関係分節型の事業展開をしてきている。すなわち、子どもは子どもだけで、高齢者は高齢者だけで、障害者は障害者だけで集団を作るようスポーツ事業が企画されている。もちろん指導効率や安全性といった側面からはそのような同質の仲間でのスポーツ活動は妥当なものと言えようが、「地域」にふさわしいスポーツ活動としては十分とは言えない。地域は「生活の場」であり、このような分節型のスポーツを展開しているのでは、住民の地域理解や地域生活は広がらない。例え

ば、子どもはどの程度「地域」を知っているのであろうか。働き盛りの男性はどの程度地域を知っているのであろうか。今の子どもにとって「地域」とは学校に行く通学路であり、道草をして近所の大人の生活を見たり地域での生活体験をする場ではなくなっている。

(2) 多様な地域の生活課題

総合型地域スポーツクラブ育成事業は、単にスポーツを行う仲間や活動の総合化だけを意味するものではない。それらの活動を通して、豊かな地域生活の実現が期待されるところであるが、我々の生活を取り巻く環境は地域スポーツクラブ連合育成事業が展開された当時とは様相が大きく異なってきている。ここでは、そのいくつかを取り上げてみたい。

①解決されないコミュニティ問題――増殖する都市的生活様式――

中枢都市への人口の集中化と地方町村の過疎化を背景に、コミュニティ再編の議論がなされたのは昭和40年代のことである。その問題は依然として解決されているとはいえないが、コミュニティ再編問題の背景には、人口の集中化だけでなく、日本人の生活様式の変化も見てとれる。

高度経済成長期を経て我々の生活は物的な豊かさと、制度的な利便性を確保してきた。問題はその豊かさと利便性が地域にもたらした影響を理解するところにある。そのような豊かさと利便性は、人々の欲求の多様化と高度化に対応するために、物やサービスの生産体制が高度に専門化・分業化したことによってもたらされた。教育関係で言えば学習塾や予備校は学校や家庭以外の専門的なサービス機関であるし、スポーツにおいては多くの競技団体や民間のスポーツクラブもその専門機関である。このような分業化は確かに生活の利便性はもたらしてくれたものの、消費者が生産のプロセスを理解しないままお金を出せば生活できる社会を生み出してきた。このような生産する人の顔を見なくとも、隣人と人間関係を持たなくとも生活できる状態を「都市的生活様式」と呼んでいるが[5]、この問題は一部人口の集中する都市だけの問題ではなく、全国各地でコミュニティの崩壊現象を生んできた。

②高齢化社会のコミュニティ問題

平成13年度国民生活白書によると[6]、2020年には65歳以上の高齢化率が27.8%に達するという。また、2000年での65歳以上の高齢者の家族形態を見ると、一人暮らしが14.1%、夫婦のみは33.1%である。このような家族形態の高齢者は今後益々増加する一方であり、高齢者の健康・体力づくり問題とともに、高齢化社会における地域生活、コミュニティ問題を検討しなければならない。

③少子化問題と教育改革――変容する子どものスポーツと学校――

少子化現象は、子どもの遊びやスポーツに変化をもたらしてきている。特に、子どもの遊び仲間の小規模化や外遊びの減少、人数不足で成り立たない運動部活動、少子化がもたらす新規教員採用減による顧問不足と顧問の高齢化問題など、子どもの遊びやスポーツの環境が変化してきている（学校運動部活動については別途述べられる）。

また、近年増加している子どもの社会問題や生活問題は、子どもの学力観や従来の学校

昭和20年～34年	昭和35年～49年	昭和50年～平成5年
「年中行事」中心の生活	「月」単位の生活	「週」単位の生活
・お盆、正月、夏祭り、秋祭りに合わせた生活 ・農繁期には学校は休み ・遊び仲間の規模は大 ・異年齢の遊び仲間 ・外での群遊び	・TVの普及（昭和43年には世帯普及率93%）で「テレビっ子」 ・マスメディアからの情報に敏感となり流行現象 ・遊び集団の小規模化 ・外遊びの減少	・「乱塾時代」の到来（通塾率：平成5年：小学生59.5%、中学生23.6%） ・遊び仲間の小規模化促進 ・地域での遊び仲間の欠落 ・遊ぶ空間は学校だけ（囲い込み）

図2-2　子どもの生活の変化（国立教育会館社会教育研究所[7]）

表2-2　「隠れた教育力」の低下（国立教育会館社会教育研究所[8]）

①家庭の教育力
　(i) 生活の厳しさが持っていた教育力の低下　→　○耐性の低下　○自立欲求の促進
　(ii) 集団が持っていた教育力　→　大家族・兄弟は社会のシミュレーション、役割と共同
　　　　　　　　　　　　　　　→　ソーシャルスキル、問題解決能力
②地域の教育力
　(i) 家族以外の人々との交流から生まれる教育力
　　　　　　　　　　　→　地域の人は「第2の親」、地域は「庭」「生活圏」
　　　　　　　　　　　　　第3の空間としての地域の喪失とメディア空間の肥大化
　(ii) 自然体験の持つ教育力
　(iii) 遊びの持つ教育力　→　○身体的・運動的発達　○社会性の発達　○情緒の安定化
　　　　　　　　　　　　　　○自主性・自発性の獲得　○知的能力の開発
③学校の教育力
　(i) 学校の隠れた教育力　→　学校で形成された友人関係は信頼関係を成立させ、相互に刺激しあい、子ども文化を伝達

教育の機能の見直しを迫り、多くの教育改革が進められている。例えば、2002年から完全実施された学校週五日制は、子どもの生活にゆとりをもたらすことを一つの意図としたものである。これらの教育改革は学校の問題だけでなく家庭や地域の問題としても捉えられている。すなわち子どもの教育や健全な育成は、学校の中だけでは達成することはできず、家庭や地域社会が協力することで可能となるものであるとの認識が広まっている。いわゆる学校・家庭・地域の連携の中で地域がいかに子どもの教育や育成にかかわることができるかという課題は、必然的に地域社会や大人の在り方の問題となる。

④地方分権化――問われる自治体行政――

平成10年に出された地方分権推進計画は、国と地方、都道府県と市（区）町村をこれまでの上下関係から対等あるいは協力関係に改め、自治体の自主性・自立性を高めようとするものである。地域生活に関する課題解決を自治体行政や住民に委ね、個性豊かで活力に満ちた地域社会の実現を図っていくことを意図し、スポーツ振興法の改正等がなされている。財政赤字を背景とした地方分権化や義務教育問題をめぐる規制緩和等に関しては疑問

を持たざるを得ない内容もあるものの、今後益々地方分権化は進むであろう。

　この地方分権化がもたらす地域社会への影響を想像してみると、次の2点が課題としてあげられよう。1点目は、自治体の取り組みによって自治体間格差が大きくなる点である。自治体が個々の施策課題に何を取り上げるかによって、より充実する生活内容と切り捨てられる生活内容とがでてこよう。もちろんそのような自治体の個性を実現するところにも規制緩和の意図はあるものの、住民の地域生活における欲求をバランスよく満たす方策が求められよう。2点目は、地方分権化は、地域間格差に対する住民の評価がなされるということになる。すなわち住民は「暮らしやすい地域」に対して評価を行うことになるであろうし、今まで以上に住民の自主性と市民としての活動が求められるようになろう。それゆえ、行政及び住民には自己責任が求められることになる。

表2-3　スポーツ振興法にみる体育指導委員の位置づけ

旧スポーツ振興法	改正後のスポーツ振興法
第19条　市町村の教育委員会に、体育指導委員を置く。 2　体育指導委員は、教育委員会規則の定めるところにより、当該市町村におけるスポーツ振興のため、住民に対し、スポーツの実技の指導その他スポーツに関する指導、助言を行うものとする。 3　体育指導委員は、社会的信望があり、スポーツに関する深い関心と理解を持ち、及びその職務を行うのに必要な熱意と能力をもつ者の中から、教育委員会が任命する。 4　体育指導委員は非常勤とする。	第19条　市町村の教育委員会は、社会的信望があり、スポーツに関する深い関心と理解を持ち、及び次項に規定する職務を行うのに必要な熱意と能力を持つ者の中から、体育指導委員を委嘱するものとする。 2　体育指導委員は、教育委員会規則の定めるところにより、当該市町村におけるスポーツ振興のため、住民に対し、スポーツの実技の指導その他スポーツに関する指導、助言を行うものとする。 3　体育指導委員は、非常勤とする。

⑤情報技術革命──新たな社会関係の出現──

　情報技術の革命が産業の形態や生活を激変させるという認識は一般的なものになった。高度情報通信社会はもう始まっており、既に多くの社会問題が発生している。情報技術革命は、その利便性とともにそれを活用する人間及び地域生活に及ぼす影響についても認識しておかねばならない。例えばインターネットによるコミュニケーションは、直接的なコミュニケーションにある相手の表情などのような多様な情報をもとにしたコミュニケーションではない。それゆえコミュニケーションはある意味で非人間的な側面を持たねばならないし、その匿名性には人間の孤立化と多くのトラブルが内在していよう。また、インターネットによる新たな人間関係が生まれる可能性もあるものの、その人間関係やコミュニティは、いわゆる地域社会とは異なったコミュニティであることにも留意したい。地域スポーツに関して言えば、インターネット上でスポーツの仲間を募り一過的に活動する若者が既に出現している。このような集まりはスポーツの集団ではあるものの、地域生活やコ

ミュニティを基盤としたものではない。

　以上のような観点からみると今後の地域生活や地域スポーツは今まで以上に分節化されたものになっていくと予想されるが、それに対応した仕組みを地域スポーツは持っていないのが現状である。地域スポーツは、これまでの実績が評価されると同時に、どのように地域生活と地域スポーツを拓くことができるかが試される時期にきている。

3．総合型地域スポーツクラブの考え方[9]

(1) 地域スポーツクラブの成立過程と諸問題

　先に指摘したように日本における地域のスポーツクラブの9割以上はチーム型のクラブである。スポーツクラブは成員のボランタリー（自発的）な参与にもとづき構成される集団である。その参与は当然のことながら意図される活動目的と目的達成のための活動内容に関する相互理解がなければならない。しかしその目的は、あるものは「競技」を志向し、別なものは「楽しみ」を求めるといったように、構成員全員の共通理解が得られるとは限らない。目的の相違は当然のことながら活動内容に反映され、技量の相違も手伝って、クラブ内に考え方の違うグループを生み出すことになる。このような問題は多かれ少なかれほとんどのスポーツクラブが経験するものであろうが、成員の自律的な運営への参加とその方法の工夫によって克服可能な問題であり、そのための運営方法、成員間のコミュニケーションの確保が課題になる。

　また成員の自律的な参加は、指導者や技術レベルの高い一部成員によってクラブ活動が方向づけられるのではなく、成員が自律的に参加する大会や活動目的・内容を決定してゆく主体性を前提とするが、この力が今後の地域スポーツにとって重要になる。すなわち生涯学習社会を前提にすれば、スポーツを受動的に画一的に享受するのではなく、個人や集団にとってのスポーツの価値、さらにはスポーツの社会的な価値を主体的に選択し、自己実現と集団に貢献する意欲にもとづいた活動が重視されなければならないであろう。そして指導者、予算、施設といったクラブの経営資源の確保も極めて現実的な問題である。

　特に活動場所の確保はクラブの存続を左右する問題であり、近々多くのクラブが避けられない問題となろう。

(2) 地域スポーツクラブが抱えるジレンマ

　チーム型のクラブの中には、メンバーの確保に悩むクラブも出てきている。構成員の確保が困難な状況は、なぜ生じるのであろうか。一般的に、メンバーの減少は、活動年数の長いクラブほど深刻であると予想される。その原因にはもちろんメンバーの高齢化という現象もあろうが、現実的な問題は、なぜ新しいメンバーが入ってこないかにある。

　スポーツには技術の高低が明確に表れたり、それにともなう勝敗や記録がついてまわる

種目が多い。スポーツの技術向上や勝利をめざして活発にクラブ活動を行うことは決して非難されるべきものではない。勝利至上主義云々とスポーツが批判されるのは、活動の内容が過度に技術や勝利に偏るところにある。従ってスポーツの持つ競技性や技術差、あるいは勝ち負けの考え方を、集団の問題として共同して処理する能力がクラブになければ、そのクラブは分裂を免れないであろう。

　また、勝利をめざして継続的に活動するためには、いわゆる集団のまとまり（凝集性）を高める必要がでてくる。確かにクラブが成立するためには成員間に「われわれ意識」が必要になるし、長続きしているクラブはまとまりがよい。一方、集団の凝集性が高いことは、一方で外部からみると壁が高いことを意味する。従って、まとまりのよいクラブほどメンバーの確保に四苦八苦することになる。さらに、例えばスポーツ施設の利用をめぐって既存のスポーツクラブが既得権を主張するといった問題や「自分たちだけが楽しければよい」といった傾向をよく耳にするが、このような閉鎖性を持てば持つほどスポーツクラブのメンバーの確保は困難になるし、地域の中で孤立（場合によっては対立）することになる。従ってメンバーの確保が困難な減少に直面しているクラブは、他のクラブや地域社会との関わりを持つなど、外部に対する壁（閉鎖性）を取り払う努力が足りなかったのではないだろうか。

　練習内容や成員間のコミュニケーション不足、意見を反映させる運営方法の検討も、継続的な参加やメンバーの確保を促すためには重要な問題である。特に、チャンピオンシップスポーツを志向したクラブ活動である場合には、集団の活動が技術志向的でピラミッド型になりやすく、成員が運営に参加する機会が少なくなり、自己実現の機会を失ってしまう。また単一種目型のクラブ活動では活動内容がマンネリ化するであろう。さらに、気のあった仲間だけで閉鎖的な小さなクラブをつくったり、個人の健康・体力づくりを志向するほど（健康体力づくりを否定しているわけではない）、楽しみ方や活動が「私化」し、個人や集団の個別な欲求充足に偏り、クラブの社会性を失うことになろう。

　このようにスポーツクラブは、スポーツに内在する特性や集団の特性がもたらす閉鎖性と、その閉鎖性を克服する開放性を同時に満たさなければならないというジレンマと常に直面しているのである。このジレンマを克服するところに今後の地域スポーツクラブの課題があり、そのためには主体的にスポーツ価値を選択できるクラブと個人の育成とその運営、そして社会に開かれた活動、公的な便益を志向する総合型地域スポーツクラブの育成が期待されよう。

(3) 総合型地域スポーツクラブの現代的意味

　地域のスポーツクラブは、自発的な集団であるためにその解体も多くみられる。考え方によっては、スポーツクラブは、参加者にとっての必要性が確認されなくなった時点で解散し、次の必要性を充足する集団を形成するといった柔軟な機能的集団として考えることもできる。しかしスポーツクラブの崩壊は、その内部に住民であるメンバー間の問題を内包していることが予想され、その問題を処理しきれない非自治的な特性を残したまま次な

る活動を展開しても地域スポーツの発展は期待できない。

　従って、このようなスポーツクラブの課題は、行政依存的でもなく、自分たちの楽しみのためだけを求める活動集団でもなく、地域の「草の根」的な自治的活動として地域生活の中に組み込まれる必要がある。地域スポーツクラブは、住民の自発性に基づくものであり、個人の生き方や価値観を反映したものである。個人の私生活の重視と行政への依存的傾向を強めてきたスポーツ活動を、どのように再編するか、さらには地域スポーツ活動を媒介にして、個別化された地域の人間関係のつながり（社会的ネットワーク）の形成を模索する必要がある。

　総合型地域スポーツクラブの特徴は、中学校区程度の範域の多様な特徴を持った住民で構成される、他種目・多世代型のクラブで、活動拠点を持ちながら会員の自主的な運営によって営まれるクラブであるといわれる（巻末資料1参照）。平成24年7月の段階でクラブ立ち上げ市町村数は1,192で3,048クラブ、創設中は293市町村で348クラブという。全国の78.2％の市町村が総合型クラブの創設に動いていることになる。しかしそのクラブの形は多様であり、これが総合型地域スポーツクラブであるという厳密な定義はない。しかし地域スポーツ振興施策の経緯や、地域スポーツクラブや地域生活が抱えている諸問題との関連から、総合型クラブの多様な形態の根底に位置する基本的特性をみると、それはスポーツという私的活動と公共的な地域生活とを結びつける「共」という活動領域に位置づく自治的な中間集団であるといえよう。また、スポーツ振興という観点からは、自治的な中間集団が地域住民に開かれたスポーツ事業を提供するという意味では、公共セクターとは異なる「共」としてのスポーツ経営体であり、地域生活という観点からはスポーツを通した社会的ネットワークの再編による地域再編が期待される生活拡充システムであるということができよう。

4. 総合型地域スポーツクラブの基盤 ― スポーツ振興施策の見直しと体系化 ―

　総合型クラブの創設をめぐっては、既に創設された地域から消極的な地域までその取り組み方は幅広い。各地域にはこれまでの経緯や地域特性があり一様には進まないし、既存の協会や団体が存在する中で新たな組織化が直面する壁は大きい。総合型クラブの育成に際しては、まずは地域スポーツをめぐる現状の把握と再検討をする中で、総合型育成の基盤づくりが検討されるべきであろう。

　その基本となるのは、市町村全域を対象としたスポーツ振興事業の見直しである。地域スポーツは日常生活圏におけるスポーツ振興が基礎となり、その積み上げが市町村のスポーツ振興につながる。日常生活圏をどのように捉えるかは地域によって異なるが、中学校区程度の範域を日常生活圏として捉えられる地域では、それを一つのゾーンとして設定し、そのゾーン内で顔の見える人間関係を基盤としたスポーツ振興が図られるべきである。このようなゾーニングの中でのスポーツ事業は市町村全域を対象とした事業ではなく、ゾーン内のクラブや個人を対象とした施設開放事業やプログラムサービスなど、誰でも参加で

表2-4　平成元年度保健体育審議会答申

　市区町村は、施設利用のエリアを考慮して、人口や小・中学校などをもとに、その行政区域をいくつかの地域に細分化（ゾーニング）し、各地区ごとに地域住民の日常的なスポーツ活動のための身近な施設を整備すること。（市区町村では、日常的なスポーツ活動の場となる「地域施設」と、市区町村全域を対象とした事業展開を中心とする「市区町村域施設」に分けて施設を整備することが提案されている。）

表2-5　平成9年度保健体育審議会答申──学校体育施設の共同利用化──

　学校体育施設は、地域住民にとって最も身近に利用できるスポーツ施設であり、地域住民共通のコミュニティスポーツの拠点となることが期待されている。〈略〉
　このため、今後、学校体育施設については、これまでの単なる地域住民へ場を提供するという「開放型」から、学校と地域社会の「共同利用型」へと移行し、地域住民の立場に立った積極的な利用の促進を図ることが必要である。このため、ハード面とソフト面を一体的・有機的に整備充実することにより、地域住民のスポーツ・学習のみならず、いわゆる社交の場としての機能を発揮できるよう……

きるスポーツ事業が提案されるべきである。
　またその活動拠点は、学校施設に拠る地域が多くなるが、学校開放の見直し、特に学校開放運営委員会の組織化やその機能の見直しが重要になる。委員会が単に施設利用の調整だけでなく、自主的に子どもや地域住民に事業を提供するというスポーツ経営体としての機能を持つことが総合型クラブ育成の基盤となる。また、学校開放運営委員会だけでなく、地区スポーツ振興会といった地区毎の振興組織の育成も総合型クラブの種子となろう。そしてスポーツ経営体としての活動を通して、総合型クラブの立ち上げの前提となる豊かな地域生活を志向した地域スポーツ振興の考え方を広げるとともに、自主運営能力を持った住民組織と人材の養成が可能となろう。

5. 総合型地域スポーツクラブ育成とその誤解

　総合型地域スポーツクラブ育成をめぐっては、関係者の間に誤解が見受けられることもある。ここでは総合型クラブを理解し、育成する上での留意点をいくつかあげてみたい。

(1) 総合型地域スポーツクラブは多様である──身の丈にあったクラブづくり──

　先に述べたように地域にはこれまでの施策の経緯があったり地域特性がある。そのような地域差を前提に総合型クラブの育成を考えると、文部科学省が示したモデル（巻末資料1参照）はあくまで参考のモデルとして受け取らなければならない。地域スポーツセンターを拠点として、多様な特性を持った地域住民が会員となり、多様なスポーツ活動が自由に選択できる仕組みを持つのは、総合型クラブの将来的な目標とはなっても直ちに実現できるとは限らない。地域で盛んな種目とか、ボランティア指導者の確保が可能な種目から

表2-6　総合型クラブの多様化例

①クラブの理念・目的
　総合型クラブの理念・目的が、スポーツ振興に特化したクラブから、スポーツ振興及び地域の生活課題解決を目指したクラブまでがある。クラブの理念や目的は、総合型クラブ育成の出発点であり、理念・目的のおさえ方によって、活動内容や組織の作り方は変わる。

②クラブの範域
　総合型クラブの中には、市町村全域の住民を対象としたクラブから小学校区の住民を対象としたクラブまで、その範域は多様である。（「ゾーニングと総合型地域スポーツクラブ」を参照）

③活動目的
　総合型クラブは、健康づくりや楽しみ、そして会員の相互交流の場としての機能が期待されている。しかし中には既存の体育協会との関連もあり、競技という視点を取り込めないクラブもある。

④スポーツ種目
　総合型クラブのモデルでは「多種目」とされているが、何種目を用意すればよいか。1種目では従来のクラブと変わりはないが（多世代という点は異なる）、種目数が決まっているわけではない。極端な言い方をすれば、地域の特性に応じて、1種目多世代型からスタートし種目を増やしていく方法も考えられる。

⑤クラブ員の構成
　多世代型を目指す総合型クラブではあるが、現実のケースでは小・中・高校の子どもたちがほとんど会員となっていないクラブもある。総合型クラブの理念から見ると問題であり、総合型クラブ育成の過程やクラブで可能な種目や活動内容が検討されねばならない。

⑥活動内容
　総合型地域「スポーツ」クラブではあるが、スポーツ以外の文化的活動も展開しているクラブがある。

⑦活動の拠点施設
　活動の拠点はクラブの継続的な活動に欠くことのできない条件であるが、拠点となるスポーツ施設がなくともクラブハウスだけで活動しているクラブもある。さらに、公共スポーツ施設を受託・運営し、活動拠点とするとともに財源を得ているクラブもある。

⑧設立母胎
　総合型クラブの母胎となっている組織は、スポーツ少年団から様々な団体代表で構成されるものまで多様である。中には地区体育協会あるいは学校開放運営委員会を総合型クラブの母胎にしようとしている地域もある。また、体育指導委員が組織メンバーのほとんどを占める偏ったものもある。

⑨クラブの財源
　総合型クラブの運営は会費をベースとするが、会費以外にも自治体や国からの補助金、スポーツ振興投票制度の補助金などに依存しているクラブも多い。また、自主財源としてスポンサーを募ったり、公共スポーツ施設の運営受託によって委託費を財源とするクラブもある。

⑩運営組織の特徴
　総合型クラブはスポーツの愛好家やクラブの趣旨に賛同した人々で組織する非営利の活動を行う任意団体である。しかし、総合型クラブが地域住民の健康づくりやスポーツ振興、子どもの教育や地域づくりなど公的な活動をするようになると、中には特定非営利活動促進法に基づくNPO法人格を取得するクラブもある。

スタートするといった今できるクラブづくりから取り組むべきであろう。また、多世代の住民の参加を期待するならば、スポーツ少年団や学校運動部との関係も問題になるであろうし、障害を持った住民も受け入れるとすれば慎重な準備が必要になる。また、総合型クラブの運営委員会も新たに組織するだけでなく、スポーツ少年団を核にしたクラブや、学校開放運営委員会あるいは地区体育会など既存の組織機能を拡充したクラブなどについても検討する意味はあろう。総合型クラブの将来を見据えつつ、地域の特性に応じた、身の丈にあったクラブづくりが求められよう。

(2) ゾーニングと総合型地域スポーツクラブ──「中学校区程度」の意味──

　現在総合型クラブ育成に取り組んでいる自治体を見ると、総合型クラブが対象とする範域は小学校区から自治体全域を対象としたものまで多様である。総合型クラブが対象とする範域は、各自治体が地域の状況に応じて設定すべきであろうが、基本的には日常生活圏を想定したゾーン内でのクラブ育成が求められよう。もちろん人口規模の小さな自治体では、町村全域といったクラブが構想されることもあろう。当初文部科学省が想定していた「中学校区程度」という表現は、おそらくこの日常生活圏を想定したと思われる。従ってそれが小学校区であることもあろう。日常生活圏をゾーニングし、そこで総合型クラブを育成することで、「顔の見える」人々が集い、スポーツを楽しむ、そして地域全体で子どもを育てたり地域を活性化することが可能となろう。

　その意味でも小学校及び中学校の学校開放は、公共スポーツ施設の不足を補完する意味だけでなく、地域のコミュニティセンターとして地域住民が集える空間及び多くの人材の機能を生かす空間として期待されよう。学校は地域にとって極めて重要な生涯学習と生涯スポーツを支える社会資本である。また、子どもが一年間通える施設でもあるため、地域の多くの人が利用できる範囲にあり、顔の見える活動が期待される。

(3) 「スポーツ」に対する拒否反応とスポーツ事業──コミュニティクラブへの展開──

　総合型クラブだけに限ったことではないが、「スポーツ」というと拒否反応を示す住民も多い。その人たちのスポーツに対するイメージは、高い技能を持った人の勝利を目指した禁欲的な活動、というイメージを強く持っているようである。総合型クラブでいうスポーツは、勝利を志向するスポーツだけではなく、むしろ誰でも楽しく参加できるスポーツを志向していることは言うまでもない。モデルの中でも技能の高低に関係なくとはしているものの、その理解には誤解があるようである。従って、総合型クラブではウォーキングやグラウンドゴルフなど誰でも参加できる種目が用意されることはもちろん、スポーツ以外の文化的な活動も構想されることで、現在はスポーツを行っていない人も参加しやすくなるであろう。そのようなクラブは「スポーツクラブ」というよりも「コミュニティクラブ」といった名称の方がふさわしいものとなろう。

　また、総合型クラブの実施事業を見ると、スポーツ教室やイベントがそのほとんどを占めているケースもある。特に現在スポーツを行っていないクラブ員以外の住民には、その

表2-7 総合型地域スポーツクラブの活動の広がり

(a) 参加できる多様なスポーツ種目
(b) 多様な年齢層の参加と交流
(c) 多様な特性（障害の有無など）を持つ人々への開放性と交流
(d) 多様な活動目的（健康・体力、楽しみ、交流、競技力など）の実現
(e) スポーツ経験や技能レベルを問わない開放性
(f) 行い方（スポーツの場）の総合性（クラブサービス、プログラムサービス、エリアサービス）
(g) スポーツからその他文化的活動へ
　　スポーツ活動だけでなく、多様な趣味活動や文化活動を受け入れることによって、より多様な人々を取り込んだコミュニティクラブとしても機能できる。
(h) 地域の生活課題解決機能
　　子どもの遊びや教育問題への貢献やスポーツ環境の整備、高齢者の生活の豊かさへの貢献など、地域の生活問題を解決できる機能を持つ可能性がある。

〈スポーツクラブ〉ではなく〈コミュニティクラブ〉でもよい

ような事業の提供も期待されるものの、そのようなプログラムだけでは会員同士や会員と非会員とのコミュニケーションも広がらないし、人間関係も形成しにくい。地域住民のつながりを拡大するように、総合型クラブ内でのサークル活動やクラブライフの充実という「クラブ」としての活動も検討されねばならない。

(4) 総合型地域スポーツクラブはスポーツ経営体──フィットネスクラブではない──

　総合型クラブに対する説明と理解をみると、「多種目」「多世代型」「自主運営」といったキーワードが注目されているようである。もちろんそれらの特徴は総合型クラブを理解する際に欠かすことはできないものであるが、あわせて留意したい点は、総合型クラブは会員及び非会員（一般住民）に対して各種のスポーツ事業を提供する機能を持つ「スポーツ経営体」であるという点である。スポーツの愛好家が集まってクラブの活動を行っているだけでは総合型クラブの社会的意味は実現しない。またこのような機能を持つクラブであるからこそ、スポーツ人口の拡大につながるのである。

　さらにスポーツ経営体としての総合型クラブは会員の自主運営が基本とされる。すなわち会員は会員自身がスポーツを楽しむと同時に、スポーツの場づくりや各種事業の企画・運営に参加することも前提にされている。従ってクラブ会員は「お客さん」ではなく、クラブの運営をめぐる責任と義務を引き受けるスポーツ経営体の構成員でもある。もちろんある程度の「ホスピタリティ」は重要かもしれないが、スポーツサービスの「提供者」とその「享受者」という図式は総合型クラブにはないと考えるべきである。主体的にスポーツ事業の企画や運営に参加し、損得なく「支えるスポーツ」を楽しむ会員が増えることによって、よりよいスポーツ事業が展開できるし、その活動自体が会員の生涯学習・生涯スポーツともなる。総合型クラブはフィットネスクラブではない。

(5) 持ちよりのクラブづくり──「ないない」から「あるある」へ──

　総合型クラブ育成の阻害要因として、活動拠点となる地域スポーツセンターがないとか、中心となる人材がないといった声が聞かれる。「人・もの・金」といった経営資源が十全に揃っている自治体などは存在しない。そのような資源がなくとも、総合型クラブ育成の意味が理解され、その育成に取り組んでいる自治体もある。地域にはそれぞれ特徴があるのであるから、今「ある」なかでどのような取り組みが可能かを検討すべきである。条件が揃ってからでは総合型クラブは過去のものになっているであろう。目の前の子どもたちの育成あるいは地域住民のスポーツや生活問題の解決は条件が整うことを待ってくれない。

　総合型クラブの運営委員会を組織する際には、多様なボランティアが多数必要となる。多様なスポーツ指導をする実技指導者から、総合型を運営するコーディネーターやマネージャー等の組織指導者といった人材が必要である。これら多くのボランティアが関わることで、個人の負担を軽減することができ、多様なスポーツ事業の提供が可能になる。さらには地域の人間関係の形成にもつながる。

　総合型クラブの運営で大きな問題となるのは「会費制」である。総合型クラブの運営経費は会員の会費で賄われるべきで、補助金をあてにしたクラブは長続きしない。これまでのスポーツ施策、あるいはその他の生涯学習施策の多くは、よりスポーツや生涯学習を促進するため安価な参加費、あるいは無料で各種事業を行ってきている。そのような過保護な施策になれてきた地域住民には、自分の楽しみや健康づくりにかかる必要経費を支払う習慣は育たなかった。もちろん子どもや高齢者と一般成人とでは負担能力は異なるので一律に会費を徴収することには問題はあるものの、負担能力に応じた最小限の会費を持ちより、「ある」なかで知恵を出し合い「支え合う」喜びを理解してもらいたいものである。また、市町村内で行われている公民館事業など他の事業との整合性も求められる。

(6) 総合型地域スポーツクラブの理念──課題の共有化と教育施策・地域施策へ──

①スポーツを越えた地域の生活課題の共有と地域生活の提案

　スポーツ関係者に総合型クラブの構想を持ちかけると、「なぜ総合型クラブをつくらなければならないか」「今は困っていない」といった反応が返ってくる。確かに今スポーツを行っている人は「不満はあるが、困っていない」のかもしれない。また、スポーツに関わっていない部局の人には、「それはスポーツ振興課の仕事」として一蹴されてしまう。

　ここで重要な点は、「総合型地域スポーツクラブは単なるスポーツ愛好者の集まり」ではなく、地域の生活課題を解決する糸口として総合型クラブを位置づけ、地域生活を豊かにする仕組みとして理解してもらうことにある。

　単にスポーツをする集まりとしてのスポーツクラブづくりではなく、例えば、「学校週五日制における子どもの遊び環境の提供」であり、「地域で子どもを育てることが地域づくりにつながる」といった総合型の先にある地域生活が提案されなければ、多くの人々の理解と協力は得られない。

〈課題の共有〉

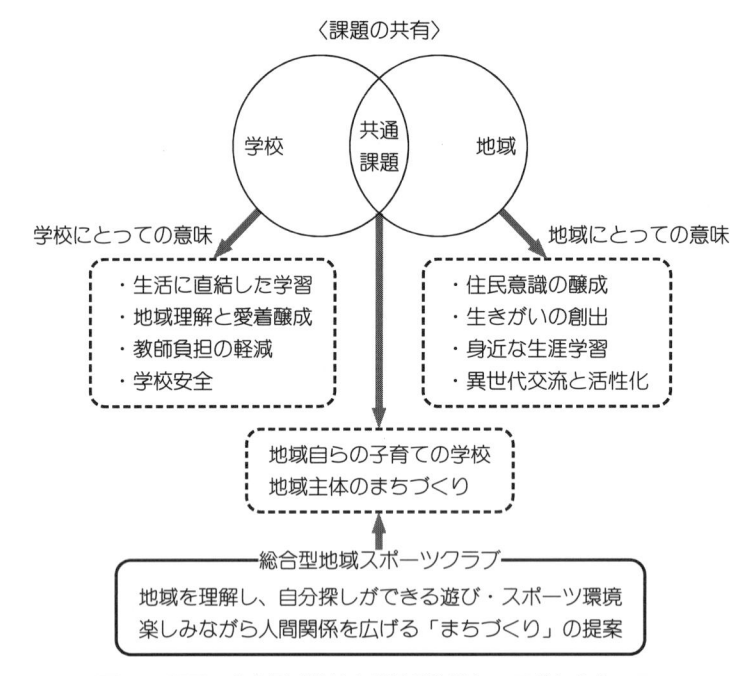

```
      学校  共通  地域
            課題
```

学校にとっての意味
- ・生活に直結した学習
- ・地域理解と愛着醸成
- ・教師負担の軽減
- ・学校安全

地域にとっての意味
- ・住民意識の醸成
- ・生きがいの創出
- ・身近な生涯学習
- ・異世代交流と活性化

地域自らの子育ての学校
地域主体のまちづくり

総合型地域スポーツクラブ
地域を理解し、自分探しができる遊び・スポーツ環境
楽しみながら人間関係を広げる「まちづくり」の提案

図2-3　課題の共有例「学校と地域が協働して子どもを育てる」

　そのためにはまずは地域のスポーツ関係者全員で総合型クラブを育成する意味や、その役割を明確にしておく必要がある。あわせて地域生活問題をみんなで話し合うという地味な努力や、まちぐるみで子どもの教育や高齢化社会を考えるフォーラムなどを企画することも可能であろう。いずれにせよ地域の問題を自分の問題として考え、多様な住民や機関に協力してもらえる総合型クラブの意味を示すことが重要である。

❷スポーツを越えたネットワークづくり

　この段階になると総合型地域スポーツクラブ育成事業は、スポーツ施策としてではなく、教育施策であったり地域施策として位置づけられ、地域ぐるみでの取り組みが求められるようになろう。総合型クラブの会員には、子どもから高齢者、健常者から障害者までの多様な住民の参加が期待されている。これまでの行政の仕組みの中では、例えば高齢者や障

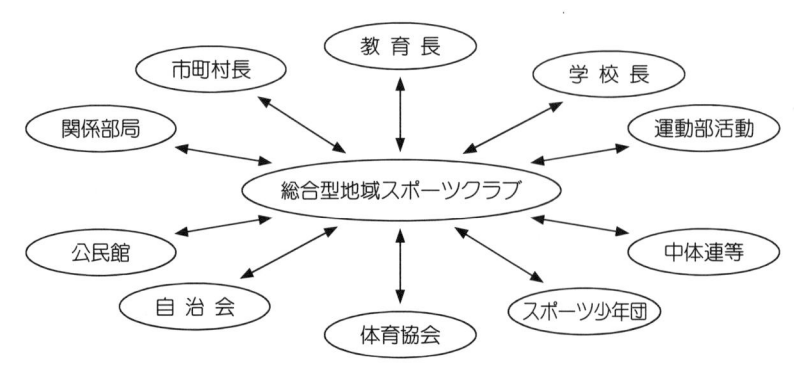

```
     市町村長   教育長   学校長
  関係部局              運動部活動
         総合型地域スポーツクラブ
   公民館                 中体連等
       自治会  体育協会  スポーツ少年団
```

図2-4　総合型地域スポーツクラブと関連団体

害者に対するスポーツ事業はスポーツ振興担当部局以外でも提供されてきている。また、公民館活動が盛んな地域もある。そのような状況の中で、体育協会などのスポーツ関連機関や、スポーツ以外の機関との連携や調整が取れなければ総合型クラブは地域に根づくどころかトラブルの要因になってしまう。総合型クラブへの取り組みが始まると同時に、既存のスポーツクラブ、体育協会、学校関係者、公民館関係者、高齢者や障害者関係機関の総合型クラブに対する理解を促し、良好な協力関係を築いておかねばならない。

(7) 地域スポーツ≠総合型地域スポーツクラブ──振興計画の重要性──

①総合型クラブだけが地域スポーツの場ではない

総合型クラブは、ブーム的な様相を呈している。もちろん各自治体がその意味を認識し取り組むことは当然であるものの、総合型クラブの会員にならなければ地域スポーツは行えないといった誤解もある。特に、地域のスポーツ施設や学校開放などの拠点施設の運営まで総合型クラブに任されるようになると、そうのような誤解もでてこよう。しかし、地域スポーツの実践の場は総合型クラブだけでないし、総合型クラブの会員にならないでスポーツを行いたい住民は多々いるはずである。もちろん総合型クラブが魅力あるクラブとなってそのような住民の参加を促す努力は重要ではあるものの、それらの人々のスポーツ権を奪うことはできない。

②スポーツ振興の青写真づくり

地域のスポーツ振興をめぐってのとりわけ重要な課題は、市町村全体のスポーツ振興計画づくりとその計画の中での総合型クラブの位置づけ、そして育成計画の作成である。地域のスポーツ振興では、総合型クラブの育成の他にも課題はある。例えば、各種スポーツプログラムの提供、スポーツ指導者養成や情報提供などは継続して行わなければならないものもあろうし、体育協会や関係団体との調整も重要になろう。行政は、総合型クラブ育成の契機をつくる必要はあるが、適当な時期に住民主導に切り替えること、総合型クラブ育成に行政がかかりきりにならないこと、お膳立てをしすぎないことが重要であろう。

注
1) 沢登貞行、村上克己（1980）コミュニティスポーツへの挑戦．不昧堂出版．pp.101-113
2) （財）日本スポーツクラブ協会（1999）地域スポーツクラブ実態調査
3) 大橋美勝他（1990）昭和63年度・平成元年度科学研究補助金（総合研究A）研究成果報告書「地域スポーツクラブ連合形成・定着発展・崩壊過程の研究」pp.93-97
4) 総理府（2000）体力・スポーツに関する世論調査．pp.26-33
5) 森岡清志（1984）都市的生活構造．現代社会学18．アカデミア出版．pp.78-102
6) 内閣府編（2002）平成13年度国民生活白書．pp.25-28
7) 国立教育会館社会教育研究所（1997）家庭・学校・地域の連携・融合のすすめ．pp.11-13より作成
8) 前掲書7）pp.15-21より作成．
9) 「3.統合型地域スポーツクラブの考え方」は、拙稿「地域スポーツクラブのジレンマ」スポーツジャーナル．184．pp.14-16（1995）及び「総合型地域スポーツクラブの可能性」スポーツジャーナル．186．pp.16-18（1996）より抜粋、修正．

第3章

地域社会におけるスポーツ組織・団体間の新しい関係づくり

1. クラブづくりの過程とクラブ運営におけるコンフリクト・マネジメント

　総合型地域スポーツクラブづくりの過程は、「既存のクラブの連携強化によって組織的体系化を図る」というものと、「全く新しく総合型地域スポーツクラブとして組織化を図る」というものと、大きくは二つに分類することができる。前者は、個々の既存クラブが連携を強化していくことの意味を共通に理解するまでに時間を要するが、顕在的なニーズへの働きかけであることから、より多くのクラブ員の確保が期待できる道筋といえる。それに対して後者は、既存の組織・団体の連携がすぐさま問題となることはないとしても、潜在的なニーズに働きかけ、顕在化させるまでにかなりの時間と労力を要することになるものと考えられる。

　総合型地域スポーツクラブをつくり上げていく過程は、既存のクラブ・チーム間の新しい関係をつくりあげていく過程であると同時に、各クラブ・チームを支える諸種の団体(体育協会やレクリエーション協会、子ども会、PTA等)間の新しい関係をつくり上げていく過程として捉えることもできる。ここでは、このような観点からどのような経営的な課題の解決が求められることになるのかについてみていくことにする。

(1) クラブづくりの過程

　総合型地域スポーツクラブのマネジメントを問題としていく場合、現実的には、総合型地域スポーツクラブの運営という問題に先立ち、総合型地域スポーツクラブを育成していくための協働の体系をいかに組織化していくかが重要な課題となってくる。そこで、まず総合型地域スポーツクラブの設立準備、育成過程段階でどのような経営上の問題が発生す

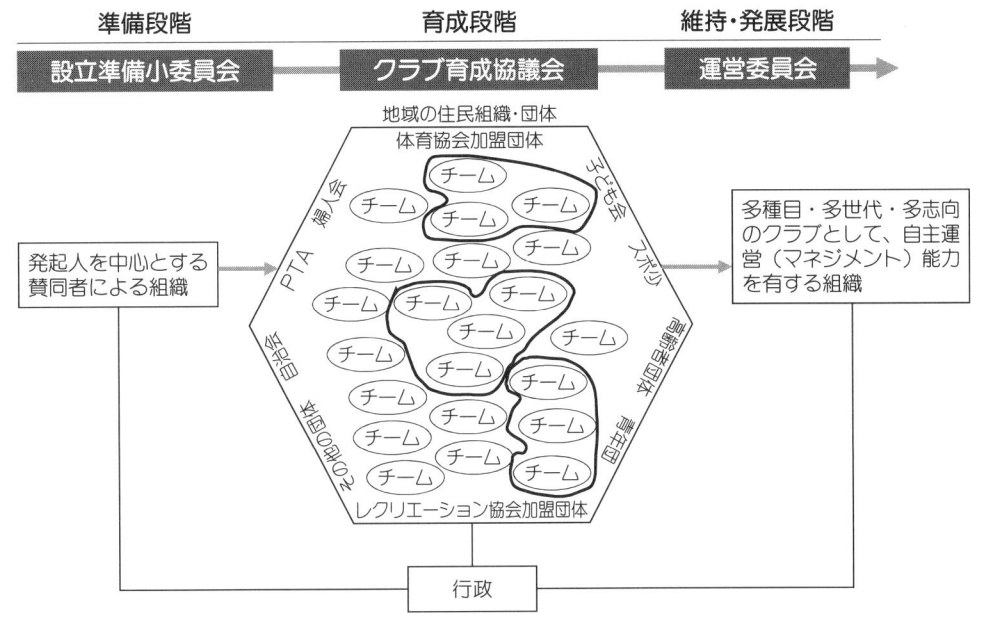

図3-1　総合型地域スポーツクラブの育成過程

るのか、また、そこでの問題解決を図っていく際の基本的考え方について整理していくこととする。

　総合型地域スポーツクラブは、その維持・発展の結果（ないしその過程）として、多種目・多世代・多志向という形態上の特徴を有するクラブの実態としても捉えられる。しかし、そのようなスポーツクラブを地域につくり上げていく意味を振り返ると、地域における生涯スポーツ振興に向けての新たな枠組みづくりとしても捉えられる。これまでの枠組みに替わる新たな枠組みづくりは、関係する組織・団体間の共通理解と協力の姿勢を不可欠とする。したがって、総合型地域スポーツクラブの育成に向けての協働の体制づくりは、図に示したような段階的な過程となる場合が少なくない。

　図中の「準備段階」は、設立に向けて総合型地域スポーツクラブの理念や当該地域における施策展開についての考え方を共有する段階である。発起人およびその主旨への賛同者、さらには各種団体の代表者や行政職員等からなる設立準備委員会等の名称の組織が結成され基本構想（戦略）が確立されることになる。基本構想に則して、総合型地域スポーツクラブ育成に係わる基本計画を練っていくのは、総合型地域スポーツクラブ育成協議会等の名称で結成される育成段階での組織の役割となる。この段階での組織は、準備段階の組織がそのまま移行するという場合も考えられるし、準備段階の組織を再編成していくという場合も考えられる。全く新しく組織をつくり直していくという場合も考えられるが、基本構想－基本計画－実行計画の良好な接続という観点からは問題が少なくない。

　また、総合型地域スポーツクラブの育成は、地域住民の自発意思がエネルギーの起点となることが基本である。行政組織がスポーツ振興に係わる基本計画に基づいて、地域住民に働きかけるという場合も考えられる。しかし、そのような場合であっても行政組織が地

域住民を先導するのではなく、地域住民のニーズを誘発し、住民の自発・自主的な取り組みを支援するという行政組織の関わり方が重要となる。

(2) 新たな協働の体系づくりに伴うコンフリクトの発生

次に、地域住民（スポーツ関連団体・組織）が主体となって総合型地域スポーツクラブをつくり上げていく過程で発生することが予想される問題に目を向けてみることにする。地域スポーツクラブの大半は単一種目型のクラブチームである。また、多くのクラブチームは体育協会傘下の種目団体やレクリエーション協会あるいは子ども会等の支持母体を有している。クラブチーム間の合同練習や練習試合といった共同も現実的には簡単ではないうえ、個々のクラブチームの支持母体が異なる場合が少なくないという状況が問題を一層複雑なものとしている。わが国の地域スポーツクラブの結成から消滅までのライフサイクルは比較的短いことが知られている。しかしながら、地域の体育協会、レクリエーション協会、子ども会等の団体は歴史を積み重ねてきているものが少なくなく、各地域でそれぞれに固有の役割分担を担うにいたっている場合が少なくない。各団体が自負するミッション（使命）の背後にある価値観は強固である場合が少なくない。各団体・組織はミッションを明確にして活動を展開し、組織文化を形成していくことが大切である。しかしながら、そのことが、組織間の連携を抑制する方向に機能しかねない面を有していることは否定できない。各組織・団体の基本的な考え方、価値観の対立・葛藤（コンフリクト）である。

既述したように、総合型地域スポーツクラブの育成には関連諸団体の連携が必要となる。したがって、コンフリクトの発生は避けて通れないと言っても過言ではあるまい。そこで、どのような組織・団体間に協働の体系づくりが求められるのかについて、若干掘り下げてみていくことにする。

関連諸団体の協働の体系は、育成段階クラブ育成協議会等の組織に具現化されることになるものと考えられる。平成12年に実施した文部省（現文部科学省）、日本体育協会指定モデル地域を対象とする調査結果によると、当該組織の構成は表3-1に示す通りとなっている。

表3-1　クラブ育成協議会等の組織構成員内訳（n=85）

選出母体	平均人数	選出母体	平均人数	選出母体	平均人数
体育指導委員	3.2	指導者	1.0	公民館職員	0.4
各クラブ	2.9	各種地方公務員	1.0	子供会	0.3
体育協会	2.9	関連協議会	0.7	婦人団体	0.3
学校教諭	2.1	自治会	0.6	老人会	0.2
行政	1.9	PTA	0.5	全体平均	21.3人
スポーツ少年団	1.8	学識者	0.4		

注）表中の数字は1クラブ育成協議会当たりの構成メンバーの平均の人数。
　　全標本を母数としているので、平均が1未満の数値が出現している。

個々にみると、体育指導委員が最も多く、平均で3.2人となっている。調査対象地区のほぼ8割が文部科学省指定地区であることが影響を与えた結果とも考えられる。注目されるのは、自治会、PTA、子供会、婦人団体、老人会等の地域の住民団体を選出母体とするメンバーの参画はみられるが、レクリエーション関連団体を選出母体とするメンバーの参画がみられない。その一方で、各クラブ、体育協会、スポーツ少年団、指導者といった体育協会との関連の深いメンバーが比較的多くなっているという点である。今後さらに、体育協会関連のメンバーが多数を占める組織、行政職員の比重が高い組織、地域の住民団体の比重が高い組織毎に、クラブ育成・運営の内実に違いがみられるかどうかを時間をかけて見極めていく必要があろう。

　関連諸団体の協働の体系として組織化され、メンバーの役割分化と情報伝達が進むにしたがって、クラブ育成協議会等の組織にはコンフリクト（対立）が発生してくることは容易に予想される。様々な準拠集団を有する個々のメンバー間の基本的な考え方や、保有する情報に違いがあるからである。しかしながら、クラブ育成協議会等の組織構成員間にコンフリクトが発生するということは、次項に触れるとおり否定的に捉えられるものではない。むしろ、これからの社会に適合した新しいスポーツクラブを地域につくるという使命を有した育成協議会のような組織では、将来的な協働のポテンシャルを高めていく機会として、コンフリクトの発生をむしろ肯定的に受け入れ、その解消が図られる必要がある。もちろん、コンフリクトの解消に多大の時間と労力を費やし、組織的な意思決定ができない状態が続くようでは問題と言わざるを得ない。

　一方、地域のスポーツクラブ支援組織の構造についてみると、クラブ育成協議会等の総合型地域スポーツクラブ育成に携わる組織が、必ずしも将来的に総合型地域スポーツクラブの運営に継続して携わる組織となるとは言い難い。クラブ育成に関わる組織と維持・発展に関わる組織との橋渡しをどのように行っていくかが、今後の総合型地域スポーツクラブ運営の現実的な課題として残ることになろう。

2．イノベーション採用・定着過程におけるコンフリクトの意義

　組織理論においては、組織における分業と調整が進めば、コンフリクト（対立）の発生が不可避であるとされる。そして、組織の中でその発生が避けられないとすれば、コンフリクトをなくそうとするより、建設的なコンフリクトの吹き出させ方、解消の仕方を考える方が生産的であるとされる。しかしながら、先に見てきたとおり、総合型地域スポーツクラブの育成段階に発生する組織間のコンフリクトは、組織内に発生するコンフリクトとは意味あいを異にするものとなる。共通の目標に向かう協働の体系（組織）内にコンフリクトが発生したとしても、それを吹き出させ解消していく過程で、イノベーションが促され組織の成長・発展につながっていくことが期待できる。しかし、そもそも異なる目標を掲げ協働の必然性がない（と認識している）組織間に発生するコンフリクトを、互いの組織を成長・発展させるエネルギーに転換することは容易なことではない。

このため、行政が主導してクラブづくりに着手する場合には、コンフリクトの発生を事前に回避するような手続き（根回し）がとられることもある。例えば、クラブづくりに抵抗を示しそうな諸組織にははじめから協力を要請しなかったり、総合型地域スポーツクラブがつくられても従来通りの活動を約束したりする。このようにクラブづくりの過程においてコンフリクトを発生させることが予想される諸組織との関係を遮断しておけば、抵抗にあわずスムーズにクラブができあがるというわけである。

確かに、クラブづくりを推進する組織（例：設立準備委員会）に招集されるメンバーは、一住民として参加するのではなく、それぞれバックに組織を背負った利害代表者である。従って、自分が代表する組織の利害に絡むことがあればたちまち反対、あるいは無視の態度をとる。特に、競技スポーツを志向する組織・団体とそれ以外の人たちとの価値対立は、初期段階においては避けられないであろう。スポーツに対する価値観が互いに相容れず、価値観の衝突がコンフリクトを生む。

しかし、だからといってコンフリクトを回避していては、総合型地域スポーツクラブのもつ理念・理想（コミュニティ形成）に近づくことはできないし、クラブが多くの住民の賛同を得て大きく成長していくことも断念しなければならなくなる。既存団体と協力関係を持たない総合型地域スポーツクラブは、会員や施設・指導者等の奪い合いなど、諸組織との間で様々な摩擦や対立をいつまでも覚悟しなければならない。

旧来の古い硬直した地域スポーツシステムから総合型地域スポーツクラブを核とする新しいシステムに移行させるためには、コンフリクトを発現させ、これを乗り越えることが重要な意味を持つ。コンフリクトが発生しなければ、互いの意見を理解し合い両者が共に納得できるような新たなシステムを生み出すエネルギーが生まれないからである。コンフリクトなくしてシステムの改革はあり得ないといってもよかろう。よく考えてみれば、地域社会に存在する多くのスポーツ関連組織は、それほど大きな目標の違いがあるわけではない。いずれの組織もスポーツの普及・振興を通じて地域住民の生活を豊かにすることに寄与することを目指しているはずである。対象とする住民の年代やスポーツの種目、あるいは競技レベルが少しずつ異なるだけなのである。諸組織は自らの存続をかけてこのわずかな違いをアピールし、他の組織のことには無関心・無干渉をよそおってきた。スポーツにおけるセクショナリズムとでも呼ぶべきこの現実は、スポーツによるコミュニティづくりにとって決して好ましい状況ではない。各組織のわずかな違いから生まれるコンフリクトを恐れることなく噴出させ、そのねばり強い解消過程において、諸組織が共通にもっている大きな目標に気づき、各組織の向かうべきベクトルを合わせ、互いをパートナーと認め合う関係にまで至れば、現在より遥かに大きなスポーツの推進力が生まれることになるだろう。

3．コンフリクトをいかにつくり、そして乗り越えるか

ここでは、総合型地域スポーツクラブ育成に関わる組織間のコンフリクトを、どのよう

に解消していくかについてみていく。総合型地域スポーツクラブ育成に際し発生することが予想されるコンフリクトの解消方法は、基本的には、①組織間の協議によって行われる、②調整機関によって行われる、③ある組織が単独で総合型地域スポーツクラブ育成に携わりクラブ育成段階での組織間のコンフリクト解消が問題とならない、という3類型が考えられる。③の例として、SCIX（スポーツ・コミュニティ・アンド・インテリジェンス機構、略称シックス）をあげることができよう。当クラブは、現在子どものラグビーを核とする地域スポーツクラブとして活動しているNPO法人である。平尾氏の求心力もあって、結成から今日まで（比較的）スムーズに活動を展開しているクラブである。求心力を有した人材の活用による総合型地域スポーツクラブの育成等、SCIXに学ぶ点は少なくない。しかしながら、平尾氏ほどの求心力を有した人材は決して多くない。その点を考慮に入れ、以下ではコンフリクトの解消が、①組織間の協議によって行われる、②調整機関によって行われる、という2つに焦点を当て若干具体的にみていくことにする。

(1) 組織間の協議による場合

　総合型地域スポーツクラブの育成・維持・発展を見通していく場合、スポーツ関連団体間の連絡・調整は不可欠となる。例えば、種目団体間、あるいは学校、地域、職域の各領域におけるスポーツ活動を統括する各種団体が、互いに連絡調整を密にしなければ、総合型地域スポーツクラブの育成がすでに困難となってくることは容易に予想される。

　例えば、地域のスポーツクラブで活動している子どもが、（種目によっても違いはあるが）中学校や高等学校の対外試合に参加すること（あるいはその逆）は簡単ではない。そこには、クラブ員（運動者）側の問題というより、運動者を支えるはずの各種団体側の問題が顕在化してくることになる。

　平成13年度に財団法人全国中学校体育連盟が、財団法人日本体育協会の加盟団体となっ

(財)日本体育協会加盟申請理由書

（前文省略）

　平成12年9月、文部省が発表した「スポーツ振興基本計画」を見るまでもなく、学校教育の一環としての運動部活動の現状やこれからを展望するとき、具体的には①地域指導者との協力を拡大し、一層の導入を図る。②実情に応じて近隣の学校と複数合同部活動を推進する。③運動部活動を見直し、生徒のスポーツ欲求に応えられる対応を進める。そのため、本会が主催・主管する対外運動競技大会の適切な運営に努める等の対策が必要であると認識している。

　現在、本会の会長を貴協会の評議員に学識経験者として位置づけていただいている。さらに我が国の国民スポーツの振興を図り、スポーツ各分野の団体を統括しておられる貴協会に加盟することにより、加盟団体の一員として組織、人材との交流をはかり、最新の情報を得て一層の推進を目指したい。

　本会は、これからの学校体育・スポーツの充実・発展を図り、わが国の競技力向上の人材を発掘し、生涯スポーツの基礎を養う中学生を育成する必要がある。また、平成14年度から学習指導要領が実施され、完全週5日制が実施されるに伴い運動部活動も土日の適切な運営策を迫られている。

　また、将来、計画・実施される「総合型地域スポーツクラブ」との連携を進めるために貴協会に加盟し、一層の全国中学校生徒の体育・スポーツの振興に努めてまいりたい。

（平成13年3月）

たが、このことは、地域のレベルではないが、直接・間接的に総合型地域スポーツクラブ育成に関わる組織間のコンフリクト解消が、当該組織間の協議によって自律的に図られた例と考えられる。

当該組織間に生じたコンフリクトを、当該組織同士が協議し調整を図っていくことによって、大会運営や指導者の活用等実務レベルの連絡調整が円滑に進展していく可能性が高まるものと考えられる。

(2) 調整機関による場合

次の事例は、調整機関（教育委員会）によって、当該団体がいわば他律的に調整を図られたものである。ここで重要なのは、「二つの独立する組織の統合を図るには、諸種の葛藤もあったが時間をかけて説明し理解を得て統合に至った。その結果、行政としては補助金を分散支給しなくて済み、予算効率、事務効率の向上につながったばかりではなく、本来"地域のスポーツ振興"という共通の目標に寄与する民間の公益的団体がともに活動することは、現在ではごく当たり前のこととして市民に受け入れられている」（当該市担当職員のインタビューから）という点である。一見、異なる目標を掲げ別々の事業展開をしているようにみられる地域の（公益的な）諸種の民間スポーツ関連団体は、スポーツ行政の視点からは共通の目標に向かう協同の体系として捉えられるという点は極めて重要である。

当該組織の外部の（ここでは行政組織というオーソリティーを有する）組織によって、コンフリクトの解消が図られた例と考えられるが、その過程がどのようなものであったの

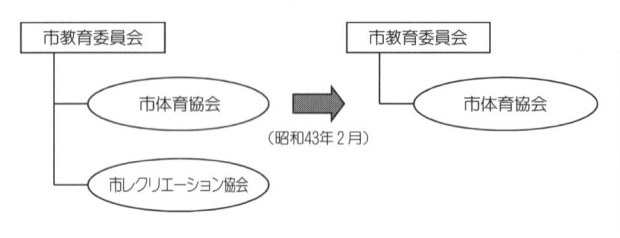

図3-2　M市における組織間コンフリクトの解消

かについて説明を加えられるまでには至っていない。スポーツ経営学の立場からは、今後その辺りについての究明が課題となってこよう。

4. 既存組織・団体と総合型地域スポーツクラブの関係をどのように構想したらよいのか

文部科学省、財団法人日本体育協会指定の総合型地域スポーツクラブ育成モデル地域を対象とした調査結果（平成12年　n=85）によると、行政組織と民間団体にはそれぞれ異なる期待が寄せられていることがうかがわれる。

図3-5にみるように、総合型地域スポーツクラブ育成モデル指定地域として取り組んでいる地域の実状からは、必ずしも地域住民（運動者）のニーズの高まりを受けて、それに対

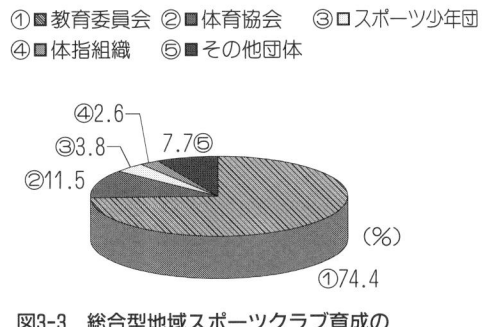

①■教育委員会 ②■体育協会 ③□スポーツ少年団
④■体指組織 ⑤■その他団体

④2.6
③3.8 ⑤7.7
②11.5
（％）
①74.4

図3-3 総合型地域スポーツクラブ育成の
きっかけづくりに期待される組織

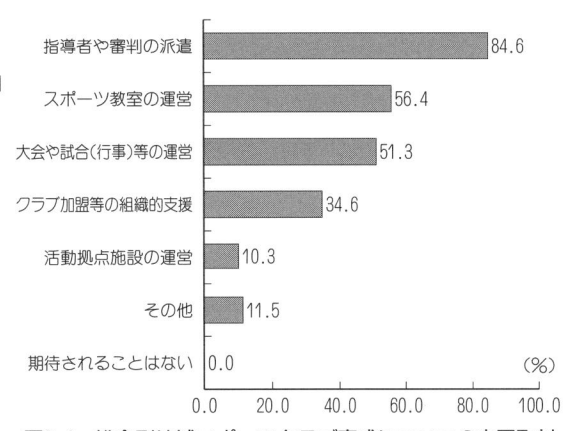

指導者や審判の派遣　84.6
スポーツ教室の運営　56.4
大会や試合(行事)等の運営　51.3
クラブ加盟等の組織的支援　34.6
活動拠点施設の運営　10.3
その他　11.5
期待されることはない　0.0
　　　　　　　　　　　　　　　　（％）
0.0　20.0　40.0　60.0　80.0　100.0

図3-4 総合型地域スポーツクラブ育成についての市区町村
体育協会に対する期待

①■生涯スポーツの気運が高まってきたので
②■生涯スポーツの気運を高めるため
③□外部からの要請を受けて
④■その他

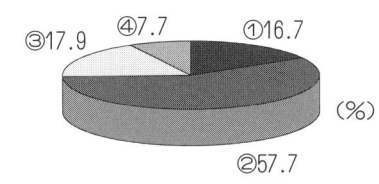

③17.9　④7.7　①16.7
（％）
②57.7

図3-5 総合型地域スポーツクラブ育成モデル地域受け入れの動機

応できるマネジメントシステムをつくりあげていこうという経過をたどっているとは言い難いことが分かる。モデル指定地区でみる限り、地域の生涯スポーツの気運を高め、新たなニーズを掘り起こし、それに対応できるシステムを併行して整えていくといった姿勢がうかがわれるところとなっている。そのような実状を勘案すると、論理の飛躍があるかも知れないが、地域にあるスポーツ関連団体としても、日常のルーチン化された業務にとどまって、新たなシステムづくりを模索さえしないということでは、総合型地域スポーツクラブの理念が地域社会に受け入れられたとしても、対応に遅れが生じることになるものと考えられる。

　総合型地域スポーツクラブの育成・維持・発展に携わるスポーツ関連組織・団体は、先にも述べたとおり体育協会だけではない。しかしながら、日本体育協会、都道府県体育協会、市区町村体育協会のネットワークがすでにある程度確立されていること、また、行政の出資法人としての財団法人格を有した市区町村体育協会も多くはないもののすでに存在しており、行政からの業務委託について体育協会が実績を積み上げているところがあること、さらに、NPO法人を取得し、行政組織との連携をさらに深めていこうと積極的に事業を展開している市町村体育協会もみられるようになってきている点等を考慮すると、市区町村体育協会に寄せられる期待はとりわけ大きいといえよう。

　表3-2は、Y市が行政サービスを外部委託する際のガイドラインとしてまとめたものであ

表3-2 行政サービスの外部委託に関するガイドライン（Y市のケース）

外部委託に関する基本的な考え方

　外部委託化を推進する背景としては、地方分権や高齢化の進展にともなって増大する市民ニーズに応えていくため、市民と行政がそれぞれの役割を見直して互いの特性を活かした協働関係を構築することが必要であること、また、それらのニーズに対応するために必要な人的・財政的資源の確保が困難になったこと、更に、とりわけ地方分権化では行政の政策形成能力の充実が重要となること等が考えられる。
　以上のような背景をもとに、行政サービスの供給主体を十分に精査・検討し、効果性・効率性の向上が図れるものは、行政責任を確保した上で、行政サービスの向上に留意して積極的に外部委託化を進めるものとする。
　また、既に外部委託化を実施している事務事業や業務についても、この「外部委託に関する基本的な考え方」と以降に示す「外部委託に関する留意点」及び「外部委託に関するガイドライン」等に基づき点検、調査、検討を加えるものとする。
　外部委託に関する基本的な考え方をまとめると以下のとおりである。
　①行政サービス供給主体の適正化と受託者の存在
　　　行政以外のものが行政サービスの供給主体となることが可能で、かつ、そのような供給主体が存在する場合は、行政サービスの提供主体の適正化を図るうえでも、外部委託化を推進する。（行政が行政サービスの提供主体とならなければならない必然性に乏しく、行政以外のもので行政サービスを提供することができる場合、外部委託化を推進する。
　②人的・財政的資源の有効活用
　　　限られた人的・財政的資源の有効活用に資すると考えられる場合、外部委託化を推進する。
　③行政サービスの質的維持及び向上
　　　外部委託化によって、行政サービスの質的低下が発生しないか、若しくは質的な向上につながると考えられる場合、外部委託化を推進する。
　④市民参加や自治意識の高揚
　　　市民と行政の協働関係を助長し、市民参加や自治意識の高揚に資すると考えられる場合、外部委託化を推進する。
　⑤地域コミュニティーの活性化
　　　地域コミュニティーの活性化につながると考えられる場合、外部委託化を推進する。
　⑥専門的な知識等の効果的活用
　　　専門的な知識や技術等を必要とする業務等を容易にかつ効果的に遂行することが可能となると考えられる場合、外部委託化を推進する。

表3-3　K市体育協会の公共スポーツ施設運営委託の概要

			○○青少年運動広場		市営○○庭球場	
委託料			4,605,000円		3,698,000円	
管理運営形態	平常		8：30～17：30		8：30～17：30	
		7・8月	7：30～20：30			
		7・8月を除く3月～11月の土・日・休日				
	延長時間	ナイター（3月～11月）	17：30～21：30	4月1日～9月15日	17：30～19：30	
その他業務内容			周辺等清掃除草作業		清掃除草作業	
			諸経費（労災・保険等）		諸経費（労災・保険等）	
アルバイト			5人		4人	

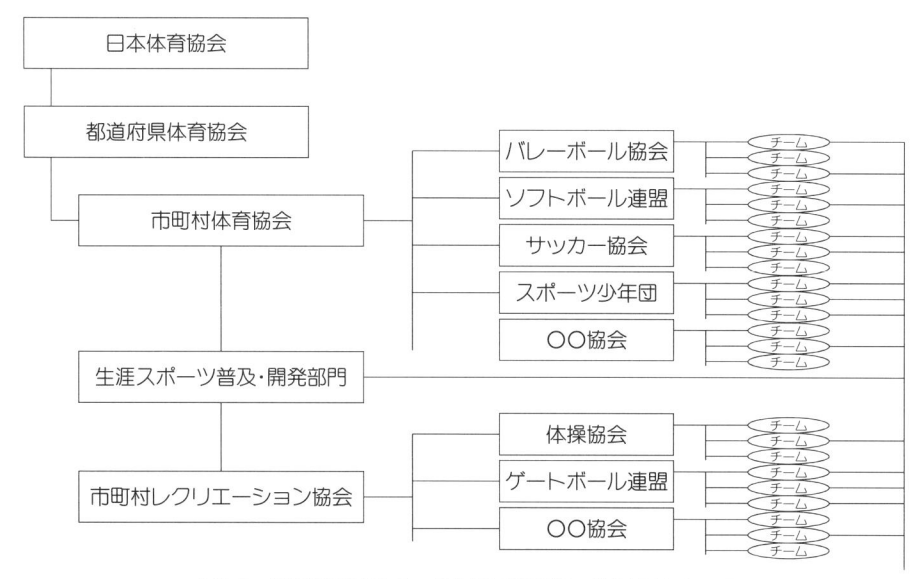

第3章　地域社会におけるスポーツ組織・団体間の新しい関係づくり　39

図3-6　総合型地域スポーツクラブの加盟・登録をめぐって

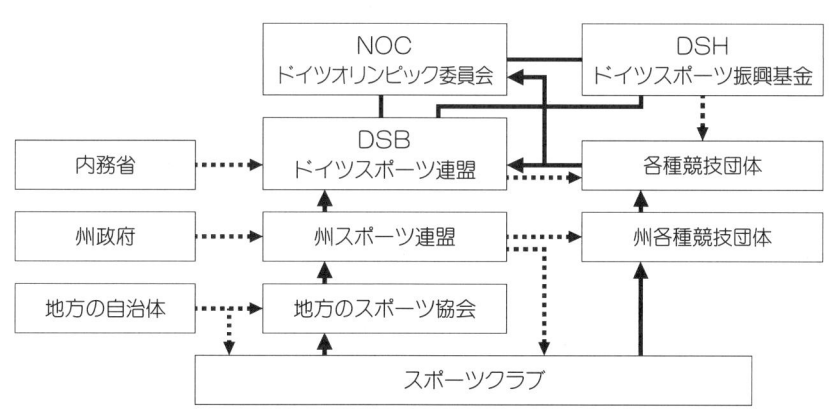

図3-7　ドイツのスポーツクラブ支援体制

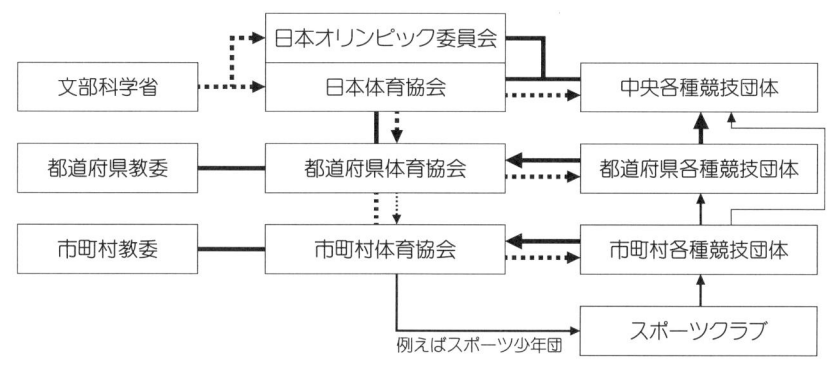

図3-8　わが国に期待されるスポーツクラブ支援体制

る。行政組織のあり方もこれまでとは変わってくることが予想される。そうであるなら、民間団体に期待される役割も変わってくることになる。そのような社会変化に適応し、スポーツ関連民間団体として、自律的に活動が展開できるようなシステムが整えられる必要がある。

　行政サービスの外部委託をめぐっては、行政の出資法人やNPO等の法人格を有していない場合でも、行政からの業務委託を体育協会が受けているという実績を積んでいる地域は少なくない。表3-3のように、K市体育協会は、任意団体ではあるがこれまでの活動の実績から公共的団体として地域に（行政からも）認められ、屋外運動場の運営を受託している。

　K市体育協会は、委託料収入を基礎財源に公共スポーツ施設を活動拠点にクラブ運営を展開しているという現状にはない。今後、運動広場を共有できるチーム、庭球場で活動を共有できるチームを市体育協会が統括して、会費収入を得ながらクラブ運営を行っていくといった事業展開が期待されるところといえる。そのためには、既述したとおり、体育協会加盟団体である・ないにかかわらず、活動拠点を共有できるクラブ員をいかに組織していくかが重要な問題となってくる。次の図3-6は、既存スポーツクラブ（チーム）と組織された総合型地域スポーツクラブをどのように位置づけるかについて模式的に示したものである。図中では便宜的に体育協会とレクリエーション協会としたが、地域の実状によっては別な組織・団体が重要な位置を占めることも当然あり得る。図に示したポイントは、既存のスポーツクラブ（チーム）がすべて総合型地域スポーツクラブに組み入れられると考えるのは実際的ではないということと、個別の種目団体等への加盟・登録と、総合型地域スポーツクラブとしての加盟・登録というように、二重の登録料負担がクラブ員に課されることのないような配慮が、不可欠となるという点である。

　よく、総合型地域スポーツクラブはヨーロッパ型の地域スポーツクラブであるといった表現を目にし耳にするが、参考にすべきはクラブの形態というより、クラブをどのように育成しその運営をどのように支えていくかという、マネジメントシステムであると考える。

　最後に、地域で行政とスポーツ関連民間団体の分業と調整がどのように行われることが多いのかについて、平成12年に文部科学省、日本体育協会の総合型モデル地域を対象として実施した調査結果より、自由既述の内容を以下に転載しておく。

　体育協会の事務局が教育委員会にあり、社会教育係が担当している。本事業もその推進役の育成協議会事務局が教育委員会にあり、実質的には前述した係が担当している。本事業は体育協会が受けているが、体育協会の組織基盤が弱く運営はほとんど教育委員会がやらざるをえない。行政本務と体協の副業の両立が課題である。特に2年目はスタッフが変わり1年目の実績を生かしきれずに終わった感じがする（体協担当職員は2人が初任者）。実際にスポーツクラブを立ち上げ、運営が軌道にのるまでは、行政もバックアップしていく必要があるが、町の体育協会がイニシアティブを発揮しながら、地域住民主導のスポーツクラブに発展させていくためには、体育協会の組織強化が急務であり、行政とのさらなる連携が必要になってくるものと思われる。田沢湖町スポーツセンター、教育委員会、体育協会がさらに連携を強め協力していくことが強く求められている。

　クラブ運営は各団体または地域住民を母体とした運営推進委員会が行うべきであり、行政はあくまで各団体または地域住民の主体的な活動をハード・ソフト面で支援する立場でありたい。そのためには、まず、行政は生涯スポーツ振興の中に総合型地域スポーツクラブをどう位置づけるのかをはっきりさせ、各団体の役割を明

確かする事が重要と感じる。
① 教育委員会だけではなく、市全体としての生涯スポーツ振興のマスタープランを作成し、その中に総合型地域スポーツクラブを位置づけるとともに、各団体の役割を明確化する。
② 各団体、地域住民の側から盛り上がるように啓発し意識改革を図る。
③ 各団体の役割が果たせるように支援する。
④ 各団体と地域住民をつなげるよう情報を提供する。等が考えられる。

　現状では平成8年度よりモデル事業として、クラブ設立に際し一律の補助を行ってきたが、財政難でもあり、補助事業の見直しが図られている現在、今後、今までのような補助金での支出は望めない。新たな支援策を現在、市体育協会において組織検討委員会を組織し、市体協の在り方を検討中である。競技専門部、支部、少年部、レク部の4部門を抱えているが、各部の活動目的も含め、今後検討がなされる予定であり、総合型地域スポーツクラブについても検討されるであろう。

　現在スポーツ関連団体は、行政の指示により活動している状況である。このような状況を解決するため、総合型地域スポーツクラブを利用してスポーツ関連団体の意識改革を図り、自発性を向上させることが必要である。クラブの自主運営を確立させると同時に、それぞれのスポーツ団体に自主運営を根付かせ機能貢献を図る。

　本町には体育協会とは別に各小学校区（5区）ごとに地域に密着した体育振興会という組織があり、この2つの組織が軸となって他団体や学校との連携を図っている。21世紀はNPOの時代とも言われているように、全てにおいて行政主導の考え方はなくなってきている。行政は住民のパートナーとして、住民の活動を側面的にいかに支援していくかということが大事である。もちろん、そのためには住民が自己責任に対する意識改革を行い、自己責任の社会制度を確立させることが必要だと思います。このことから、スポーツ行政においても、住民が自主的に主体的にスポーツを実践するための組織や体制づくりに支援を行うと共に、そのような機運の高揚を図るための施策展開を図っていく必要がある。本町では、今年度より総合型地域スポーツクラブの育成推進組織を軸に住民への浸透を図る事業を展開しており、社会体育関連団体とともに時間をかけても、地域に根ざした、いつまでも親しまれるクラブの実現に向けた取り組みを進めている。

総合型地域スポーツクラブモデル指定地域を対象とする調査より結果を一部抜粋

注
1) 財団法人日本体育協会（2002）総合型地域スポーツクラブの育成・維持・発展に期待される市区町村体育協会の役割

第 4 章

住民主導型クラブの形成と
その支援

1.「運動」としてのクラブ組織化

(1)「運動」とは何か

　総合型地域スポーツクラブは、活動拠点となる施設（地域スポーツセンター）を中心として、さまざまな年齢、興味・関心、技術・技能をもつメンバーが、質の高いスポーツ指導者のもとで、複数の種目を行うことができるという特徴を持つといわれている。しかし、総合型地域スポーツクラブは、こうした形態的・構造的な特徴のみを要件としているのではない。地域住民による主体的なクラブ運営という特徴もまた、重要な要件である。

　ところで、この種の住民主導型クラブ組織がこれまでわが国にまったく存在しなかったわけではない。例えば、「垂水区団地スポーツ協会」[1]や「向陽スポーツ文化クラブ」[2]などは、住民主導型クラブの代表的な事例として、これまでも頻繁に取り上げられてきた。こうしたクラブには、潜在的なコミュニティ再生のニーズ・欲求の存在、構想を打ち出しその実現に邁進する中心人物と賛同者の存在、柔軟な組織への志向性、組織としての明確な理念・目的があること、そして行政には要求こそしても統制はされないといった共通点がある。このような諸条件を備えた組織は、各種の協同組合やボランティア組織に代表される「自発的結社」あるいは「運動組織」などのイメージにきわめて近いものである。またそれを裏づけるように、上記クラブの当事者自身も自分たちの活動を「運動である」と認識し性格づけている。このような住民自身による主体的な活動実践を今後の地域スポーツクラブの1つのモデルとするならば、クラブの組織化を「運動」として捉える視点がおのずとクローズアップされることになる。

一般に、社会運動とは「生活要件の不充足を解決するためになされる、社会的状況を変革しようとする集合的行動」[3]のことをいう。「これまでの状況を変革するために人びとが集まり行動する」というのがその本質である。総合型地域スポーツクラブの育成は、これからの地域スポーツ環境の整備に関わる一種のスポーツ・イノベーション（革新）であるが、この考え方は状況変革をめざす「運動」ときわめて近い考え方といってよい。その意味で、運動組織というものがいかにして形成され、またどのようなプロセスを経て自主運営力をもった組織になるのか等を明らかにしてくれる社会運動の理論は、今後のクラブ育成を考えるうえできわめて参考になると思われる。

(2)「運動」プロセスの説明モデル

クラブ組織の形成プロセスを、よりシンプルなかたちで理解するためには、一般的な運動の理論モデルを適用するのが便利である。ここでは運動のプロセスを理論的にモデル化した片桐[3]の運動過程図式を取り上げることにしよう。それは、運動過程を次に示す7つの局面、ならびに促進・抑制要因から構成されるものとして捉えるモデルである。

① 構造的誘発性
② 構造的緊張
③ 不満の共有化
④ 変革意図の成立
⑤ 運動組織の形成
⑥ 目標達成をめざしての社会過程
⑦ 受容あるいは拒否（運動の終結あるいは転化）
⑧ 促進要因
⑨ 抑制要因

最初の「構造的誘発性」とは、運動の直接的な原因となるものではなく、運動を許容しやすい地域社会の構造的条件のことをいう。これはちょうど一般的な地域特性に相当するものである。続く「構造的緊張」は、この社会的条件と人びとの社会的期待のズレ、つまり客観的条件と主体的条件の組み合わされたものとして提起されたものである。構造的緊張の主観的なあらわれである「不満」は、個人にそして多くの人びとに認識され共有される。こうして次にこの問題状況を何とか変革しようとする意図が成立し、引き続いて実際に運動組織が形成される段階を迎えることになる。この組織化ののち「目標達成をめざしての社会過程」が起動し、人びとの「受容あるいは拒否」によって運動は存続（転化）したり衰退（終結）したりする。社会的に受容されると、運動はいちおう成功裡に消滅するか事後管理の主体として変形・存続する。最後の⑧促進要因と⑨抑制要因は、上記①から⑦までのそれぞれの要因の間に介在して局面の継起（進行）を促進したり、逆に抑制したりするものである。

(3) 先進クラブ事例の組織化にみる運動プロセス

以下では2つの先進クラブ事例において組織化に関わった当事者の記録をもとに、住民主導型クラブ組織の形成過程についてみていくことにしたい。

①垂水区団地スポーツ協会

まず、神戸市の「垂水区団地スポーツ協会」(以下「団スポ」ないし「垂水」と略す)についてみていこう。もともと半農半漁ののどかな環境にあった垂水区では、昭和40年頃から住宅団地の開発が進み、次々に新しい住宅団地が生まれ、それにともなう人口の急激な増加によって、さまざまな変化がもたらされた。そのうち団地住民の間でスポーツによる交流がみられるようになったが、当時はスポーツの場となる公共スポーツ施設は少なく、学校開放も普及していなかったことから(構造的誘発性)、スポーツの場の確保はきわめて困難であり、団地住民にはそうした場の不足が認識されていたという(構造的緊張)。団スポが生まれるきっかけとなったのは、昭和44 (1969) 年秋に開催された団地対抗の親善ソフトボール大会であった。その折に、参加者から「場所がなくて手軽にスポーツができない悩みが、それぞれ訴えられ」、スポーツの場の確保をめぐる団地住民の日頃からの悩みや不満が参加者に共有された(不満の共有化)。さらにスポーツの場であった公園が県から市へ移管されることに伴う使用制限を危惧し、「地域の住民としてなんらかの組織をつくり、市に住民の利用に配慮してもらうよう、働きかけてはどうか」という話がもちあがって、住民が自分たちのスポーツの場を確保することの必要性を確認した(変革意図の成立)。このようなきっかけから、スポーツの「場」を確保し「機会」をつくることを目的とする住民組織設立の方向が打ち出されたのである。新しい組織づくりの段階では、主体性の確立と維持、会費などの財政問題、既存団体との関係といったことが協議され、これをもとに住民自身の手になる規約が作成された。昭和44 (1969) 年末に6団地の350人が参加する3つの部(野球、バレーボール、卓球)で団スポが発足した(運動組織の形成)。年が明けてからは、市や県などの協力によって地域の学校施設や公園の利用が可能となり、各部の活動のほか年に42回の各種行事が実施された(目標達成をめざしての社会過程)。平成7 (1995) 年には、8つの部と公園管理会に1,761名が会員として登録されていたという。

②向陽スポーツクラブ

続いて、東京都杉並区「向陽スポーツクラブ」(以下「KSC」ないし「向陽」と略す)のケースをとりあげる。学校と地域の連携はかなり以前からの教育課題であったが、そうした問題への対応策として、あるいはスポーツ施設の絶対的不足という事態への打開策として打ち出された学校施設開放の推進は、KSCの発足当時(昭和50年頃)すでに全国的な課題とされていた。都市的生活環境の中では、とりわけ子どもの遊び場などの社会資本の不足が表面化しやすく(構造的誘発性)、学校開放はまさに緊要の課題であった。KSC発足の経緯は、「学校の教育内容に地域の生活課題を取り入れたり(学校の地域化)、地域社会が学校教育に参与する(地域の学校化)という理念に依るコミュニティ・スクール運動」といわれるが、それにはこの理念を最初に掲げた中学校長の存在が重要な役割を果たしてい

る。この校長は学校を地域に開放すべきという信念を持っており、それを具体化するための第一歩として学校プールの開放をPTAに呼びかけた。こうした考えに啓発されたPTA会長が、役員や学校と協力しながら具体的な行動を起こしたことが組織形成の直接的なきっかけであった。PTA役員会等における議論を通じて理念と現実の社会的条件との不調和、あるいは子どもの遊び場不足（中学生の生活問題）が指摘され、このことが緊張感をつくりだし（構造的緊張）、さらにそれはPTAという主導集団のメンバーに共有されることになった（不満の共有化）。こうして芽生えた現状変革の意識から、PTAに「プール特別委員会」が設置され（変革意図の成立）、さらに「プール開放実行委員会準備会」へと発展し、これを母体とするプール開放運営組織としての「向陽スポーツクラブ（KSC）」が昭和51（1976）年に発足した（運動組織の形成）。その後も、住民自身による会則の作成、クラブ理事・教職員・区の担当者の協力によるクラブの方針・運営方法などの協議・検討が続けられ、夏休みのプール開放を実現するに至った（目標達成をめざしての社会過程）。当初プール開放だけを目的としていた「運営のための組織」は、翌年にかけて発足したテニス、野球、サッカー、スキーといった部を抱える「活動のための組織」へと発展していった。昭和55（1980）年には文化的活動を含む「向陽スポーツ文化クラブ（KSCC）」と改名され、地域の総合型クラブとして活動の幅を広げながら現在に至っている。平成7（1995）年にはスポーツ系・文化系の各15種目に1,057名が会員として登録されていた。

(4) 住民主導型クラブの形成過程モデルとその意味

2つの事例における組織形成後の詳細については立入らないが、いずれも地域住民の自治・自主運営を基本として、スポーツにとどまらない幅広い活動を展開している。これらクラブ組織の形成過程を先の運動過程図式に照らしてまとめたのが表4-1である。

表4-1 先進クラブ組織事例における運動過程

運動過程	垂水区団地スポーツ協会	向陽スポーツクラブ
(1) 構造的誘発性	住宅造成、人口流入、社会資本整備の遅れスポーツ施設の不足、学校開放の未定着	都市的生活環境・生活様式、子どもの遊び場不足、学校開放の未定着
(2) 構造的緊張	スポーツ施設の不足や学校開放の未定着についての認識	子どもの遊び場不足（中学生の生活問題）や学校開放の未定着についての認識
(3) 不満の共有化	団地対抗ソフトボールを契機とするスポーツの場の確保をめぐる悩み・不満の共有	学校開放についてのPTA総会・役員会などでの検討を通じた問題意識の共有
(4) 変革意図の成立	住民組織をつくり、市にはたらきかけることを確認	プール開放に向けた特別委員会の設置
(5) 運動組織の形成	規約の作成、組織づくり、参加者の募集（6団地3種目350人）	会則の作成、プール開放の運営組織づくり、会員の募集
(6) 目標達成をめざしての社会過程	行事等の開催（42回/年）、市や県との協力関係の確立	プール一般開放、区・学校との協力関係の確立

注）向陽はプール開放まで（「運営のための組織」の形成のみ）を取り上げた。

このように、地域の状況はそれぞれ異なっても、「運動」という視点から事例を見直してみると、組織化のプロセスには一定の共通点があることに気がつく。この表をもとに住民主導によるクラブ組織の形成過程をあらためてモデル化すると次のようになる。

① 地域特性とスポーツ環境
② 地域住民の身近なスポーツ環境に対する認識（問題認知）
③ 主導集団メンバーによる問題意識の共有（問題共有）
④ 主導集団メンバーによる自発的なスポーツ環境変革意図の成立（変革意図）
⑤ クラブ組織の形成（組織化）
⑥ 目標達成をめざしての社会過程と事業の展開（事業運営）
⑦ 地域住民の受容
⑧ 促進要因

第1段階は、地域特性とスポーツ環境である。クラブの組織化という観点からみた場合の構造的誘発性としては、客観的条件である地域特性、そして場と機会に代表されるスポーツ環境をあげることができる。事例のような都市部では、スポーツ施設をはじめとする生活関連社会資本の不足や未整備という問題が表面化しやすい状況にあったと推測される。また、このように表面化はしていなくても、地域には潜在的な生活課題が多数存在しているものである。第2段階における構造的緊張に相当するのは、個々の地域住民の身近なスポーツ環境に対する問題認識である。垂水では、団地住民のスポーツの場と機会の確保をめぐって、向陽では、子どもの遊び場確保（中学生の生活問題）をめぐって、地域住民に具体的な問題状況が認識されていた。第3段階は、主導集団（イニシアティブ・グループ）のメンバーによる問題意識の共有である。地域住民に認識されたスポーツ環境の問題は、直接的な利害に関わる個人や集団にとってはとりわけ重大なものとなる。垂水では既存クラブチームおよび各団地の代表者らによるネットワークが、向陽では学校を基盤とするPTAというネットワークが、運動過程における主導集団としてその後重要な役割を担うことになった。第4段階において主導集団のメンバーの間に問題を自分たちで解決しようとする意図が成立すると、続く第5段階では規約や会則の作成を通じて組織としての理念や目的が明確にされ、また主導集団を中心に運営のための役割分担が行われる。こうしてクラブは組織としての体裁を整え、同時に各種のPRを通じて、その理念・目的に同調する成員の拡大を図ることになる。第6段階ではさまざまな支援組織・団体との協力関係づくりを進め、それらの協力を仰ぎながらスポーツ環境の変革に向けた各種事業が展開される。そうしたなかで、地域住民にクラブの活動が受け入れられ、運動が存続し、新たな運動過程が起動するのである（第7段階）。最後の促進要因は、①から⑦までの局面の間に介在して諸局面の継起を促すものであるが、ここではこれとは逆方向に作用する抑制要因の除去も局面の継起を促す促進要因として理解しておきたい。

以上のように、クラブ組織の形成過程は基本的に運動のモデルを適用して説明することができる。この形成過程モデルからは、クラブづくりの「段階性」をあらためて強調して

おきたい。クラブづくりというと、ともすれば役職・組織図をつくり、役員を決めるといった「組織形態の整備」という狭い意味で理解されがちであるが、住民主導型クラブの組織づくりは、地域社会の構造的要因（地域特性等）、住民の心理的要因（動機づけ、行動意図、熱意等）、資源要因（主導集団、情報）といった複数の要因が、それぞれ段階的に影響する一連の流れとして把握する必要がある。このプロセスは、今後のクラブ育成において強く意識されねばならない。スポーツ行政のようなクラブ育成の支援主体が、各要因についてどのような対応をとるかは、地域の状況によって異なると思われるが、例えば地域社会の生活課題、主導集団の探索と発掘、住民同士のコミュニケーションを促す場づくり、基礎情報・ノウハウの提供、適正な資源配分といったことは、いずれも共通して重要になると思われる。

2. クラブ組織化に向けた支援

(1) 運動を意図的に促進する

　先の組織形成プロセスにも示されているように、住民主導型クラブの組織化を成功に導くには、運動を主導する集団の形成が欠かせない条件となる。この主導集団については、内発的に動機づけられ、自発的な参加意志をもった住民によって形成されることが望ましいが、こうした典型的な運動を想定するだけでは十分とはいえない。実際のところ、そうした理想的なケースはきわめて少ないからである。スポーツ経営の立場からは、何らかの意図的なはたらきかけによって、地域住民が目標志向的な主導集団へと変貌していくプロセスにこそ、関心を向ける必要があるといえるだろう。

　ところで、先の運動モデルは、クラブの組織化を複数の要因が段階的に影響する一連の流れとして図式化する試みであったが、そこでは運動の諸局面の移行に影響を及ぼす促進要因（きっかけ要因）については、ふれなかった。このきっかけ要因は、偶然性だけに左右されるものではないこと、そしてコミュニケーションがその重要なカギを握るといわれている[4]。これは、運動を促進しようとする人と地域住民とのコミュニケーションを通じて、あるいは住民同士のコミュニケーションを通じて、「意図的に」運動プロセスの局面移行を促進することが可能であるということを意味している。

(2) クラブづくりのための支援行動

　住民主導型のクラブづくりに向けて、いつどのような働きかけが必要かを考えるには、まず働きかけを行う主体はどこなのか（誰なのか）が問われる。ここでは日頃から地域住民と直接向き合うことが多く、クラブづくりの支援者として位置づけられる市町村のスポーツ行政職員に注目して、その行動をクラブ組織化における運動の意図的な促進要因として捉えることにしたい。

　以下では、平成7年度から平成10年度までに、文部省（現文部科学省）の「総合型地域

表4-2 総合型クラブの形成過程における市町村スポーツ行政職員の8つの行動

連携促進・システム変革に関わる行動

F1：「調 整」
　組織間の問題を処理したり、重要事項の決定にあたって共通理解を図るなど各種の調整にあたる行動

F2：「支持拡大」
　総合型クラブの定着に向けて、できるだけ多くの地域住民や組織からの支持を得られるようにする行動

F3：「討議設定」
　住民メンバーを中心とする話し合いの場づくりに関する行動

F4：「討議活性化」
　活発な話し合いがなされるような雰囲気づくり、参加意欲を高める行動

人間関係指向の行動

F5：「信頼関係」
　職員と住民相互の信頼関係の構築に関わる行動

F6：「配 慮」
　住民の気持ちや考え方を尊重する典型的な配慮の行動

課題達成指向の行動

F7：「達成強調」
　課題達成に向けて圧力をかけたり、緊張感を持続させるような行動

F8：「情報提供」
　総合型クラブ、地域の実態などに関するさまざまな情報を住民に示す行動

スポーツクラブ育成モデル事業」の指定を受けた、全国13市町の総合型クラブ運営メンバー（行政職を除く）を対象とした調査の分析結果から、クラブ組織の形成過程において行政職員がどのような行動をとったのか、さらにそうした行動が運動という側面からみた形成過程の局面移行にどのような影響を及ぼしたのかについてみていくことにする。その結果をもとに、「いつどのような働きかけが必要なのか」を考えてみよう。

　まず、クラブづくりのプロセスにおいて、行政職員がどのような行動をとったかについて尋ねたところ、以下に示すような8つの行動次元（因子）が明らかになった。

　表4-2に示すように、総合型地域スポーツクラブの育成に向けて行政職員がとる行動には、8種類があり、さらに、各行動の目的の類似性を基準に、3つの上位行動にまとめることができる。ここでは特に、「連携促進・システム変革に関わる行動」の意義について説明しておこう。

　総合型地域スポーツクラブが成立するためには、さまざまな住民組織・団体の連携・協力が必要とされることから、組織間のコンフリクトの解消や共通理解を図るための「調整」行動が求められる。また、一種のイノベーションとしての総合型地域スポーツクラブを住民に受け入れてもらうためには、地域全体の広範な支持を得る必要があり、したがって「支持拡大」の行動がとられると考える。次に「討議設定」および「討議活性化」という2つの行動の意味については、「場のマネジメント」という理論に照らして説明してみたい。この理論によると、場とは「人々が参加し意識・無意識のうちに共通の体験をする、その状況の枠組」を指す。クラブづくりでは、設立準備委員会や育成協議会などの合議機関が、参加メンバーの相互作用や共感をともなう実質的な「場」として機能していることが大切である。場のマネジメントは、「場を生成させるためのマネジメント」と「生成した場を生き生きと動かすマネジメント」から成るといわれるが、この2つは先の「討議設定」「討議

活性化」という行政職員の行動にそのまま対応しているとみてよい。つまりクラブづくり支援者としての行政職員は「場のマネジャー」としての役割も担っているということである。さまざまな立場の住民が、言いたいことをはっきり言えるような場と雰囲気をつくり、議論を通じて最終的に何らかの合意形成に至る、このプロセスが重要である。

(3) 支援行動の効果

続いて、職員行動の効果についてみていくことにしたい。クラブ組織の形成過程については、先に示した運動モデルの7つの局面のうち、行政職員の行動による影響が予想される②から⑥の段階、すなわち②問題認知、③問題共有、④変革意図、⑤組織化、⑥事業運営を取り上げ、それぞれの局面移行に行政職員の行動がどの程度影響しているかを検討した。

図4-1はその結果をまとめたものであるが、ここでは統計的に意味ある影響力が認められた行動のみを示している。この図をみると、職員行動の効果は組織形成過程の局面によって大きく異なることがわかる。まず、クラブづくりにおける問題共有と変革意図の局面において、多くの職員行動に効果が認められたのに対し、組織化と事業運営の局面ではほとんど効果がみられなかった。問題認知から変革意図に至るまでの局面では、複数の職員行動が有機的に作用して局面の移行に大きく影

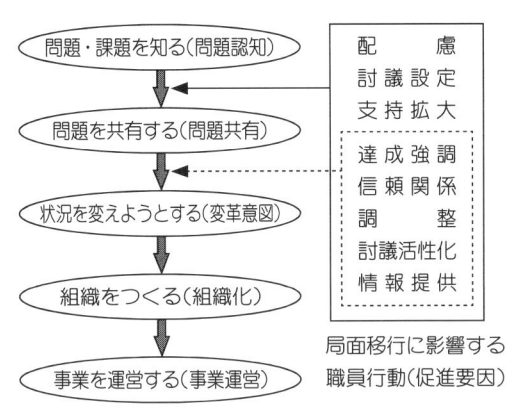

図4-1 職員行動（支援行動）の効果

響しているものの、それ以降の局面ではほとんど効果がみられず、メンバーに委ねた方がむしろよいという結果が得られた。このことは、クラブづくりの初期段階、とくにクラブをつくることで今の状況を変えていこうという人々の心理的エネルギーが大きく膨らんでいく過程での支援行動が効果的であることを示唆している。

「我々に共通の生活課題は何か」「何のためのクラブづくりなのか」「なぜ総合型なのか」——こうした問いに対する答えを模索していく過程こそが運動としてのクラブづくりにおいては重要であり、支援者はこの段階に大きなエネルギーを注ぐ必要がある。

(4) いつどのような支援が必要か

スポーツ環境の変革意図が成立するまでの過程というのは、地域社会に暮らす人びとの漠然とした問題意識が、少しずつ明確な「共通の思い」へと結実していくプロセスと言い換えることができる。この変革意図が成立するまでの間に、意図的なはたらきかけをする際には、次の2つのことに留意する必要がある。

1つは、地域住民や設立に関わるメンバーが地域において解決されるべき問題や課題を認識し、これを共有してその解決の必要を強く感じるようにすることである。そのためには、地域のスポーツ環境や生活課題に関する情報の提供と問題共有の場を設けることが必

要となる。もう1つは、メンバーが総合型地域スポーツクラブについて理解を深め、地域特性や状況に適したクラブ像を具体的にイメージできるようにサポートをすることである。総合型地域スポーツクラブそのものに関する基礎情報を示すこと、クラブの設立意義を広く浸透させること、そしてメンバー参加のもとでクラブの「青写真」を描く場を設けることなどがこの段階で必要になる。一般にイノベーションの普及にとって「説得」という働きかけが重要な役割を果たすといわれるように、総合型地域スポーツクラブという新たなしくみをつくり、これを普及しようとする場合にも、住民に対する意図的な働きかけが必要になる。課題達成指向の職員行動は、変革意図成立までの段階において不可欠のものといわねばならない。ただし、住民の意向を無視した一方的な「押しつけ」や「強制」にならぬよう十分留意するとともに、住民が課題達成指向の行動を受け入れるためにも信頼関係の構築を怠らないこと、同時に住民による自生的な秩序形成の基盤となる話し合いの場を十分に確保することも忘れてはならない。

　組織化及び事業運営に至る段階においては、支援行動の効果が認められなかったが、これらの局面では行政が積極的に介入するのではなく、メンバーを信頼し任せることを意識する必要があるといえる。これらの結果は、クラブの組織形成過程の局面によって支援行動の効果が異なり、またメンバーにスポーツ環境の変革意図が成立するまでの支援の仕方が重要であることを示唆している。クラブ育成に向けた支援のあり方を考えるにあたっては、「どのようなはたらきかけをするか」と同時に、「いつはたらきかけるのか」についても十分な配慮を要するといえるだろう。

　企業経営学では、組織を活性化させるためにあえて不安定な状態をつくりだすような意図的はたらきかけが重視されている。「不安定状態をつくり出すような意図的はたらきかけ」が運動のマネジメントとして重視されることもあるが、クラブづくりについてもこれと同じ意味での「運動のマネジメント」の発想が必要である。

　総合型地域スポーツクラブをめぐっては、とりあえずクラブをつくることばかりに関心が寄せられ、「住民主導」や「自主運営」はその後の問題とされるような風潮も見受けられる。しかしこれからは、目先の成果ばかりにとらわれることなく、クラブづくりにはある程度の時間がかかるということを前提としたうえで、住民自身の手による段階的なクラブづくりを支えていくという姿勢が必要になると考える。

注
1) 蓮沼良造（1992）実践コミュニティ・スポーツ．大修館書店．
2) 八代　勉・向陽スポーツ文化クラブ編（1996）コミュニティ・クラブと社会的ネットワーク．不昧堂．
3) 片桐新自（1995）社会運動の中範囲理論．東京大学出版会．
4) 塩原　勉（1976）組織と運動の理論．新曜社．
5) 作野誠一（2000）コミュニティ型スポーツクラブの形成過程に関する研究：社会運動論からみたクラブ組織化の比較分析．体育学研究45（3）：360-376．
6) 作野誠一・清水紀宏（2001）地域スポーツクラブの組織形成過程における市町村行政職員の行動とその効果：文部省総合型地域スポーツクラブ育成モデル事業に着目して．体育・スポーツ経営学研究16（1）：43-58．

第 5 章

総合型地域スポーツクラブの経営
―自主運営をめざして―

1. 自主運営のための組織と事業

(1)「自主運営」の意味

　クラブの「自主運営」について考えるにあたっては、まずここで用いることばの意味を明確にしておく必要があるだろう。というのも、「自主運営」ということばの意味は、それを使う人によって異なることが多いからである。一般にどのような意味で用いられているかを考えてみると、おおよそ次の4つに分類されるように思われる。

> ①自主財源によるクラブの運営をもって自主運営という場合
> ②行政がクラブの運営にさほど関与しないことを強調するのに自主運営という場合
> ③一部の住民リーダーによるクラブの運営をもって自主運営という場合
> ④できるだけ多くの地域住民の参加によるクラブの運営を自主運営という場合

　まず、①の自主運営の考え方は、自前の財源をもっていることが、すなわち自主運営だとするものである。これは、財政的な自立が自主運営の根幹をなすという考え方であろう。②は行政などの支援はあるが、あくまで運営の中心は住民だという場合である。③は住民自身による運営であるが、それはあくまで一部のリーダーによるものであり、自主運営というのはその運営組織の問題となる。④の考え方は、経営の主体（経営する側）と客体（経営される側）が一致しているというものである。このとき自主運営は、一般メンバーを含めたクラブ組織全体の問題として扱われることになる。このように、自主運営についてはさまざまな捉え方があるが、本章では最後の④の立場から、「できるだけ多くの地域住民の

参加によるクラブの運営」をどのようにして実現していくかについて考えることにしたい。

(2) 総合型クラブをめぐる諸問題

　理想的な自主運営の姿について検討する前に、総合型地域スポーツクラブをめぐる現状ないし問題点を確認しておこう。まず一般的な傾向として、個人の施設利用とスポーツ教室が中心で、肝心の「クラブ」としての活動がなかなかみえてこないという問題がある。現状では、スポーツ教室とイベントの集合体をもって総合型クラブと称するところもあるようだが、このようなケースには、クラブの重要な要件とされる社交やメンバーシップの欠如といった問題のほか、参加メンバーの固定化、さらには定員規制にともなうさまざまな問題が表面化することになるだろう。また、種目別のクラブ（個別クラブ）の活動が、クラブ組織全体の中にうまく組み込まれていないという点も指摘できる。種目別クラブの活動と教室との関連はほとんどみられないし、種目別クラブが総合型を構成するクラブとなった場合でも、以前と活動がなんら変わらないということもしばしば耳にする。さらに、一般メンバーがクラブの運営に関わる機会がほとんどないということも問題といえるだろう。人はスポーツと多様な関わり方をすることが可能だが、「する」ことばかりが注目され、自ら運営に参加するような関わり方、つまりスポーツを「つくる」あるいは「支える」という関わり方については、現状ではさほど重視されていないように思われる。そればかりか、クラブの活動やその運営について何か意見や考えがあったとしても、それを表明する機会さえ十分に保障されていないのが現状である。

(3)「自主運営」に向けたクラブの変革

　総合型クラブをめぐるこのような状況をふまえたうえで、ここでは自主運営組織の確立に向けて2つの提案をしたいと思う。

①組織運営の分権化——種目別事業部に権限を委譲する——

　まず1つめの提案は、「組織運営の分権化」である。組織形態の基本型は、大きく「職能制組織」と「事業部制組織」とに分けられるが、将来的にクラブの組織形態を種目別の事業部制組織に変更していくことも考えてよいのではなかろうか。職能制組織とは、専門能力別の下位組織から構成されるもので、総合型クラブの場合、例えば、総務、企画、指導、広報、研修などの部門がある。総合型クラブの多くは、こうした職能制組織を採用している。一方の事業部制組織は、事業分野別、製品別というように、自己充足的な単位組織から構成されるものである。

　図5-1は、事業部制クラブ組織の概念図であるが、この種目別の事業部（種目A、B、C、D……）は自律性が高く、それぞれに自己決定権が与えられている。例えば、サッカーという種目ならば、「サッカー事業部」に権限を大幅に委譲し、種目に関する事業のいっさいを任せるのである。メンバーの活動は、個別クラブとしてのこれまで通りの活動・運営に加え、その種目の多世代化を図ること、そして一般メンバーや住民を対象とする教室・イベント等の運営をおこなうことなどが考えられる。

第5章　総合型地域スポーツクラブの経営－自主運営をめざして－　53

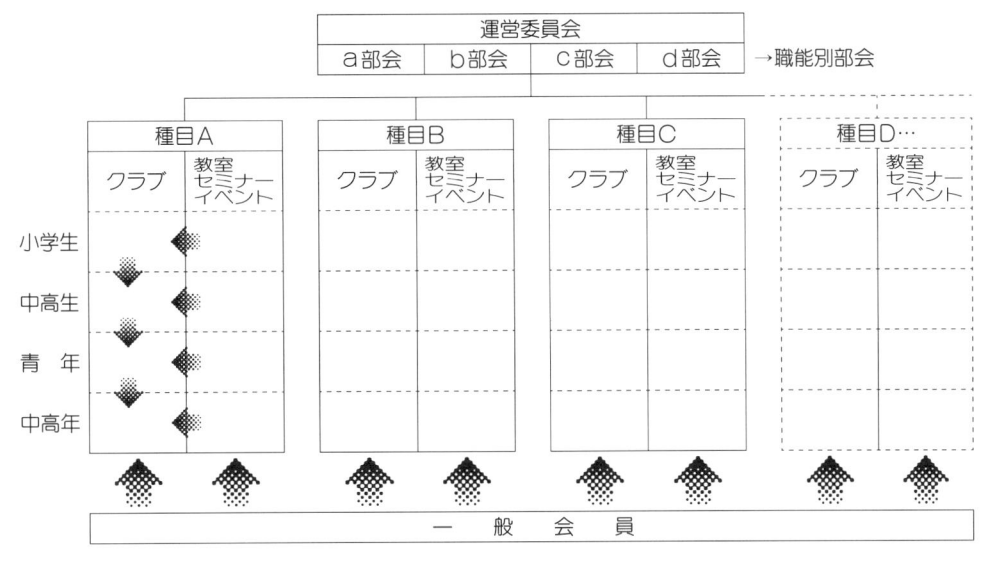

図5-1　事業部制クラブ組織の概念図

❷多層的参加システムの整備──多様な運営参加の機会をつくる──

　自主運営に向けたもう1つの提案は、「多層的参加システムの整備」である。これは、クラブの運営やそれに関連する活動に、メンバーが多様なかたちで参加できるようなしくみをつくろうというものである。総合型クラブの運営には、さまざまな参加の仕方がある。まず、運営委員会や職能別部会など、クラブ全体の運営への参加がある。さらに、総合型クラブを構成する個々の種目別クラブの運営への参加というものも考えることができるだろう。その種目別クラブが中心となって実施する教室やイベントの運営にあたっても参加が求められる。これは、ボランティア的な裏方として参加協力するようなしくみである。また、運営そのものではないが、ふだん利用しているスポーツ施設やクラブハウスなどの環境整備活動（除草や清掃など）も参加の一形態といえよう。最後に、クラブ運営に対する意見表明のしくみづくりも間接的な参加システム整備の問題として重要な位置を占める。ITの活用、討議の場づくりなどを通じて、メンバーの目線からみたクラブ運営上の問題を拾い上げることができるようになるはずである。

　こうした多層的な参加システムを整備することによって、より多くのメンバーの参加による自主運営が可能になるのではなかろうか。このような参加は、負担と紙一重であるが、積極的なコミットや参加によってメンバーシップが強化される側面もあるという点は注目に値する。メンバーシップというと、とかくクラブハウス、マーク、グッズといったシンボルばかりに関心が向かいがちだが、自発的な参加によってメンバーシップが強化される側面があるということも忘れてはならない。

　ここでもう一度、図5-1に戻ることにしよう。この図では、各種目のなかにC.S（クラブサービス）とP.S（プログラムサービス）が同居している。種目別の事業部は、従来からのクラブとしての活動（C.S）とともに、教室やイベントといったプログラム（P.S）も手が

けることになる。図中の種目Aにはいくつかの矢印があるが、ここから種目別クラブの育成への道筋には、2つのパターンがあるということがわかる。その1つは「教室からクラブへ」というヨコ向きの矢印である。これはちょうどスポーツ教室の受講生や修了者をサークル化・クラブ化していくという方向である。もう1つの道筋は、多世代化に向けた下向きの矢印である。これは、ふつうなら引退となるはずだが、継続してクラブとしての活動を続けることができる、ちょうど「マスターズクラブ」のようなイメージで捉えることができる。

　「組織運営の分権化」と「多層的参加システムの整備」によって、総合型クラブの一単位組織をなす種目別クラブには、教室・イベントなど育成・普及事業の主体的開催（ヨコ向きの矢印に関して）、そして多世代化の積極的推進（下向きの矢印に関して）といった活性化が期待される。この多世代化とともに総合型のもう1つの大きな特徴である「多種目化」については、新たな種目別クラブ、あるいはその設立契機となる新規種目の教室などを増やしていくことが望まれる。どのような種目を新たに設定するかは、住民のニーズや核となるグループ、あるいは指導者の存在等、実施上の諸条件を勘案して決定されることになるだろう。

(4) 総合型クラブにおける事業ドメインの拡大

　ところで、こうしたクラブの多世代化や多種目化というのは、経営学でいうところの「事業ドメインの拡大」として理解することができる。事業ドメインとは、将来に向けた有効な事業の生存領域のことで、顧客、ニーズ、資源という3つの軸によって決定されるといわれている[1]。誰がどのようなニーズをもっているか、またそれに応えるための資源をどの程度もっているか、こうした条件によって事業のドメインが決定されるのである。

　以下、総合型クラブの発展には、多世代化と多種目化による「事業ドメインの拡大」という側面があるという点に着目して、クラブの発展をシミュレートしてみよう。

　図5-2および図5-3は、総合型クラブにおける事業ドメインの拡大を示す1つの例である。図2は、あるクラブの立ち上げ時、そして図5-3は同じ総合型クラブが事業のドメインを拡げたあとのクラブ概念図である。図5-2に示すように、この総合型クラブは、最初、小中学生のサッカークラブ（a）、中高生のバドミントンクラブ（b）、成人向けのバドミントン教室（c）、そして小中学生対象のミニ・バスケ教室（d）という事業でスタートしたとする。つまり、2つの個別クラブと2つの教室からのスタートである。そして数年後、クラブの事業ドメインは、図5-3のように拡大したとしよう。サッカー事業部では、新たにメンバーを募って青年・中高年層のクラブをつくり「多世代化」した（A）。これによって、同じクラブでずっとサッカーを続けられることになった。さらに、そのメンバーらが中心となって、小学生対象のフットサル大会を企画・開催した（B）。そこで興味をもった子どもは、小学生のクラブに入会するかもしれない。バドミントンでは、成人向け教室の受講生・修了生を中心としてクラブを新設し、これも「多世代化」を図った（C）。バドミントンもクラブライフの継続が実現されたことになる。ミニ・バスケも教室の受講者・修了生を中心

第5章　総合型地域スポーツクラブの経営－自主運営をめざして－　55

にして新たにクラブを立ち上げた（D）。これら既存種目に加えて、中高年層のニーズが高かった「健康体操」の教室を新規事業として実施することにした（E）。この「健康体操」の採用は、クラブの「多種目化」の方向を示すものである。

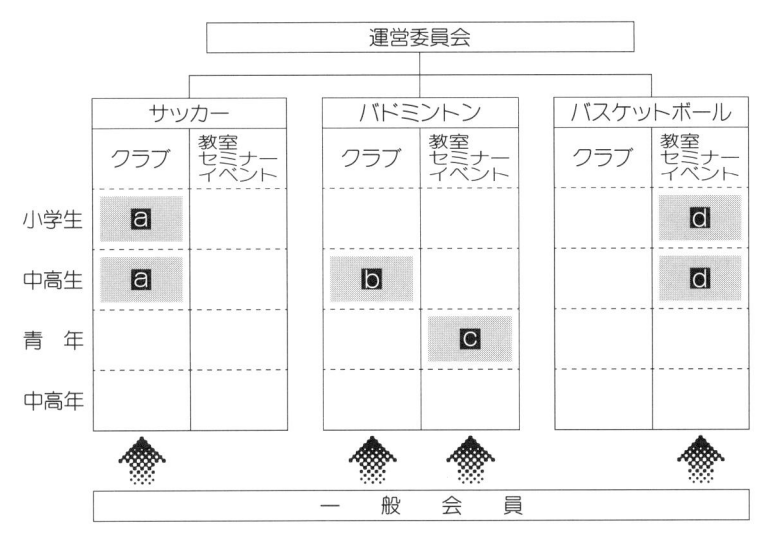

ⓐ 小中学生を対象としたサッカーのクラブ（既存／新設）
ⓑ 中高生を対象としたバドミントンのクラブ（既存／新設）
ⓒ 成人を対象としたバドミントン教室を開催
ⓓ 小中学生を対象としたミニ・バスケ教室を開催

図5-2　クラブ設立時の事業ドメイン

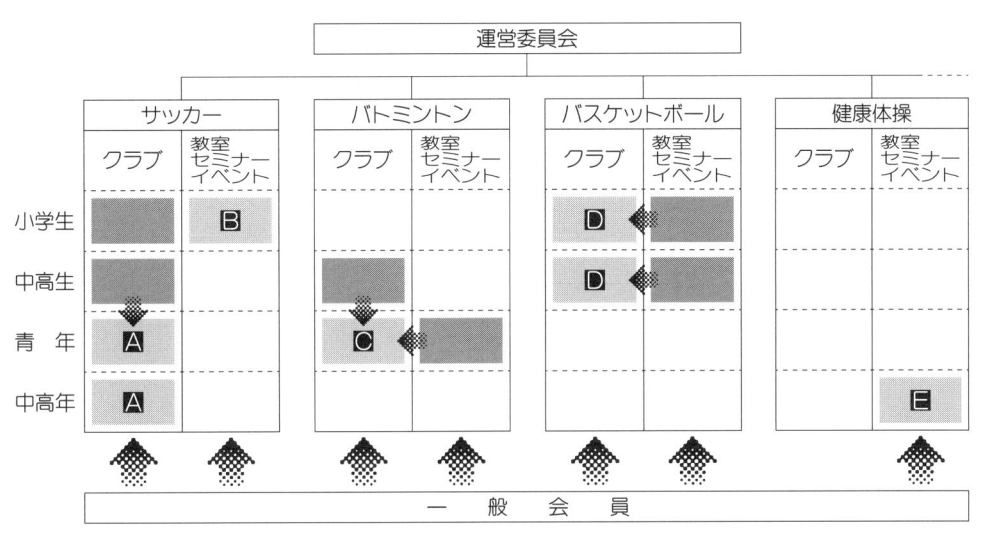

A 青年・中高年のサッカークラブを新設（多世代化）
B サッカークラブのメンバーが中心となってフットサル大会を開催（自主運営）
C バドミントン教室の受講生を中心としてクラブを新設（教室からクラブへ、多世代化）
D ミニ・バスケ教室受講生を中心としてクラブを新設（教室からクラブへ）
E 中高年層を対象として健康体操教室を開催（新規種目＝多種目化）

図5-3　事業ドメインの拡大

ところで、「総合型地域スポーツクラブ」というと、あたかも多種目・多世代が最低の条件で、最初からそうした形態をとらねばならないというようなイメージもあるようだが、決してそうではない。長期的な見通しのもとで総合化を進めていくという立場から、いまあるクラブの状況やスポーツの諸条件をうまく活用しながらクラブづくりを進めていくことが大切になる。

クラブの発展にとって事業ドメインの拡大は欠かせない。しかし、教室やイベントばかりを、ただ並列的に拡充していくようなやり方は、自主運営を定着させるという立場からは問題があるといわざるを得ない。そもそも教室やイベントというのは、継続的なスポーツ活動の契機にはなるものの、豊かなスポーツライフの中心に位置づくような活動とはいい難いのではないか。やはり継続的なクラブとしての活動が重要になるといえよう。また、クラブ化によってさまざまな運営への参加機会が増えることになり、全体としての自主運営のレベルが向上することも期待される。その意味でも、総合型クラブ内部でのクラブ化が強く望まれるところである。事業ドメインの拡大を考えるにあたっては、教室やイベントのみならず、こうしたクラブ化をつねに念頭に置く必要があるといえる。

2．総合型クラブの経営と資源調達

(1)「スポーツ経営体」としてのクラブと経営資源

総合型クラブがこれまでのクラブと大きく異なる点の1つは、クラブそのものが「経営体」として機能すること、つまりクラブが事業を企画し、それに必要とされる資源を調達し、実施するという点にある。とりわけ経営資源の調達は、上述した事業の質や量に直接影響するのみならず、長期的にはクラブの存続や発展をも左右するきわめて重要な意味をもつ。クラブはこの資源をどのように調達すればよいのだろうか。また、資源をめぐる住民と行政の役割とはいかなるものであろうか。

表5-1はボランタリー組織の組織化要件とそれへの対応例を示したものである[2]。組織化の要件とは、単なる集団がNPO（非営利組織）のような組織に発展するために必要な条件のことをいう。その要件を満たすために、どのような対応がとられるかを書き出してみると、それらのほとんどが、「ヒト・モノ・カネ・情報」という経営資源の問題に関わっていることがわかる。

経営資源は形態からみて、人的資源（ヒト）、物的資源（モノ）、資金的資源（カネ）、情報的資源（情報）という4つに分類される。

総合型クラブの人的資源とは、すなわちクラブ経営に関わる人材のことである。とりわけ組織のミッション（使命）を保持・継承しうる人材の確保、さらに研修などを通じた人材の資質の維持・向上などが課題となる。クラブの立ち上げ段階でとりわけ重要になるのは、既存の組織・団体とコミュニケーションをとり、クラブを支える連携の輪をつくることであろう。この連携体制が整えば、運営や指導といった活動を支える多様な人材（マン

表5-1　ボランタリー組織の組織化要件とそれへの対応例（田尾，1998）

組織化要件	対　応　例
①メンバーの存続	・第一世代の熱意を継承できる後継者の育成（社会的使命の保持）
②継承問題	・社会的使命の成文化、規範の明示化（規約、会則等）
③メンバーの拡大	・コミュニケーションの場の確保 （クラブハウス、討議の場の設定等）
④ボランティアの資質管理	・専門的スキルの管理 （ドメイン拡大にともなう指導・マネジメントスキルの獲得）
⑤資金の安定供給あるいは大規模化	・外部資金の適切な導入、スポンサーの獲得
⑥事務局の創設	・場の確保、専従スタッフの任用
⑦信頼関係の制度的構築	・サービス内容の標準化・文書化、会員誌・広報の発行

パワー）を確保することができるからである。

　続いて、総合型クラブにおける物的資源としては主に活動の場をあげることができる。これは、スポーツの場としての施設・クラブハウス、マネジメントの場としての事務局などを含むものである。スポーツをするときには、活動のための場の確保が最低限の条件となるが、多くのメンバーが活動し、地域住民の誰もが気軽にスポーツに参加できるようにするには、拠点となる一部の施設だけでなく、学校施設など周辺の既存施設をうまく活用することも考えねばならない。さらに規模の拡大とともに、クラブハウスなど交流のための場の整備、そして経営体としての事務局の設置も当然求められることになろう。

　総合型クラブの資金的資源とは、いうまでもなく自主財源、外部からの資金などのことである。自主運営を視野に入れると、安定した会費収入による財源の確保が求められることになる。そのためには、スポーツ活動における受益者負担の浸透とある程度の会員規模が必要とされるが、同時に会費を払ってでもクラブに入りたくなるような特典を用意すること、人びとを惹きつけるような魅力をクラブが備え、またそれを広くアピールしていくことも積極的に進めていかねばならない。補助金をはじめとする公金の投入については、クラブの公共性の議論ともリンクすることになろうが、まったく依存しないというのではなく、クラブに公的な性格が認められるのであれば、むしろ積極的に導入するべきであろう。問題とすべきは、最初から無条件で行政に金銭的に依存するようなケースである。

　情報的資源とは、総合型クラブに関する知識、情報、ノウハウなどをいう。情報的資源の調達にあたっては、収集、提供、共有のためのシステムづくりが重要な課題となる。組織的活動には、目標達成のための入力となるさまざまな情報が必要とされるが、なかでも住民のニーズは、サービスの質を左右する大切な情報である。ある地域では、クラブが中心となって住民の意識調査を実施し、その結果をクラブの事業に反映している。またイベントなどの際には参加者にアンケートなどを実施して評価を行い、次回の事業に生かすような工夫をしているところもある。こうした情報ルートの確保は、住民の声をクラブ運営に反映させる重要な役割を果たしているといえるだろう。総合型クラブそのものに関する

情報、あるいは経営のためのノウハウといった情報を行政、あるいは他の地域から引き出すことも同様に必要とされるであろう。

(2) 資源調達をめぐる諸問題——依存と自立をめぐって——

①過度の行政依存

　経営資源をめぐる問題の一つとして「過度の行政依存」があげられる。補助金が切れ行政の担当者が異動したら、とたんにクラブもなくなってしまった——こんな話を聞いたことがある。これは資源のほとんどを行政に依存していたため（別の言い方をすると行政が進んで提供していたため）に起こった悲劇である。「住民主導型」のクラブ事例をみると、必要な資源は基本的に自前で調達しているケースが多いが、一方の「行政主導型」クラブの場合には、これら資源のほとんどを行政に依存している。このときには、住民の持ち出し（負担）は少なくてすむが、「自前主義」あるいは「受益者負担」の土壌は形成されない。資源依存があたりまえになってしまうからである。以前は行政も住民もそれを当然のことのように思っているふしがあった。クラブ組織をつくることばかりに性急で、何から何まで行政が「丸抱え」というのでは、住民による自立的活動はとうてい期待できない。クラブづくりの初期段階では、とかく資源が不足がちになるが、住民主導による自主運営のクラブをめざすには、早い段階から「適正な」資源の配分と住民自身による資源調達への道筋をつけることが求められる。

②クラブの自立性と主体性

　2つめは、クラブの「自立」をめぐる問題である。資源の外部依存が問題であるとはいえ、「すべてを自前で」ということは現実的には困難である。とくに総合型クラブのような大規模なクラブともなれば、外部にまったく依存することなく必要な資源を調達するということは不可能に近い。ここで重要になるのが「自立」という考え方である。近年の自立論では、すべてを自分ですることが自立ではなく、可能な範囲で「自己決定すること」が自立にとって大切であるという主張がなされているが、この考え方に従えば、「主体的な意思決定」こそが自立の鍵であり、外部に依存すること自体は必ずしも自立の妨げにはならないということになるだろう。問題は依存を「あたりまえ」と思うことであって、主体性を保持しながら、行政など外部に依存することは、むしろ望ましいことといえる。クラブは自分たちの努力によって「何とかできること」と「どうしてもできないこと」とを明確に区別したうえで、できないことについては外部にうまく依存することが必要になるといえるだろう。

注
1) 神戸大学大学院経営学研究室編（1999）経営学大事典（第2版）．中央経済社．
　　pp.384-385．
2) 田尾雅夫（1998）ボランタリー組織は組織か？．組織科学32（1）：66-75．

第6章
総合型地域スポーツクラブと学校開放

1. 総合型地域スポーツクラブづくりにおける「校区」の意味

　総合型地域スポーツクラブは、一般に中学校区程度の範囲（＝地域）を基盤に育てるものとされている。これまでも、少年のスポーツチームやママさんバレーチームなどは、その多くが校区を単位に結成されたものであったが、高校や大学のOBを中心としたチームやスポーツ教室から発展したクラブなど、一定の校区（地域）を単位としないクラブも数多く存在している。ではなぜ、総合型地域スポーツクラブは、「校区」を範囲としているのだろうか。この点については、既に第2章において指摘されているところであるが、総合型地域スポーツクラブと学校開放の関係を理解するために、今一度触れておくことにしよう。

　第1の理由は、総合型地域スポーツクラブが誰にとっても身近なスポーツ環境となることが目指されているからである。子どもたちが通う学校や勤労者が勤める職場にもスポーツクラブやサークルはあるが、そうしたクラブは、学校や職場という一定の組織・団体に所属するものにしか参加の権利が開かれていない。つまり、生涯にわたるスポーツ活動の拠点にはなり得ないのである。これに対し、総合型地域スポーツクラブは、誰もが日常生活を営んでいる地域社会という場を基盤とすることで、老若男女、実施種目や技術レベルにかかわらずスポーツに親しむことを可能にする。

　第2の理由は、総合型地域スポーツクラブの育成が、地域コミュニティの形成というスポーツの普及振興にとどまらない価値を志向しているからである。そのためには、クラブに加入してスポーツ活動を共にする仲間が、日常生活においても顔を合わせ、挨拶をし、会話や対話を交わしあい、自分たちの身近な生活問題を自分たちで解決し合っていくことのできる適切な範域が設定されなければならない。それが、「校区」というレベルなのであ

る。
　第3の理由は、校区には必ず学校という多機能型の学習・スポーツ施設が存在するからである。総合型地域スポーツクラブの育成には、活動拠点となる施設が不可欠である。学校は、スポーツ活動のみならず、多種多様な学習活動を可能にする総合的な学習施設であり、全国のどの地域においてもおおよそ徒歩でアクセスできる圏内に整備されている。「地域社会」という用語は、「人々の生活上のニーズ（必要）とウォンツ（欲求）が大方満たされうる空間」であるが、この意味で学校を中心とした地理的広がりとしての校区は地域スポーツクラブの基礎となる。学校の多機能性を生かすことによってこそ、わが国固有の地域スポーツクラブが創り出されることになるであろう。

2. 学校開放の現代的意味

　学校開放とは、一般的に学校の保有する教育施設や教育機能を地域の人々に開放して、学習・スポーツなどの諸活動に資することであると定義されている。しかし、学校を地域社会に開くことの意味は、時代と共に変化してきている。今日では、次に示す3つの役割ないし機能が期待されている。

(1) 生涯学習・スポーツ活動のための「物理的な場」としての意味

　学校開放についての教育施策の足跡をたどると、早くも明治期から取り組まれて長い歩みを続けている。しかし、学校開放が以下に示すような諸法規によって法的に整備されたのは第二次大戦後のことである。

学校体育施設開放の法的根拠

① 　教育基本法第12条（社会教育）2項
　　国及び地方公共団体は、図書館、博物館、公民館その他の社会教育施設の設置、学校の施設の利用、学習の機会及び情報の提供その他適当な方法によって社会教育の振興に努めなければならない。
② 　学校教育法第85条（学校施設の社会教育等への利用）
　　学校教育上支障のない限り、学校には、社会教育に関する施設を附置し、又は学校の施設を社会教育その他公共のために、利用させることができる。
③ 　社会教育法第44条（学校施設の利用）
　　学校の管理機関は、学校教育上支障がないと認める限り、その管理する学校の施設を社会教育のために利用に供するように努めなければならない。
④ 　スポーツ振興法第13条（学校施設の利用）
　　国及び地方公共団体は、その設置する学校の教育に支障のない限り、当該学校のスポーツ施設を一般のスポーツのための利用に供するよう努めなければならない。

このように学校開放は、法的にみると"施設開放"に主眼がおかれてきたことがわかる。学校「体育」施設の開放施策も遠く明治期に始まっているが、今日のように本格的に取り組まれるようになったのは、1976（昭和51）年文部省通知「学校体育施設開放事業の推進について」（巻末資料6参照）に裏打ちされた学校体育施設開放事業の実施以降である。わが国の体育・スポーツ政策は、歴史的にみるともっぱら学校体育の振興に重点を置いて展開されてきた。このため、学校の体育施設は質量ともに国際的にも充実した整備状況にあるのに反し、地域スポーツの施設整備は極めて劣悪な状況にあった。当時の学校体育施設開放は、こうしたわが国固有の施設整備状況を反映して、社会体育の実施に必要な公共スポーツ施設の不足を補うためという、いわば社会体育施設の代替物としての役割にとどまっていたのも当然といえる。とはいえ、こうした公共スポーツ施設の補完的機能[1]としての意味は、わが国の物的なスポーツ環境を展望した場合、今後も継続的に求められることになる。体育・スポーツ施設総数の内、約6割を占めている学校体育施設を利用しなくてもよいほどに、公共施設が飛躍的に増設されることを期待するのは現実的ではない（図6-1）。さらに、総合型地域スポーツクラブの全国的な普及によって、スポーツに親しむ人口が増えていくならば、施設の絶対的な不足は避けられず、学校施設のコミュニティ施設化、学校施設の効率的活用が急務の課題となることは間違いない。

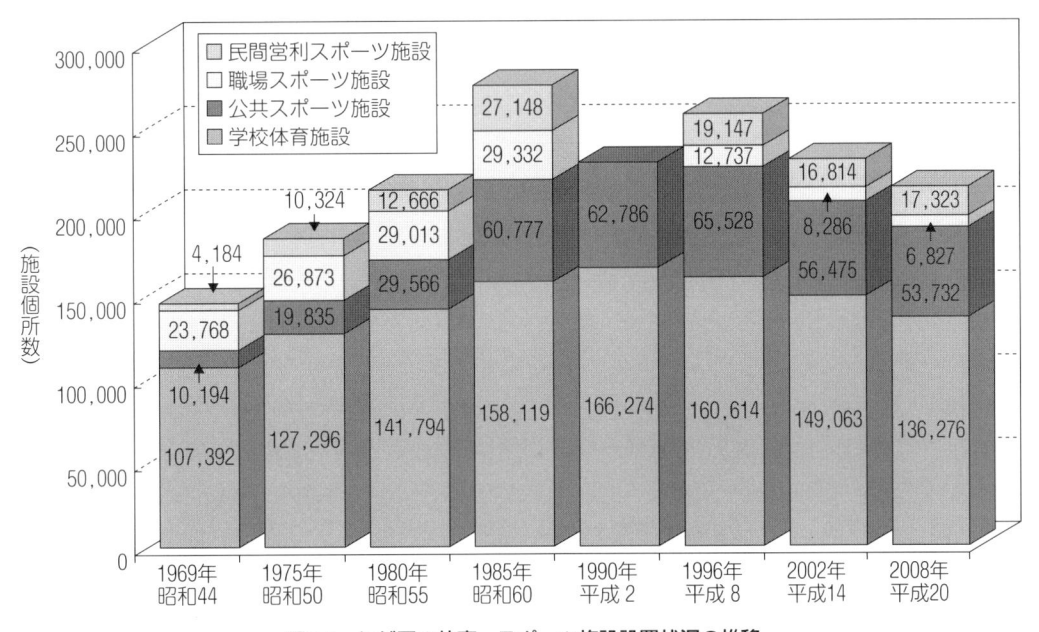

図6-1 わが国の体育・スポーツ施設設置状況の推移

(2) 生涯学習・スポーツサービスの「発信基地」としての意味

学校開放の本来的な意味に基づけば、単に物的条件としての施設開放にとどまらず、学校の保有する様々な教育機能（例えば、学校の持つ人的条件や運動・体育・スポーツに関する専門的知識・情報）を積極的に地域社会に開放していくことが必要である。具体的に

は、教育の専門家である教師がスポーツ・レクリエーションの講座や教室を広く地域住民を対象に開催したり、地域行事の企画に参画したり、地域のボランティア指導者への研修機会を設けたりなどといった取り組みが考えられる。また、中学や高校の運動部が主催した教室やイベントの開催などは、地域スポーツの推進に大きく貢献するだけでなく、運動部員（生徒）への教育機能を持ち、学校教育の充実にも資するであろう。要するに、学校のもつ教育資源（人材・知識・情報）を全面的に生かしたサービスの提供が学校を拠点にしてなされることが期待される。

(3) コミュニティセンターとしての意味

さらに、これからの学校は、地域における生涯学習・スポーツの場として、児童生徒を含めた地域住民が、学びと交流を求めて集う拠点（コミュニティセンター）になっていくことが求められている。保健体育審議会答申(1997)では、これからの地域のスポーツ環境づくりに触れ、「学校体育施設の共同利用化」の項を設けて次のように述べている。

> 学校体育施設は、地域住民にとって最も身近に利用できる施設であり、地域住民共通のコミュニティスポーツの拠点となることが期待されている。（中略）
> 今後、学校体育施設については、これまでの単に地域住民へ場を提供するという「開放型」から、学校と地域社会の「共同利用型」へと移行し、地域住民の立場に立った積極的な利用の促進を図ることが必要である。

これまで、学校施設はもっぱら学校教育のために利用するものであり、地域の人々は学校教育の行われていない空いた時間に貸してもらうという消極的な考え方が一般的であった。それは先に紹介した諸法規に記されている「学校教育上支障のない範囲で」という限定がそうさせてきたのであり、学校開放を「学校の目的外利用」などと表現することもしばしば見られた。しかし今後は、学校と地域社会が共同に利用する施設であり、学校こそみんなの（もちろん児童生徒も含めて）生涯スポーツの拠点であると捉える大きな発想の転換を図っていく必要がある。中央教育審議会答申（1997）においても、21世紀に向けた教育システムの在り方として、学校と地域の連携がとりわけ強調されている。それは学校教育と地域社会双方がそれぞれに抱えている課題を各々が独立的に解決する従来の方法には限界があり、互いが互いの課題を協同的に解決していくことによって双方に多大な便益がもたらされると考えられるためである。学校開放は、こうした学校と地域社会の連携、児童生徒－教師－地域住民の日常的な協働関係を築く貴重な契機になるものと思われる。

3. 学校開放の現実と課題

ここで学校体育施設開放の現状を概観してみよう。全体の98.3％にあたる市町村が体育施設の開放を実施しているが、施設種別に見ると屋外運動場や体育館に比べプールや庭球場の開放率はかなり低い。また、小・中学校に比べて高等学校の開放率が低いのも特徴である。さらに、図6-2に示すように曜日や時間帯を定めて定期的に開放している学校の割

表6-1 学校体育施設開放の現況

	%
〈開放対象（小学校・屋外運動場）〉	
自校の児童生徒に限る	2.2
一般にも開放	97.8
・クラブ（団体）のみ	68.4
・個人利用も可	29.3
・学区（校区）に限る	19.0
・学区（校区）に限らない	78.7
〈開放の運営形態〉	
教育委員会中心	56.8
学校中心	29.5
地域住民中心	8.7
〈開放のための組織設置状況〉	
設置している	58.5
・教育委員会にある	38.8
・開放校ごとにある	25.6
未設置	41.5
〈運営組織の行う事業の有無〉	
実施	4.8
未実施	89.2
開放校により異なる	6.0

文部科学省「我が国の体育・スポーツ施設」
平成20年

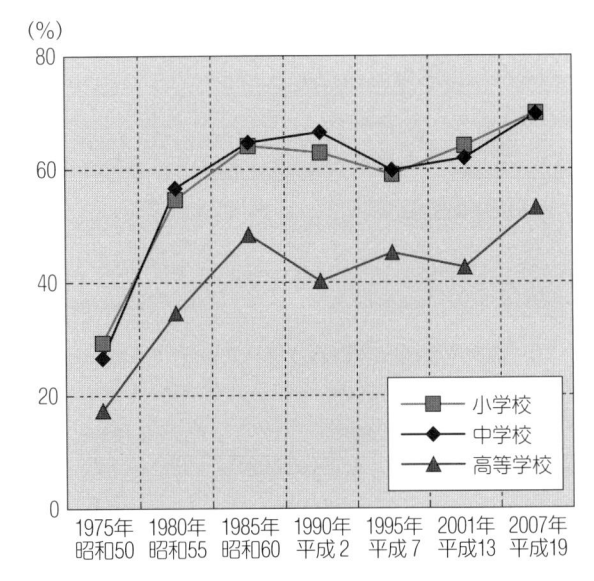

図6-2 定期的解放率の推移（体育館）

合は、近年むしろ減少傾向にある。

次に、開放の対象は、クラブ（団体）に限って学区に関係なく開放されているところが多い。クラブ・団体への参加率がおよそ国民の2割、1クラブあたりの平均人数が20〜30名程度であることからすれば、ごくわずかな一部の人たちに独占的に利用されていると見ることができ、コミュニティの施設として近隣住民に広く開放されているとは言い難い。このように開放率こそ高いものの「最も管理しやすい場所を、最も管理しやすい人たちに、最も管理しやすい方法で」開放しているのが現状といえよう。そのため、近年学校開放の利用者数は停滞気味であり（図6-3参照）、「閉塞状態」にあるとも指摘されている。クラブ・団体に所属していない多くの住民が、家族や仲間同士であるいは一人でも気軽に学校に出かけ、学校の保育するあらゆる施設を利用してスポーツ・レクリエーション・学習活動が行えるような運営が望まれる。

次に、学校開放の運営状況を見てみよう。まず、開放の運営形態は、教育委員会が中心になっている場合が最も多く、地域住民が運営の中心になっているケースは全国的

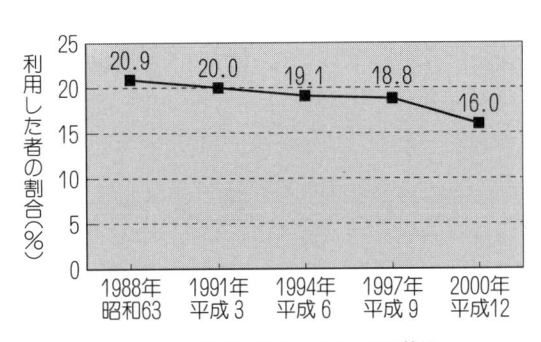

図6-3 学校体育施設開放の利用状況

にも極めて少ない。地域住民中心の運営がなされている割合は、昭和59年には25.1%であったが平成元年には9.5%、平成7年には9.0%と低下してきており学校開放運営への住民参加は後退しているといわねばならない。また、開放のための運営組織の設置状況では、未設置の市町村が未だ半数弱存在し、設置されている場合でも、開放校ごとに設置されているのは全体の約2割に止まっている。さらに、この運営組織が施設管理以外に独自の事業（主にプログラム・サービス）を実施している市町村も少ないのが現状である（この割合も低下傾向にある）。

学校体育施設開放の問題点
①開放率は高いものの、定期的開放率及び開放頻度の停滞・減少傾向
②限定的施設（体育館・グランドのみ）の開放
③開放のための運営組織が未整備、行政・学校中心の運営
④場の開放にとどまっている（独自事業の低調さ）
⑤クラブ・団体に限定した開放
「最も管理しやすい場所を、最も管理しやすい人たちに、最も管理しやすい方法で」
→利用者の停滞・減少傾向

4．学校開放の新しい展開——総合型地域スポーツクラブへ——

　以上にみたような、学校開放の閉塞状況を打開し、学校開放の現代的意味を実現していくためには、運営方法の抜本的な見直し、飛躍的な革新が必要な時期にきている。ここでは、その具体的な改善方策を考えてみよう。ただし、いかなる改善策も学校教育に支障が及んではならないことは、いうまでもなく最低限の前提である。

(1) 学校施設の全面的開放

　学校の保有する施設を時間的にも空間的にも全面的に開放する方向に進むことが求められる。まず、時間的にはフルタイムの開放が理想的である。学校の施設は、すべての施設空間が常に児童生徒の学習活動に利用されているわけではない。シーズン、時間帯や施設によっては昼夜を問わずかなり利用可能な空間がある（例えば、授業で水泳を実施する時期の体育館・グラウンド、授業時間中の図書館など）。こうした空間を、地域の大人たちが利用したり、時には児童生徒と共同学習することができるようにするためには、学校側の教育計画と地域の学習・スポーツ活動計画とを事前に摺り合わせ共同利用を進めるための協議機関が必要である。

　次に、空間的な全面開放とは、できる限りすべての施設・設備を住民の学習・スポーツ活動のために開放することである。先に見たように、水泳やテニスは生涯スポーツ種目として高い人気があるにもかかわらず、プールやテニスコート等はまだまだ管理の論理（管理のための管理）が優先してしまい開放が進んでいない。また、校舎の開放についてはさ

らに遅れている。中には、開放ゾーンと非開放ゾーンに分離して、教室等の開放に取り組んでいるケースも見られるが、学校開放の理想は「すべてが開放ゾーン」である。このことによって、多種多様な住民の学習・スポーツ要求に対応することができるようになり、地域のみんなが集い合える地域の学校となるのである。

なお、学校施設を地域の学習・スポーツ活動に全面的に開放するためには、コミュニティ施設としての本格的な整備が早急に求められる。学校施設は、はじめから地域住民の幅広い利用を予想してつくられた公共施設とは異なり、生涯学習・スポーツ施設としては不十分な部分も見られる。クラブハウス・夜間照明・シャワールーム・ミーティングルーム・ロッカールームやニュースポーツ用具・ジョギングコースなどが、当たり前に整備されている総合的地域施設としてリニューアルしていくことが望まれる。また、地域の高齢者や障害者でも安心して利用できるような施設のバリアフリー化への配慮もなされなければならない。このような施設の拡充・整備は、基本的に設置者である行政の役割といえるが、他方で、住民の力でできるところから手がけていくことも忘れてはならない。

(2) 住民主体の事業運営

学校施設の全面的開放を実現するためには、行政や学校中心の管理方式から脱することが不可避である。つまり、これまでの行政に依存した運営から各開放校区（あるいは複数の校区）の住民を中心とした運営組織（この運営組織には体育指導委員、各種スポーツ・レクリエーション指導者、利用団体の代表者、学校関係者等を含む）を確立し経営の主体を「住民主導」型に移行させることが第一条件となる。そして、この運営組織は施設の維持管理や利用調整にとどまらず、校区住民を広く対象にした各種スポーツ事業を総合的に実施する経営体としての性格を備えていくことが求められる（総合型地域スポーツクラブはこの意味の学校開放の経営主体となり得る第一候補である）。利用者は原則的に、校区住民に限定し、利用形態はこれまでのようにクラブ・サークルの練習場所としてだけでなく、個人利用（個人のランニングや親子でのキャッチボール）、スポーツ教室や講習会、各種大会・イベントなどを学校と協力しながら提供する。このような運営方式を取り入れることによって、学校は、その周辺に住んでいる人々みんなの共有財産であるという認識が広まり、そこに多様な学習やスポーツ・レクリエーションを求める人々が集い交流するコミュニティスクールとして再生されることになろう。

ここで、学校をコミュニティスクールとしてとらえ、学校側と地域住民が一体となって運営委員会を組織し、学校施設を自主管理するのみならず、各種の文化・スポーツ活動を主体的に企画・実施している事例を取り上げる。横浜市では、小・中学校を地域における身近な学習・スポーツ活動の場とすると共に、地域住民の自主的活動により住民相互のふれあい、学校と地域の交流・連携を深めることを企図してコミュニティスクール構想を進めている。図6-4は、横浜市A校コミュニティスクールの組織図と自主事業の内容を示したものである。

まず運営委員会は、学校代表・自治会代表・地域諸団体の代表に加えて、学校開放の利

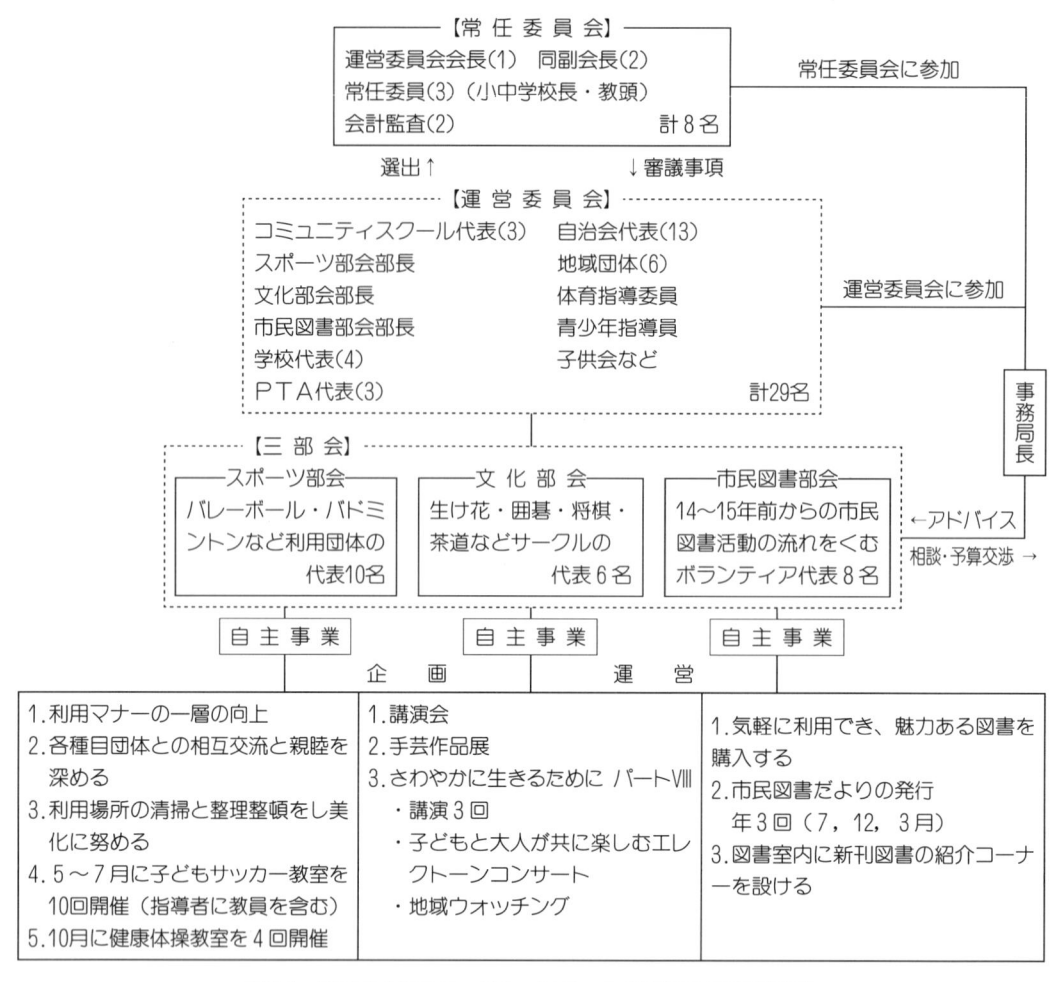

```
┌─────【常任委員会】─────────────┐
│ 運営委員会会長(1) 同副会長(2)     │──── 常任委員会に参加
│ 常任委員(3)(小中学校長・教頭)    │
│ 会計監査(2)          計8名       │
└──────────────────────────────┘
       選出↑    ↓審議事項
┌─────【運営委員会】─────────────┐
│ コミュニティスクール代表(3) 自治会代表(13) │
│ スポーツ部会部長      地域団体(6)          │──── 運営委員会に参加
│ 文化部会部長         体育指導委員          │
│ 市民図書部会部長      青少年指導員          │
│ 学校代表(4)          子供会など            │
│ PTA代表(3)                    計29名      │
└──────────────────────────────┘
┌─────【三部会】─────────────────────────┐
│ ┌─スポーツ部会─┐ ┌─文 化 部 会─┐ ┌─市民図書部会─┐ │
│ │バレーボール・ │ │生け花・囲碁・│ │14〜15年前から│ │     事
│ │バドミントンな│ │将棋・茶道など│ │の市民図書活動│ │     務
│ │ど利用団体の  │ │サークルの    │ │の流れをくむ  │ │     局
│ │代表10名      │ │代表6名       │ │ボランティア  │ │     長
│ │              │ │              │ │代表8名       │ │
│ └──────────┘ └──────────┘ └──────────┘ │←アドバイス
└────────────────────────────────────┘ 相談・予算交渉→
   ┌自主事業┐    ┌自主事業┐    ┌自主事業┐
      企  画     運     営
┌──────────┬──────────┬──────────────┐
│1.利用マナーの一│1.講演会        │1.気軽に利用でき、│
│  層の向上      │2.手芸作品展    │  魅力ある図書を  │
│2.各種目団体との│3.さわやかに生き│  購入する        │
│  相互交流と親睦│  るために パートⅧ│2.市民図書だより│
│  を深める      │ ・講演3回      │  の発行          │
│3.利用場所の清掃│ ・子どもと大人が│  年3回(7,12,3月)│
│  と整理整頓をし│  共に楽しむエレ│3.図書室内に新刊 │
│  美化に努める  │  クトーンコンサ│  図書の紹介コーナ│
│4.5〜7月に子ども│  ート          │  ーを設ける      │
│  サッカー教室を│ ・地域ウォッチン│                │
│  10回開催(指導 │  グ            │                │
│  者に教員を含む)│               │                │
│5.10月に健康体操│                │                │
│  教室を4回開催 │                │                │
└──────────┴──────────┴──────────────┘
```

図6-4 横浜市A校コミュニティスクールの組織図と事業内容[2]

用者代表など多様な立場の人々から構成され、運営に関する様々な事項について討議がなされる。一方、コミュニティスクールとしての自主事業を実質的にリードしているのは、A校を利用して活動しているクラブやサークルの人たちである。しかも、スポーツの関係者だけでなく、様々な文化活動を楽しんでいる人たちや各種ボランティアが共に活動していることにも注目すべきであろう。こうした人々は、日常的には学校開放によって自分の所属するクラブ・サークルの活動を保障されたいわば"受益者"であるが、それだけにとどまらず、団体間の交流を深めたり、団体に所属しない人たちに自分たちの力でサービスを提供する"支援者"でもある。単に自分たちがスポーツを楽しめればいいという利己的なスポーツ観から脱し、みんなでスポーツの楽しさを分かち合おうとする意識の芽生えを伺うことができる。

(3) さらに発展した学校開放の運営形態

　ここまで述べてきた学校開放の改善方策は、「単独学校」型（一つひとつの小学校や中学

校が各校区の住民によって利用されると共に、運営されるタイプ）を想定していた。もちろん、地域住民の多様な学習・スポーツニーズにできる限り応えられる学校を各々が目指すことが第一段階であるが、この考え方を推し進める過程で自ずと施設不足という現実に直面するであろう。ここに学校開放の新しい局面が開かれてくる。

---

①複数学校間ネットワーク型

　複数の学校がネットワークを創り、連携して開放事業を行うタイプ。単独学校型よりも大規模で豊富な事業が可能となる。種目毎に活動拠点となる学校を割り当てたり、複数の学校を一斉に利用した大規模イベントの開催、小学校区間の住民交流などが可能となる。

②地域施設ネットワーク型

　学校施設だけでなく公共施設（スポーツ施設だけでない）や企業等の施設を含めてネットワーク化し、事業を運営するタイプ。より多彩で大がかりな活動が可能となる。

　上記のような運営形態は、総合型地域スポーツクラブの育成と同時進行で模索されることになる。そして、何よりも大切なことは、学校開放の飛躍的な発展も総合型地域スポーツクラブというイノベーションの採用・定着も、その主役は住民および彼らで構成される組織であるということである。「学校は、我々みんなの共有財産だ。だから我々が管理し、我々が使い、我々がみんなでよりよい学校に育てる」という住民意識をいかに広く醸成するか、学校開放にもクラブづくりにも共通する最大の課題である。

5. おわりに

　「文化としてのスポーツをすべての人に」そして、「コミュニティの再生にスポーツの力を」、誰もが願うこの2つの理念を実現するために総合型地域スポーツクラブは優れたしくみであることに間違いはない。そして、そうした新しいしくみはこれまでのスポーツシステムをそのままにして創られるものではなく、当然スクラップ・アンド・ビルドは避けられない。しかし、他方でこれまでわが国の各地域で創り上げてきたスポーツシステムをすべて破壊してしまうことなく総合型地域スポーツクラブを育てるためにも、そして、「質量共に充実した学校施設」というわが国の強みを最大限に生かすためにも、今、学校開放に注目する必要がある。つまり、「地域スポーツの経営体」としての総合型地域スポーツクラブは、学校開放の担い手とならねばならない。学校開放のさらなる推進策・改革案を考えることこそが総合型地域スポーツクラブづくりそのものなのである[3]。

注
1) 宇土正彦編著（1987）社会体育ハンドブック「8章　学校開放」．大修館書店．pp.111-124
2) 柳沢和雄他（1995）地域スポーツ経営におけるコミュニティスクールの検討．筑波大学体育科学系紀要第18巻：p.91
3) 八代勉（2002）古くて新しい学校開放の意味を問い直す．みんなのスポーツ第24巻7号：11-14

第 7 章

体育行政システムのあり方と期待される役割

1. 求められるスポーツ行政の転換

　行政の仕事は、どの分野においても地域住民の生活の現状が的確に反映され、その発展を目指すものでなければならない。近年の中央集権的な政策展開から地方分権型のシステムに向けた取り組みは、国の持つ権限や財源を住民に身近な地方自治体に委譲することによって地域の実情やニーズを行政に反映させ個性豊かな魅力的で活気にあふれた地域づくりを目指すものである。住民意思をいかに内容あるものにできるか、行政の力量が問われているのである。スポーツ行政においては、官僚的な発想により地域住民の存在を軽視した行政主導型の施策や事業が批判の対象となってきた。総合型地域スポーツクラブ育成は、「行政主導から住民主導へ」とすすめていくことが望ましいとされながらも、現状としては行政主導型のクラブから脱却できないでいるところが多い。スポーツクラブ育成への行政の関わり方は、それが地域住民の自主的、主体的活動を基本とするため、従来の方式と異なった関わり方を考えていく必要があろう。

　このような近年の流れを背景とした体育・スポーツ行政を改めてとらえ直すとともに、これからのクラブづくりに向けた行政システムのあり方・役割について考えてみる。

2. 地方分権・住民自治と総合型地域スポーツクラブ

(1) 地方分権・住民自治推進の背景

　これまでの自治体と国における政治・行政システムは、天野[1]が指摘するように両者の関

係が「公平性の確保」を基本として運営され、そのための政策立案の主体を国に限定して、集権のもとに全国画一的に国が示した政策を効率的に行うことを前提に構築されていた。近年指摘される中央省庁主導の行政システムの「制度疲労」は、このような所管する中央省庁から自治体にむけて施策が効率的に処理できるように整えられた地方自治体の行政システムが、地域住民のニーズの多様化・複雑化に対応できないでいることから生じているのである。縦割り的、官僚的、単年度主義など行政に対するさまざまな問題の根本はここに起因すると言っても過言ではない。

このような中、国は地方分権推進委員会の勧告を受け、「地方分権の推進を図るための関係法律の整備に関する法律（地方分権推進一括法）」を成立させ平成12（2000）年4月から施行した。これにより「マニュアル行政」化をまねいた国と地方の上下主従関係の抜本的な見直しがはかられ、対等な協力関係に転換する体制づくりが進められた。地方自治体の自主・自立と地域における裁量権の行使を大幅に妨げ、制約してきた問題が解決に向けて動き出したのである。

(2) 問われる自治体の力量

地方分権という流れは国側から見れば中央省庁のスリム化（小さな政府）への移行と、国が本来果たすべき役割への専念という目標達成に役立つことになる。一方、地方側から見れば、地方自治体の自主性自立性の強化→自己決定→自己責任の向上→地方自治の確立という究極目標を達成する上での手段となる。これまでもいくつかの自治体が、自治・分権政治への転換をめざして積極的な活動を行ってきているが、今後は本来の自治体の課題を追求し政策研究・開発を積極的に行う自治体とこれまで同様、国の下請けにとどまる自治体との、政策水準・行政水準の格差は一層広がっていくと考えられる。先駆自治体といわれる自治体では、職員が自主研究グループをつくり政策・制度などを研究したり、学会活動を通じて他の自治体との交流を図ったり、自らの研究をまとめて職員研究発表誌を発刊するなど、自治体としての現場をふまえた研究活動を積極的に行っている。一方、今回の地方分権推進一括法において、スポーツ行政に関することで具体的な問題となったのは、スポーツ振興法第18条および第19条に定められているスポーツ振興審議会と体育指導委員の必置規制の問題である。必置規制の廃止・緩和について、地方分権推進委員会第2次勧告では「国が法令により一定の職員・行政機関等の設置を全国一律に義務づけることを廃

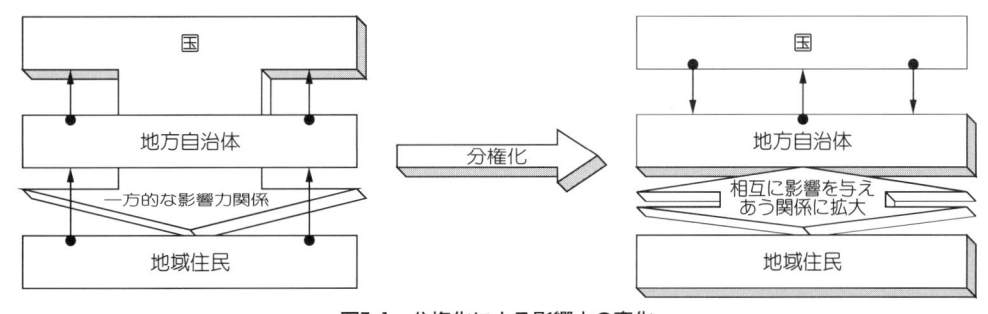

図7-1　分権化による影響力の変化

止・緩和し、これらの職員や行政機関を設置するかの判断を地方公共団体に委ねるものであり、現に地方公共団体で業務を行っている職員の数や行政機関の廃止を奨励するものではない」と述べている。これは行政の総合化、効率化という旗のものに一律に整理統合してしまおうということではないということを示しているが、これまでの実績や果たしてきた役割を検討した上で、設置するかどうか判断する権限が自治体側に委譲されていると理解すべきである。むしろ「地方公共団体としては、より適切な形で職員や行政機関等を設置することができるようになる（地方分権委員会第2次勧告）」というように、組織や役割が形骸化するのではなく、様々な問題や課題に応じて委員を選出し、柔軟に対応できるという利点さえ考えられる。

しかし、それまでにこの2つの制度に問題がなかったというわけでもない。例えば佐藤[2]は体育指導委員制度上の問題として、①地域による体育指導委員の役割の違い、②体育指導委員とそれ以外のボランティア指導者との差別化ができていない、③地域住民への知名度の低さ、④委員の高齢化（若い世代の少なさ）等をあげている。それらの問題点をあらためて捉え直すとともに、それぞれの自治体に応じて活用していくことが今後は求められるであろうし、どのような活用方法を見いだすかが問われている。

成田[3]が指摘するように国の役割の範囲を超える省庁の直接執行事務・権限や国の直轄事業・国の管理する公物等の権限委譲の問題、補助金・負担金などの財政上の問題など様々な課題も残されている。しかし、法整備によって大きく転換された分権型行政システムを、本来の趣旨通りに活用して真の地方自治を実践していくためには、それぞれの地方自治体の力量、特に法令等の自主解釈、自治立法を基本とした、政策主体としての法務能力の力量が求められるのである。

(3) なぜ総合型地域スポーツクラブ育成モデル事業は行政主導に陥るのか

日本のスポーツ行政が集権的に進められてきたことは周知の通りである。そして、これが「行政主導」とそれに慣れきってしまった住民の行政依存体質を作り上げたのも事実である。モデル事業ですすめられたクラブ育成においてもその多くは行政主導型であり、「行政主導から住民主導へと」移行していくことが望ましいとされながらも、なかなかその状況は進んでいないのが現状である。

クラブ育成モデル事業においては、事業の立案主体は文部科学省であるものの、総合型クラブをどのようにつくっていくか、どんなものにしていくかということに関してはモデル指定を受けた自治体に任されている。しかしながら、例えば自治体の側が総合型クラブに対する認識が浅く、クラブづくりに対するノウハウについてもあまりない状態で、3年間で成果をあげるためには国が例示する総合型クラブの型やイメージに既存の仕組みをあてはめていくことが効率的であると考えるであろう。その結果自治体にクラブづくりは任されてはいるものの、その地域にあったクラブを作る時間的な余裕がないため国が例示する型やイメージに左右され、期限内に事業成果（クラブの形を作ること）を効率的にあげることが優先されてしまう。そしてこれが行政主導にならざるをえない状況をつくりだす

一つの原因であると考えられる。総合型クラブ本来の意義や役割を考えると、事業期間の3年間でうまく軌道に乗せることは難しいといわざるを得ない。行政主導から住民主導へスムーズに移行させていくためにも、長期的な視点に立ってクラブづくりに取り組む姿勢が求められる。

(4) 総合型地域スポーツクラブ育成と地方分権の意味

地方分権の流れは①「国（中央省庁）→地方自治体」という流れだけではなく、②「地方自治体→地域住民」という流れも当然視野に入れた改革である。八代[4]はスポーツ政策や行政が本格的な総合型地域スポーツクラブの生成・発展に向けたスポーツ環境や資源を整備することを21世紀のスポーツとその振興の方向として捉え、地域住民によって構成された地域のスポーツ事業を営む経営組織を支えるサポート役として行政を位置づけている。つまり、これまで地域のスポーツ振興を担ってきた行政は本来の行政体としての機能を果たすべきであり、同時にこれまでになってきた経営機能は地域住民の自主的な活動として総合型クラブにその権限を委譲するという分権の流れがそこから看取される。本来の総合型地域スポーツクラブは「地方自治体から地域住民」に対しての分権の流れなのである。しかし、実際、クラブづくりをすすめている段階で自主運営を目指し、クラブの運営にかかわる経営資源を自分たちの努力で調達しようとした場合に、行政の仕組みが妨げになって、なかなか実現しにくい状況を生みだしているところが事例の中にも見られる。この分権型システムをスムーズにすすめるためには、自立的・自治的スポーツ経営体としての総合型地域スポーツクラブが生成・発展しやすい環境を行政が整える必要があろう。

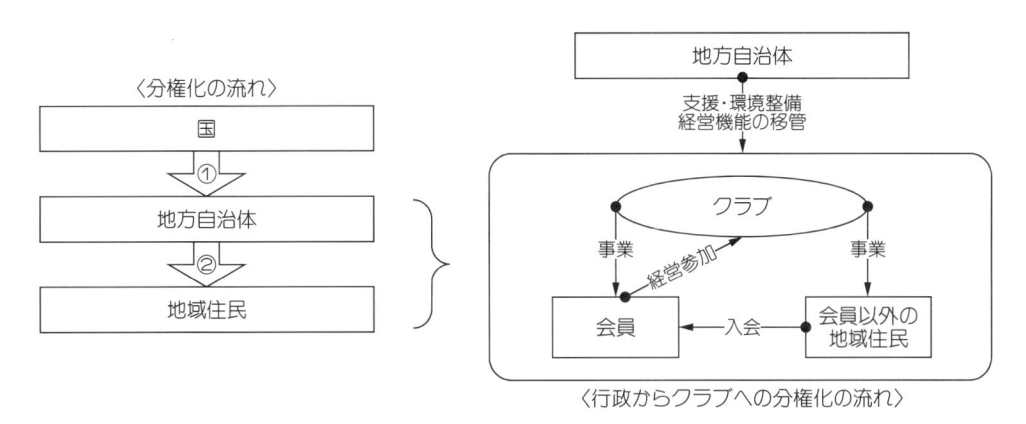

図7-2 分権化の流れと総合型クラブの関係

3. 総合型地域スポーツクラブに必要な地域スポーツ資源

(1) 地域のスポーツ資源とは何か

行政はこれまで地域のスポーツの振興のためにさまざまな資源の整備を行ってきた。例

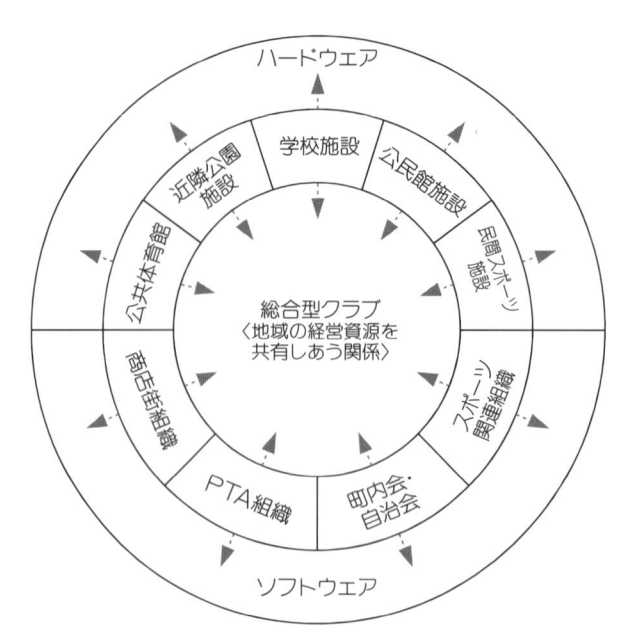

図7-3 総合型クラブを中心としたスポーツ資源のネットワーク

えばハード面での体育・スポーツ施設、ソフト面では指導者養成やリーダーバンクなどの人材育成、さまざまな教室、イベントの開催、各種事業への助成など多岐にわたる。しかし、総合型地域スポーツクラブの育成が、これまでのように単なるスポーツ愛好家の小規模な集まりとしてではなく、広範な地域の人々の参加によって地域の活性化や豊かな地域環境を目指す「地域づくり」「まちづくり」としての広がりを持つ取り組みであるということ、そして究極的には地域の人々の生活を豊かにするために必要不可欠であるということをふまえた上で、再度、地域のスポーツ資源にはどのようなものがあるか捉え直すべきである。つまりスポーツ振興のために、あるいは総合型地域スポーツクラブのために必要な資源とは、スポーツやスポーツ愛好家のために用意されたものだけではないということである。これまで行政が「まちづくり」や「地域振興」のために整備してきたものすべてが貴重な地域のスポーツ資源なのである。資源というととかくハード面に関心が置かれやすいが、行政が地域住民の意思をスムーズに統合、統制する機能として期待を寄せてきた町内会や自治会、商店会、PTAといった組織や団体も各種スポーツ組織・団体と共に大切な資源である。情報ネットワークの重要性も高まってきているが、従来からある人材のネットワークも重要な資源なのである。総合型地域スポーツクラブの育成においては、これら地域に培われた資源をいかにして有効に活用できるか再度見直していく必要がある。

(2)「総合性」を発揮できる資源活用

これまで行政が整備してきたスポーツ資源を見ると、スポーツのためだけに限った整備や活用の仕方しか考えなかったり、また、その他の資源についても整備された目的外に使用するなどといった有効な活用の仕方を考えてこなかった節がある。地域にある資源の量

的な拡大が難しくなってきている今日では、現在ある資源をより有効に活用していくことを検討していくことが必要であろう。そういった意味では総合型地域スポーツクラブは地域の資源をより有効に活用させるためのシステムでもあると考えられる。例えば、総合型地域スポーツクラブの施設では、地域のより多くの人がそこに集えるような、スポーツをするという関わり方を持つ住民だけが対象となるのではなく、見たり、聞いたり、話したり、情報を収集したり、活動を支えたり、そしてスポーツをきっかけとして集まりスポーツ以外の文化的な活動に発展した場合もその対象として考慮しておかなければならない。

しかし、現状ではそれらすべてを一つの施設で賄うことは不可能に近い。これらの活動を保障するためには地域にある様々な施設をリンクさせながら活動の場を提供していく必要がある。岡本[5]は地域の人々の生涯スポーツを支えるための施設には、その施設の理念が問われると指摘しているが、総合型地域スポーツクラブの施設においても総合型としての理念が施設のあり方、運営に反映されていなければならないということである。つまり、その特徴である「総合性」を発揮できるような施設運営が求められているということである。

(3) 自主運営をサポートする環境整備

クラブ運営を行政主導から住民主導へと移行していく過程においては、自主運営のあり方が一つの鍵となる。自主運営とはクラブを運営するための資源を自らの努力で調達、蓄積し、その資源を事業のために効率的・効果的に活用していく組織的な営みである。行政の経営機能をクラブに委譲するにしても経営体としてのクラブが自主運営できなければ自立的・自治的なクラブの生成・育成は望めない。特にわが国のスポーツ環境の特徴から見て、クラブの立ち上げの際、そしてその後の自立的な活動に対しては、行政からの具体的な支援が必要である。例えば、クラブの拠点となりえる施設の多くは、公共スポーツ施設や学校施設などに多くを依存せざるを得ないし、地域内でのクラブやサークル、関係組織や指導者等についての詳しい情報が、普段から地域には効果的に蓄積されていない状況がある。したがって、クラブが経営資源を調達しやすいようスポーツ環境を整備したり、活動を支援していくことが急務となろう。

4. 生涯スポーツの振興における体育・スポーツ行政の役割

(1) 地域住民と協働できるシステムづくり

地方分権は、地方への権限委譲によって地域の実情や地域住民の声を行政に反映させ、多様で高度な地域ニーズを的確に把握することができるようにするために推進されている。そのため地方自治体の行政と住民のつながりがこれまで以上に求められ、地域づくりに対して住民も行政と共に責任が課せられている。自分たちの地域のことは自分たちが責任を持って判断するという姿勢がより強く求められているのである。これまで行政に依存しき

っていた地域住民の意識を変えていくことは容易なことではないが、住民側が意識改革をし行政を動かすことが本来の地方自治の姿としては好ましいと思われる。

　クラブ育成事業においても同様の面がある。自治体はクラブがなぜ必要なのか、住民や地域に必要な課題となっているのかどうか、十分に吟味すべきところであるし、積極的にこれらを住民に問うていかなければならない。こういったことを考えると、常に地域に目を向けて仕事をすることが行政には不可欠となるが、実際、行政がモデル事業などをすすめる際に住民の意見として求めるのは、スポーツ関係団体などの既に何らかの形でスポーツを実践している人々である場合が多い。行政はその地域に暮らす地域住民の取り組むスポーツクラブ育成を、「まちづくり」という性格をより鮮明にした視点で捉え直し、地域住民に広く意見を求め参加を促すことが不可欠である。そのためにも、地域住民でどんな問題があり、何を求めているのか、また地域にはどのような人材がいるのかなどある程度明確にしておくことが重要であり、地域住民と共通の問題意識を持って協働するための仕組みづくりを考える必要があろう。

(2) 協働できるシステムづくりに必要な条件

　住民と協働できる仕組みづくりにおいてもっとも重要であるのは、意思決定への住民参加を促進することであろう。しかし、行政への住民参加については従来から指摘されているにもかかわらずあまり進んでいるとは言えない。例えば、秋元[6]の調査によると、施策や計画を作成する際に担当行政職員が住民参加システムとしてイメージしているのは、「アンケート調査等による住民意思の把握」と「説明会、対話集会、市民シンポジウム等の開催」による住民コミュニケーションの拡大という、従来の広報公聴の発展と、その上に立っての計画策定委員会、審議会等の設置というものであり、策定委員会や審議会を行うための情報収集で終ってしまうシステムである。これは、意見を求める形式的な場しか想定しておらず、これが協働につながるとは考えにくい。

　Mulder&Wiike[7]は意思決定への参加について「一般的には意思決定過程に参加し、関与すれば勢力（パワー）は平準化すると考えられがちだが、それは他者と同等の専門的知識を持つときに限られている」と指摘している。つまり、意思決定参加の効果を生むためには、ある程度の知識が住民の側に必要となるということである。スポーツ愛好家に意見を求めるということは、ある意味でスポーツに関する専門的知識を持った集団の意見として重視しなければならないことでもある。しかし、地域に根ざしたクラブを育成し、定着させていくためには、スポーツを現在実践していない住民の意見も重視していかなければならない。また、スポーツに限らず地域社会の様々な課題に対しても関心をもってかかわってもらいたいという希望もある。従って、地域でのスポーツ活動や地域生活に対する無関心、無知という問題が解決されなければ意思決定への参加の意味がないということになる。では、これら無関心、無知という状態を解決するにはどのようにしたらよいのであろうか。一つには、積極的な情報公開と情報提供により意識啓発を行うことが効果的であると考えられる。インターネットなど活用した例もあるが、情報ネットワークを活用して地域のス

ポーツ活動に関する情報の蓄積管理、情報提供・広報活動の充実させることが急務である。そうすることで住民の問題意識が拡大し、様々な意思決定により意味のあるかかわり方ができるようになるであろう。

(3) 基本計画（マスタープラン）の作成と住民参加の促進

　スポーツ環境の整備においては自治体のスポーツ振興計画など基本計画（マスタープラン）を作成し、計画的に整備することが求められる。自治体のスポーツ振興に対するビジョンや計画が示されることによって、スポーツクラブを育成する人々がその方向と道筋を見極めることが可能となるからである。また、計画はどのように実践されるかが重要であることからも、地域住民と目的の共有化が計画策定の段階でどれだけ図られているかが計画の実現可能性を左右する。実効のある計画を推進するためにもこの計画をつくる際には広範な住民の意見を聞き、意思決定への住民参加を促進することが必要であろう。住民参加については、マスタープランづくりだけではなくスポーツ行政全般に積極的に行われるべきであるが、そのためには参加する住民側も十分に情報を獲得しておく必要があり、参加者が主体性を維持しながら決定過程に直接間接に関与する必要がある。また、行政側は参加意欲を有する住民は誰でも自由に意見できる場や機会を用意し、その意見や提言の採否についての説明をできる限り行っていかなければならない。さらに言えば、住民参加は計画の作成段階だけにとどまらず、評価の段階においても関われるようなシステムを用意することも必要であろう。計画を作成しただけで終わりとするのではなく、計画の段階で評価をするための視点をもりこみ、段階的に見直しを図ることも求められる。

5．行政システムはどう変わらなければならないか

(1)「まちづくり」「地域づくり」の視点の重要性

　まちづくりの視点として山崎[8]は、①物的な整備（社会資本の整備）、②地域での暮らしの中身をどうつくるか、③まちづくりの担い手となる人づくりをあげているが、行政はこれまで、①の物的な整備を中心としていた。一方、スポーツ行政においてはハード面でのスポーツ環境の整備は進んでいないにしても、いかに地域の住民の暮らしを豊かにしていくか、またその担い手をどのように育成していくかということよりも、いかにスポーツの愛好者を楽しませるかといったスポーツの範疇でしか捉えられておらず、まちづくりという視点をあまりもっていなかったのが現実である。

　地域スポーツ活動が抱えている問題としては、①競争原理を重視したスポーツ活動、②きわめて閉鎖的な活動、③自分たちだけの楽しみ追求指向、④行政依存型、他者依存的な活動、などがあげられるが、このような問題は「まちづくり」「地域づくり」の視点を欠いたこれまでのスポーツ振興の進め方に問題があったといえる。この問題を抱えたままではこれまで同様、スポーツを愛好している一部の人しか関われない閉鎖的な活動になってし

まう可能性が大きい。総合型クラブでいうスポーツはこれまでのように勝利を志向するクラブだけではなく、地域住民が誰でも楽しく参加できるスポーツも志向しているのであり、総合型クラブはそういった意味でも地域に開かれたクラブとして、すべての地域住民にスポーツと関わる権利を保障する存在でなければならない。多様なスポーツとの関わり方を保障するクラブとは、「する」「みる」「支える（創る）」という様々なスポーツとの関わりを、活動目的や競技経験、レベル、年齢、性別等に関係なくその仕組みの中に持つクラブということであり、クラブが会員や会員以外の地域住民に対して、そのような機会を様々な事業として提供していくという営みが求められているのである。そしてこのような機能を持つクラブであるからこそ、スポーツと関わりを持ってこなかった地域住民に対しても機会を提供できると考えられる。総合型地域スポーツクラブはそういう意味で、スポーツ行政が本来取り組むべき課題を明確にしてくれる施策であるといえる。すなわち、これからはスポーツ環境を整備するにしても、その地域で現実に生活しているすべての人々がスポーツ活動の担い手になっていくような状況をつくりだしていくことが行政の取り組みとして求められるということである。

(2) 行政の総合化に向けたシステムの転換

　行政が住民本位の行政サービスを展開するためには、これまでの専門分野別の縦割りのシステムでは、柔軟に対応することができない。特に、総合型地域スポーツクラブは、その総合性により住民の連帯が醸成され地域コミュニティの再編に貢献するシステムであるため、それぞれの専門分野が個別の問題に対して処理をしていくのではなく、横のつながりを密にして対応していかなければならない。そして「まちづくり」「地域づくり」という視点こそ、行政組織内の部局間、あるいは地域の関係団体・組織との調整など、総合的に取り組まなければならないことを示唆していると考えられる。

　しかし、多くの自治体ではこれまでの慣例や業務の推進体制、組織構造など制約が多くあり、その必要性が認識されていながらもなかなかできないのが現実である。そこでまずは、事業レベルで一緒に取り組み可能な事業ができないか、共同企画できないか模索してみることを考えてみたらどうであろうか。例えば、地域住民の健康づくりといった問題に対してはスポーツ振興からだけではなく、他の部署でも関われる問題でもある。事業ありきではなく、地域住民の生活課題からそれを解決していくためにどのように関われるか、それぞれの関係者が考え共創する必要がこれからは求められるし、そうすることで効率的な事業運営にもつながる可能性がある。またそこから発展させてマスタープランづくりにおいても、スポーツ担当部局だけではなく、地域づくりの視点から他の様々部局も交えた意見交換などを行うといった関係をつくることが可能となろう。このように、総合型地域スポーツクラブを支援する行政システムは、地域の総合的な行政主体へ向けて転換していく必要が今後は求められる。

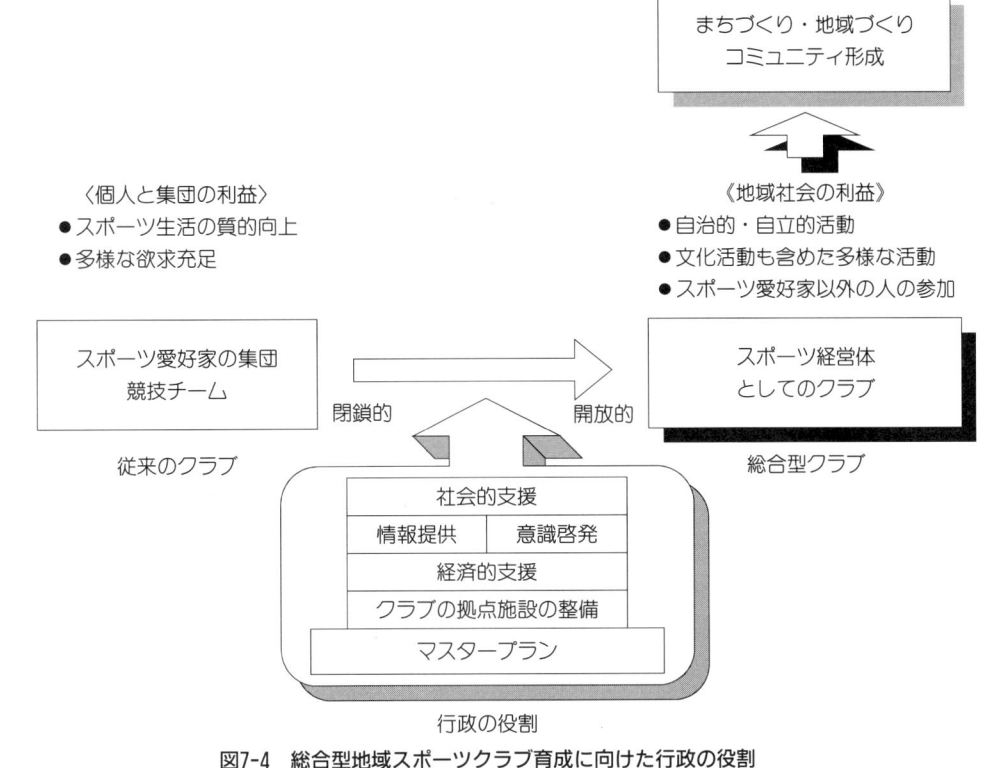

第7章 体育行政システムのあり方と期待される役割　77

図7-4　総合型地域スポーツクラブ育成に向けた行政の役割

注
1) 天野巡一（2000）地方自治法の改正と自治体政策法務．都市問題　第91巻第4号：p.41
2) 佐藤鐵太郎（1998）なぜ体育指導委員は必置だったのか──体育指導委員の法的根拠──．みんなのスポーツ　1998年4月号：pp.8-11
3) 成田頼明（2000）地方自治法の改正──その意義と課題──．都市問題　第91巻第4号：pp.3-130
4) 八代　勉（1996）21世紀社会のスポーツ環境．スポーツと健康：pp.5-8
5) 岡本包治（1992）地域における生涯スポーツの振興．ぎょうせい．pp.3-4
6) 秋元律郎（1976）自治法行政と住民参加．都市問題　第67巻第1号：pp.25
7) Mulder, M & Wiike, H (1970) Participantion and Power Equalization. Organizational Behavior and Human Performance：pp.430-448
8) 山崎丈夫（1998）地域自治の住民組織論．自治体研究社．p.77

第8章

総合型地域スポーツクラブの育成と学校体育の改革

1. はじめに——一人ひとりが豊かな環境創造に参加する時代へ——

> 「ルールを工夫する力など育成しても、社会に出てからのスポーツは、大方ルールが決められているのに」
> 「試合・大会の運営能力を育成しても、大会運営なんて○○協会の人たちがやってくれるのに」
> 「自らスポーツを楽しむ力（スポーツにおける自己学習力・学び方）を身につけても、スポーツ教室やスポーツ・フィットネスクラブに行けば指導員が手とり足とり教えてくれるのに」

　学校体育の実践を改めて振り返ってみると、上記のごとき素朴な疑問が浮かんでくる。学校体育で培おうとしている力は一体どこで生かされるのだろうか。
　このような疑問が生まれてくる背景には、「今の社会は今後も変わらず、そうした社会環境に適応できる人間を育てるのが教育であり学校だ」という前提があるように思われる。しかし、いつまでも変わらない普遍的な社会などあり得ないし、また、人間は環境に適応するだけでなく、環境を創りかえる存在でもある。このように考えると、ルールを工夫したり、大会を運営したり、自ら主体的にスポーツを楽しむ力は、今のスポーツ環境に必要だというのではなく、そのような力が発揮できる社会を創造していかなければならないと考えた方がよさそうである。そして、そうした新しいスポーツ環境を創造していく実質的な担い手は、教師や地域の大人たちではなく次世代の子どもたちである。
　国際化、情報化、環境問題、少子高齢化といった「すでに始まっている未来」は、いずれも人々の身近な生活に密着した問題であるから、今までのように「誰かが解決してくれる」と無関心を装ってはおれない問題ばかりである。21世紀に確実に現れるであろうこう

第8章　総合型地域スポーツクラブの育成と学校体育の改革　79

した社会的諸問題を乗り越えていくためには、一人ひとりが「自分のこと」と受けとめ、人と人とが協力しあいながら主体的に社会に働きかけ、社会を変えていくことが必要となる。自分たちの権利は自分たちで切り拓いていく「参加型社会の創造」が近未来のキーワードである。新指導要領で新たに登場した「総合的な学習」の中で、社会の問題を察知しその解決に子ども自らが直接働きかける体験学習が重視されるのも、参加型社会を生きる子どもを育成することが求められているからなのである。

　総合型地域スポーツクラブに対する学校教員の関心はあまり高くないようである。しかし、それが今の子どもたちが主役となって創り上げる近未来のスポーツ環境であるとすれば、学校関係者も無関心であってよいはずはない。そして、総合型地域スポーツクラブが本当の意味で地域社会に根を張ったあかつきには、ルールを工夫する力も、大会を運営する力も存分に発揮されるに違いない。

2. 生涯スポーツの発展を支える学校体育の意義

「すべての教育活動は未来についてのイメージから始まる」[1]といわれる。学校というものが、未来社会を生きる子どもを対象とするかぎり、確かな未来展望は欠かせない。さらにトフラーは、先の文句に続けて「もし未来のイメージが著しく不正確であれば、その教育システムは青少年を裏切ることになるだろう」[1]と述べている。学校体育はこの意味で、どのようなスポーツライフを営む社会が現れるのか、あるいは望まれるのかを想定し、子どもたちが生涯にわたって、その社会で生き生きと豊かな生活を営むために必要な資質や能力を培うことに専念しなければならない。

「生涯スポーツにつなぐ学校体育」。これが昭和50年代から学校体育の現場を主導してきたスローガンである。児童生徒の今現在だけに関心を寄せ、目の前の子どもの運動技能や体力を発達させることに専念してきた体育から、子どもたちの未来にまで視野を広げ、学校での体育学習が生涯にわたって役立つようにという観点から教科の目標や内容を吟味するようになったことは大変な変化であったといってよい。しかし、学校体育（そしてその推進役を果たしてきた体育教師たち）は、どれほど確かな将来展望をもっていただろうか。誠心誠意、丹精込めて育てた子どもたちに、卒業後どんなスポーツライフを送ることを期待して学校を旅立たせてきたのだろうか。おそらく、「学校時代に運動の楽しさを味わわせておけば、どんな形であれ生涯にわたってスポーツに親しむことができるであろう」という程度の淡い、そして漠然とした展望にとどまっていたのではなかろうか。総合型地域スポーツクラブの登場は、スポーツライフに関わる鮮明な未来イメージを描き出し、そこに向けた学校体育の役割を構想するのに大きく貢献するであろう。

　人材を育成する教育事業は、目先のことの解決にはすぐに役立たないことが多いが、長い目で見れば国家の運命をも決する一大事業である[2]。古来から「教育は国家百年の大計」といわれるように、教育は、「社会の形成者の育成」（教育基本法序文）をその使命とするからである。わが国が、今日の経済的豊かさを他国にない急スピードで実現し得たのも、

「人材養成工場」学校の果たした功績といっても過言ではない。今われわれが、生涯スポーツ社会あるいはクラブ社会を築こうとするならば、学校教育・学校体育が本気になってその社会の主体者たる次世代の人々の育成にあたらねばならない。学校体育の協力なくして生涯スポーツ社会の実現はあり得ない。

　総合型地域スポーツクラブが、地方スポーツ行政の奮闘によって次々と生まれようとしている。しかし、ただ単に創設されたということで満足してはならない。なぜならクラブを創ることが目的なのではなく、そのことが豊かなスポーツライフと豊かなコミュニティにつながっていくことが目的だからである。そのためには、クラブを会員（住民）の手で成長させ、次世紀まであるいは半恒久的にわが国の地域社会に欠かせない団体として定着させていく必要がある。

　総合型地域スポーツクラブの定着も発展も、学校体育の力が基礎となることはいうまでもない。このように、総合型地域スポーツクラブを担う次世代をどう育成していくかは、このクラブの生死に関わる大問題であるにもかかわらず、縦割り行政の中でほとんど議論がなされていないように思う。そもそも学校教員は、総合型地域スポーツクラブについてどれほどの知識を持ち、どれほどの関心を持っているだろうか。少なくとも保健体育科教員はそれが自分たちの仕事に密接に関係する問題であると捉えているだろうか。

　学校体育の充実が、近未来の地域スポーツの振興につながっていく、このことへの強い自覚を促したい。

3. 求められる部活動改革

　学校には、教科の体育以外にも体育的行事、運動クラブや運動部活動、休み時間の自由な運動・スポーツ活動などさまざまな体育的活動が用意されている。いずれも重要な活動であると共に、これらの活動が協力し合って生涯スポーツの実践者を育てていくことが大切であろう。しかしこの中で、今最も変わらなければならない活動を一つあげるとすれば、部活動ということになる。学習指導要領の改訂や学校完全週5日制の開始は、教科体育や行事のあり方にも改善を迫っているが、総合型地域スポーツクラブとの関係で最も変わらなければならないのは、やはり部活動なのである。その根拠は何か。

(1) 低い「クラブへの加入意向」

　成人以上の人々を対象とした「体力・スポーツに関する世論調査」（内閣府、2000年）によれば、スポーツクラブへの加入意向はあまり高くない。図8-1に示されているように、現在スポーツクラブに入会していない人（国民の約8割）の6割以上

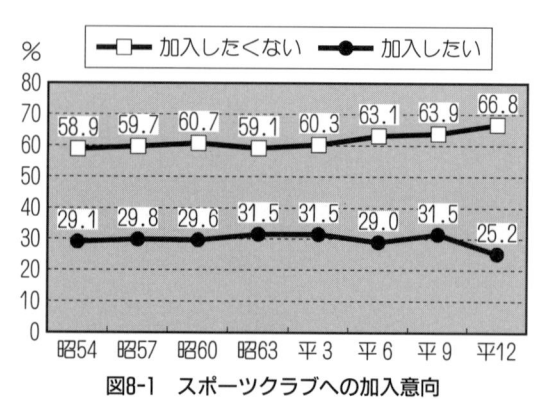

図8-1　スポーツクラブへの加入意向

が今後も「加入したくない」と回答している。なぜこれほどにもクラブに入りたくない人たちが多いのであろうか。

その原因は、詳細に分析すればさまざまであろうが、大ざっぱに整理すると2つの理由が考えられる。1つは、現在、地域社会に存在している一般的なクラブ、つまり小規模な種目別、年代別、性別の競技的クラブ自体に魅力がないという理由である。これに対応するためには、これまでの地域スポーツクラブを改革し、総合型地域スポーツクラブという新しいスポーツクラブの器をつくることでクラブへの魅力を高めていくことが必要となる。

もう1つは、学校時代の運動部経験がマイナスに働いているという理由である。わが国では、人生で初めて出会うスポーツクラブ、それが学校運動部という人たちが多いであろう。この運動部での経験をもとにして「スポーツクラブとはこういうものだ」「スポーツクラブではこのように振る舞わねばならない」「スポーツクラブではこのような考え方が正しい」というスポーツクラブ観を形成する。また、運動部に入部していない人たちも、運動部の活動を見たり聞いたりして、運動部に関する情報を知り、彼らのスポーツクラブ観というものをつくり上げていく。彼らの心の中につくり上げられたスポーツクラブ観というものが好意的に評価されれば、学校卒業後もスポーツクラブへの入会が促進されるであろうが、否定的に評価されるとスポーツクラブに対する拒否反応を示すようになる。スポーツクラブに「入りたくない」人たちは、こうした運動部経験とそこから形成されたスポーツクラブ観が加入行動のネックになっているのではないだろうか。

(2) 自立できない総合型地域スポーツクラブ

既に創設された総合型地域スポーツクラブが、共通して突き当たっている難題は、自主運営への移行にあるという(巻末資料5参照)。つまり、行政をはじめとする大きな外からの支えに依存しなければ、自分たちの力でクラブを維持・発展させていくことができないでいる。自主運営を困難にしている最大の原因は、突き詰めれば結局「人」の問題であろう。クラブを運営面で支えようという意欲や態度をもった人、クラブを運営していく能力をもった人が少ないのである。また、当初期待された種目間、世代間の交流や協力関係も期待するほど見られないようである。

「自主運営」「交流」は、総合型地域スポーツクラブの基本理念でありながらなぜ実現困難なのか。それは、わが国の人々に本物のクラブライフの体験が欠如しているからではないだろうか。既に成人した地域住民たちは、「自主運営」や「交流・協同」を軸としたクラブライフを子ども時代に過ごしていないから、突然そのようなクラブを前にして、総合型クラブの意義や良さを頭では理解できたとしても、体験を通して実感したものではない。因みに、自分の住む社会の文化(この社会ではこのように行動すべきだというものの考え方)を学び、意味空間を完成させるのは9～15歳だという。要するに、今の大人たちは青少年期に、総合型ではあたりまえに要求される能力や行動、そして態度をも会得してきていない。

学校はモデル社会であるといわれる。いずれは実社会に出ていく子どもたちに実社会と

近似したモデル社会を人工的につくり、そこでの疑似体験を通じて実社会に必要な知識・態度・技術・能力などの総体を身につけさせていく。こうした意味で、次世代の地域スポーツを担う子どもには、クラブライフの経験と教育（諸能力の育成）を学校期に積んでおく必要があるし、その格好の場が部活動であることはいうまでもない。

よく考えてみれば、学校は総合型地域スポーツクラブそのものである。学校では、スポーツを学ぶ、高める、応援する、運営するなどスポーツとのさまざまな関わりが体験できるはずであるし、また、部活動は、いろいろな種目があり、学年の異なる生徒、技能も目的も異なる生徒同士が自発的・協同的そして何より自治的にスポーツを楽しむことができる場である。さらに部活動は、スポーツだけでなく文化的な活動にまで活動の場が広がっている（本章であえて「運動部」といわず「部活動」という用語を多用しているのはこの点を重視したいからである）。このように部活動は、総合型地域スポーツクラブのモデルとしての要素が十分に揃っている。しかしそれはあくまでも可能性であって、現実の学校部活動が総合型地域スポーツクラブの必要条件を満たしているわけではない。むしろ、地域スポーツにおける行政依存体質は、部活動がその素地をつくってきた側面もある。部活動の改革こそ学校体育の戦略課題とならねばならない。

4．部活動改革の方向性

部活動をどう変えたらよいのか。それは、部活動を本物のクラブライフが体験できる場にすることであろう。そして、そのための転換ポイントを2つあげておこう。

(1) みんなのクラブへ

総合型地域スポーツクラブは、ただ単に「気軽で便利な」スポーツの場としてのみ期待されているのではない。クラブが、地域住民の共有財産となり、地域の抱える現代的諸課題に自ら立ちむかえる、活力のあるコミュニティの核となることこそが求められている。総合型地域スポーツクラブが、多種目・多世代・多目標のクラブでなければならないのも、すべての地域住民に開かれたみんなのクラブであるための要件なのである。

現在、中学校において部活動の必修制が見直されている。「スポーツ」も「クラブ」も自主的参加を基本とするのが原則であるから、部活動加入を強制することが好ましいはずはない。しかしだからといって、一部の生徒しか加入したいと思わないような部活動では「学校教育の一環」などとはとてもいえないはずである（現実に運動部加入者数、加入率は低下している→巻末資料4）。必修制がとかれることを格好の機会として、今こそすべての生徒に開かれた部活動に再生しなければならない。

現在の子どもたちの仲間関係は一般に小集団化し、仲間同士の関係は極めて緊密であるが、それ以外の者には閉鎖的・攻撃的あるいは無関心であるという。つまり自分たちと異なる者を受け入れない傾向があるらしい。このことは運動部も例外ではない。一部の運動能力に優れた者が活躍できる場、スポーツの目標も運動技能も比較的類似した生徒同士が

小さな集団をつくり活動する場、これがこれまでの運動部ではなかったか。こうした排他的な運動部ではスポーツから離れていく子をますます増やす結果を招くであろう。運動部が生涯スポーツの基礎づくり機能を正しく発揮するためには、まずもってすべての生徒が参加でき、すべての生徒が充実感をもてるクラブに変えていくことが重要である。そしてそのクラブの中で、異質な生徒（異なった関心をもつ者、異なった種目をしたい者、異なった技能・体力レベルの者）同士が互いの権利に視野を広げ、協調し、共存しあえる関係をつくる知恵を身につけるのである。

(2) 生徒自治を基本とした生徒主導の部活動運営へ

　総合型地域スポーツクラブという新たなスポーツシステムに加わる人たちには、単なる「利用者」「消費者」としてではない、「生活者」としての生活様式へ転換することが求められる。それは、単に与えられた場でスポーツをするのではなく、場そのものを創り出すことに参加すること、そしてそこから自己実現と社会貢献の喜びを地域の人たちとの協同・連帯によって得ていく生活スタイルである。このような総合型におけるクラブライフを営むためには、その生活に必要な能力や技術を身につける体験や学習が積み重ねられていなければならない。しかしながら、現実の運動部活動は、生徒の自治的な運営の場であるといわれながら、それはせいぜい個別のクラブ内に限定された閉ざされた自治ではなかったか。野球部とかサッカー部という個別の集団内ではかなり自主的な活動を行っているかも知れないが、生徒の自治はせいぜいこの個別の部レベルにとどまっているように思う。例えば、近年、学校関係者の間では、運動部のあり方やその改革をめぐって盛んに論議されているが、その議論の中に生徒は参加しているだろうか。運動部のあり方も新しいビジョンやモデルも大人たちが考えてしまうため、生徒たちは本来「自分たちの問題」であるのにもかかわらず、何が問題であるのかさえもわからず、当事者としての自覚が出てこない。大人たちは常に上から子どもたちに優位性を誇示し、支配統制する。生徒の立場に立って考えるといいながら、結局考えるのは教師。だから図8-2にあるように、多くの生徒たちは、自分の学校の運動部をどのように再編したらよいかなどということには無関心なので

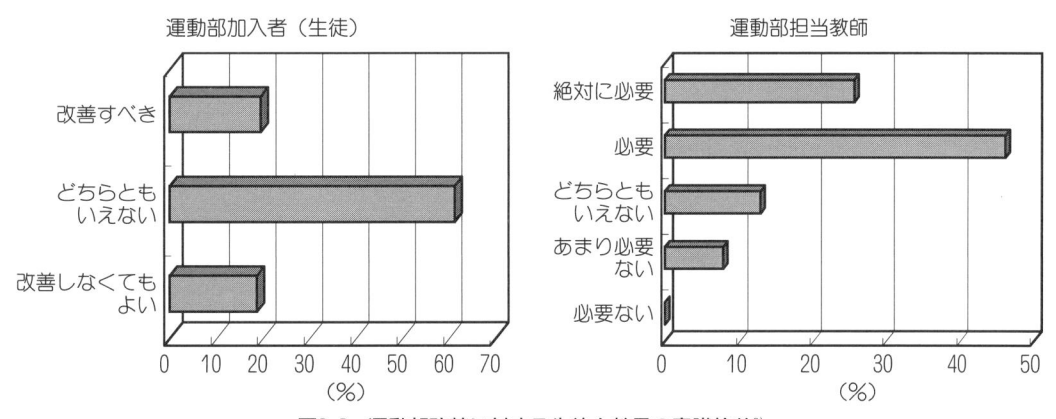

図8-2　運動部改革に対する生徒と教員の意識格差[3]

ある。これでは、何年部活動経験を積もうと自治意識や自治能力の高まりなど望めない。

　地域スポーツにおける「行政主導から住民主導」、そして総合型地域スポーツクラブの自主運営を実現するためには、学校における教師主導（学校から与えてもらう部活動）から子ども主導（生徒の手でつくる部活動）への移行がまず実現される必要がある。これが可能なところに、教育課程外活動としての部活動の持ち味がある。要するに現在の運動部改革論議の中で、最も欠落しているのは子どもの参加なのである。生徒自身が「われわれの部活動」という意識を持ち、部活動に生じている諸問題をみんなの問題と考え、生徒同士の知恵を出し合って部活動を支えていく、生徒主導の運営スタイルを確立することが必要である。

5. 部活動における生徒自治とは何か、またそれをどう具体化するか

　部活動における生徒自治を確立するためには、生徒による部活動運営組織を確立することで生徒参加を保障し、この組織的活動の中で自治意識と自治能力を育む体制が必要である。そこで、生徒自治のための具体策として文化部も含めた部活動委員会（仮称）のあり方について考えてみよう。

　現在でも、生徒会組織の中に運動部の代表者が集まって話し合いをする委員会が設けられている学校も存在することだろう。運動部委員会とか部長会、キャプテン会議などと呼ばれるものである。しかしこのような委員会では、大抵の場合、練習時間や練習場所の調整と各部の予算配分を決める程度の機能しか果たしていない。

　生徒による部活動の組織（委員会）は、自分の所属する部のことだけでなく、すべての部・すべての生徒が、部活動を存分に楽しめるように、部活動全体の在り方や進め方について生徒自らが話し合いをする場である。みんなが満足できる部活動にしていくためには、一つひとつの部の努力だけでは解決できない問題もある。また、一つの部だけで努力するよりも複数の部で協力し合った方が、能率的で効果も上がる問題もある。以下では、部活動委員会が果たすべき役割をいくつか挙げてみたい。

(1) 部活動資源の有効活用

　部活動委員会の第1の役割は、部活動に必要な諸資源を自ら能動的に環境に働きかけて獲得したり、一つひとつの部の活動が円滑に行えるようにするために「資源の有効利用」を図ることである。ここでいう「資源」とは、部活動を行うために必要なさまざまな条件を指すものであり、ヒト（部員・顧問・指導者）、モノ（施設・用具）、カネ（部活動予算）、情報が含まれる。一般的に行われている施設の調整や予算の配分などもその一つである。例えば、学校の施設だけで安全かつ十分な活動ができないような場合には、委員会として周辺の地域スポーツ施設の利用も考えてみるとよいだろう。また、バドミントン部の部員が少なくて困っているとか、サッカー部には技術指導をしてくれる指導者がいないな

どといったそれぞれの部の問題をテーマとして取り上げ、委員会としての対応策を考えたり、学校側に要望したりといった役割が考えられる。また、部活動間でさまざまな情報交換をしながら、互いの抱えている問題や悩みを話し合ったり、他の部の良いところを自分の部の活動に生かしていくことも可能である。さらに、運動部に共通のテーマを取り上げ、学習会を開いたり、講師を招いて講習会を企画することも考えられる（この時、総合型地域スポーツクラブからの協力は不可欠）。このように、「自分の部」の枠を越え、「他の部」にまで目を向け、さらに共通の課題を協同で解いていく中で、「みんなの部活動」の担い手としての意識と能力が培われていく。

(2) 自主事業のマネジメント――活動の幅を広げる――

2つ目は、部活動の活動内容をもっと広げてみることを考えることである。運動部は、ただ単にスポーツの練習をして技術を上達させるというだけの活動ではなく、もっと違ったスポーツとの関わり方ができる可能性の開かれた場である。いくつかのアイデアを例示してみよう。

例1） 運動部の活動の中に練習試合というものがある。これを、一つの部の単なる練習試合にとどめず、同時にいくつかの種目の部が同じ学校の運動部と同じ日に練習試合をしてみたらどうだろう。サッカー部が試合をしているときには他の部が応援する。他の部が試合をするときには、野球部が応援する。いわゆる学校対抗戦である。これが発展すれば、定期戦を行うこともできる。単なる練習試合よりは、出場する選手の方も意欲が湧くし、学校全体が活気づき、一つのコミュニティを形成するのに役立つことであろう。

例2） 部活動間の交流会を企画する。同じ学校という空間を使ってほぼ同じ時間帯にスポーツを行っている仲間でありながら、他の部の生徒たちと関わり合うという機会は少ない。しかし、他の部の人たちと交流することは、他の部を理解し、仲間を広げる意味でも非常に大切である。そこで例えば、1年生の入部が決まった5月頃に部活動に入っている人たち全員参加のバスケットボール大会を開いてみる。この時だけは、バスケットボール部の部員は準備と運営及び審判役を担当する。その他の部の部員は、単独チームでもいいし、3つの部が合同チームを作ってもいい。7月には、水泳大会を行い、この時は水泳部の部員が進行役を引き受ける。また何も、スポーツの大会だけでなく、文化部の持ち味を活かしたイベントでもいい。いずれにしろ、こうした機会を生徒の力で構想し、生徒みんなが、共に楽しめる機会を創り出すことで学校の特色や魅力が創り出される。

例3） 学校外の部活動やクラブとの関係づくりも考えられる。例えば、高校のサッカー部が近くの中学校のサッカー部員を招待して教える。"1日サッカー教室"の開催である。人に教えることで、自分の技術をふり返ることにもなるし、技術を客観的に理解する機会にもなる。また、自分たちが教えたことによって中学生が上達したり、喜んでくれたときには、普段の練習とはまた違った喜びが味わえるはずである。ここでは、中学生を例にあげたが、サッカーを楽しんでいる人たちは小学生から大人のクラブまで大勢いる。それぞれの人たちと交流することで、新たな発見をすることになるだろう。

(3) みんなの部活動に向けた部活動全体の企画

　部活動委員会で考えるべきことの３つ目は、今現在、部活動に参加していない生徒に目を向けてみることである。部活動委員会は、自分の部さえよければよいという狭い視野で部活動を考えるのではなく、「みんなの部活動」という大きな目でわが校の部活動をよりよくしていこうとする組織である。そのような観点から運動部の現実を眺めてみると、実に大きな問題があることに気づく。それは、運動部に入っていない人たちが多いことである。全国的な統計調査[3]の結果によると、高校生の49.0％が運動部に入部している。これは、全国平均であるのでもっと割合の少ない学校も多いに違いない。つまり、半数以上の生徒は、入っていないのである。運動部加入者にぜひ考えてほしいのは、このような運動部に入っていない生徒のことを全く無視していいのだろうか、ということである。部活動入部者の多くにとって、学校生活の中で最も楽しい時間が部活動をしている時だという。しかし少なくとも、この人たちは、部活動の楽しさを味わえない人たちなのである。"入らないのは、入りたくないからで、その人たちの勝手だ"と決めつけてしまうことは簡単である。しかし、それほど単純には言いきれない問題があるのではないだろうか。

　運動部に入部していないのにはさまざまな理由が考えられる。スポーツは嫌いだからとか苦手だからという理由、スポーツより音楽の方が好きだからという理由、勉強が忙しいからという理由、これらは、本人自身の事情であり、ある意味では仕方ないかもしれない。しかし一方で、見過ごすことのできない理由で入らない人たちもいる。例えば、「やりたいと思ったスポーツの部がなかった」という理由である。いま、運動部に入っている生徒たちは、幸いなことに自分のしたいスポーツの部がその学校にあったから運動部に入ったのである。しかし、先のような理由で入らない人たちは、運動部に入ってスポーツをしたいのだけれどもできないでいるのである。またこんな理由もある。「僕は、いろんなスポーツをやってみたいのだけれど、学校にある部は、１つのスポーツしかできないし、部のかけもちもできないから入らない」という理由である。スポーツの行い方には、１つのスポーツを選んで、それを続けていくという方法もあるが、いろいろなスポーツをシーズン毎に楽しむという方法も決しておかしな方法ではない。しかし、それが許されている学校は、現在のところ非常に少ない。

　また、同じようなことは文化部に入っている人たちにも当てはまる。確かに、文化部の生徒たちは、運動部と文化部のどちらを選ぶかといわれれば文化部を選ぶのだろう。しかし、両方選んだらどうしていけないのだろうか。文化部の人たちの中には、週に数日は運動部に参加してみたいと思っている人もいるはずである。しかし、多くの学校では、そのような仕組みが設けられていないから、入れないでいるのである。

　さらに深刻な問題がある。それは例えば、野球部に入ろうと思っていたのだけれど、この学校の野球部は、部内の上下関係が厳しいからとか、レギュラーの人たちばかりが練習していて自分が入っても練習させてもらえそうにないから入らない、というような理由を持っている人たちである。もう少し大雑把にいえば、入りたい部はあるのだが、その部の

運営の仕方に問題があって部に入らないというわけである。

　以上のような理由で、運動部に参加できないでいる人たちは、現在の部活動運営を改善していけば、入部することが可能になり、部活動の楽しさを味わい、充実した学校生活が送れるはずなのである。部活動委員会には、できるだけ多くの生徒がクラブライフを楽しめるために、どんな部をどのくらい設けたらいいか、それらの部をどのように運営していったらよいのかについて知恵を出し合うことが求められる。

　以上述べてきたようなことは、これまで多くの場合教員の側が考えることであり、生徒はその決定に従うしかなかった。教師たちがどのようなことで悩み・議論し、苦労をしているのか生徒には知る由もない。しかし、総合型地域スポーツクラブでは、こうしたことを会員相互の協力によって当たり前に取り組んでいかなければ、魅力的なクラブにはなり得ない。すなわち、ここにあげたような活動とその経験は、すぐそのまま総合型地域スポーツクラブの中で生かされることばかりでなのである。

(4) 地域スポーツとの連携

　開かれた学校づくり、学校・家庭・地域の連携が叫ばれている。外部指導者の導入は、部活動における学校と地域の連携策として注目されているようである。しかし、ここで取り上げたいことは、地域の人材を学校体育に活かすなどという狭い連携ではなく、もっと実質的に多くの地域住民と生徒が日常的に交流し合う事業についてである。例えば次のような連携が考えられる。

> 例1）地域スポーツクラブの大会に参加する。
> 例2）地域スポーツクラブと定期戦や合同練習をする。
> 例3）地域のスポーツ行事に運営参加（イベントボランティア）する。
> 例4）地域の障害者や高齢者とスポーツを通じた交流を図る。
> 例5）運動部主催のスポーツ教室を地域住民対象に開催する。
> 例6）学校開放の運営に参加する。

　上記のような取り組みは、学校・地域のいずれかだけに意味のある活動ではない。一見、生徒の地域貢献のようでもあるが、生徒はこうした活動を通して学校という枠内では得られない多くのことを学んでいく。学校のために地域がどう協力できるか、地域のために学校は何ができるかという、どちらかの利益を求めた連携ではなく、双方が豊かになるための方策こそ模索されなければならない。

6. おわりに──学校教師もクラブ会員に──

　最後に、中学校の生徒と運動部担当教員を対象に行ったアンケート調査の結果[4]を示しておこう。図8-3は、21タイプの運動部を提示して、「次のような運動部があなたの学校にあ

```
                              21.3
勝つために行う部 ━━━━━━━  39.0
                    8.7
土日も練習を行う部 ━━  53.9
                              30.7
遠征や練習試合の多い部 ━━━━━━━━  33.8
                     14.8
経験者の教師が顧問の部 ━━━━  42.0
                              25.2
男女混合の部 ━━━━━━  28.5
                         20.8
スポーツ以外の活動も行う部 ━━━━━  43.3
                         20.7
たくさんのスポーツが経験できる部 ━━━━━  48.4
                      19.2
学校以外の施設で行う部 ━━━  36.4
                              28.2
地域の人たちが教えにきてくれる部 ━━━━━━  27.4
                          24.2
地域の人たちと一緒に練習する部 ━━━━━  33.4
                              26.0
地域の人たちのクラブと試合をしたり交流する部 ━━━━━━  32.2
                              27.8
小学生や高校生と一緒に活動できる部 ━━━━━━  38.4
                      18.9
小学生に教える機会のある部 ━━━━  45.8
                         21.3
他校の人たちと大会を企画して試合を行う部 ━━━━━  43.6
                              27.1
他の学校の人たちと一緒に練習する部 ━━━━━━  38.6
                    13.2
自分たちで活動の日や時間を決めて行う部 ━━━  55.4
                    12.1
自分たちで活動の内容を決めて行う部 ━━━  54.4
                           31.0
一年ごとや季節ごとに部を変えられる ━━━━━━━  48.7
                         20.4
月ごとや週ごとに部を変えられる ━━━━━  54.0
                      17.2
一日にいろんな部を行き来できる ━━━━  65.6
                              28.6
いくつもの部がかけもちできる ━━━━━━  43.6
```

（■ 入りたい　□ 入りたくない）

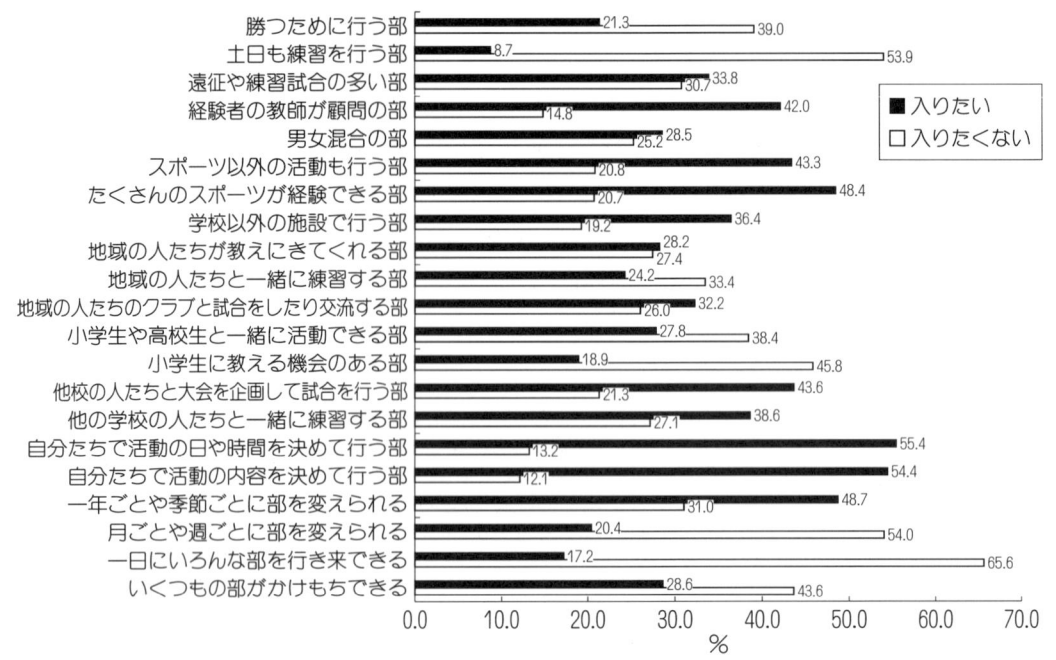

図8-3　生徒の希望する運動部像

ったとしたら、入ってみたいと思いますか」という設問をし、「ぜひ入りたい」から、「入りたくない」までの5段階で生徒に回答をしてもらった結果を示したものである。また、図8-4は、21の運動部タイプに対する生徒と学校側の意識の違いを表わしたものである。この2つの図から、現在の生徒たちが、これまで述べできたような部活動改革に対してどのような意向を持っているのか、またそれは学校側の意見と一致しているのかどうかを伺うことができる。この結果の中で、注目すべき点は以下のように要約できる。

---

①生徒が「入りたい」と回答した割合の最も高かった運動部ベスト2は、「自分たちで活動の日や時間を決めて行う部」「自分たちで活動の内容を決めて行う部」であった。このように、生徒たちは、活動日や時間を含めた自己決定権が保障される部を要望している。

②次に「入りたい」という回答が多かったのは、「一年や季節ごとに部を変えられる」「たくさんのスポーツが経験できる部」「スポーツ以外の活動も行う部」であった。生徒は、さまざまなスポーツに親しむことを望んでいるようである。しかし、「一日にいろんな部を行き来できる」や「月ごとや週ごとに部を変えられる」といった流動的で場当たり的なスポーツ参加を希望する者は少ない。このことから、いろいろなスポーツを楽しみたいという要望は、決してその場その時の気分で遊び半分にスポーツをしたいということではないということを確認しておく必要がある。これに対し学校側は、年や季節によって部を変えたり、たくさんのスポーツを経験することには、生徒ほど必要性を感じていない。

③「土日も練習を行う部」や「勝つために行う部」のような勝利志向の部についても、「入りたくない」と回答した生徒の割合は高いが、学校側はそうしたタイプの運動部をいまだに支持している。

④「地域の人たちと一緒に練習する部」や「地域の人たちのクラブと試合をしたり交流する部」については、生徒も学校もあまり魅力を感じていない。

第8章　総合型地域スポーツクラブの育成と学校体育の改革　89

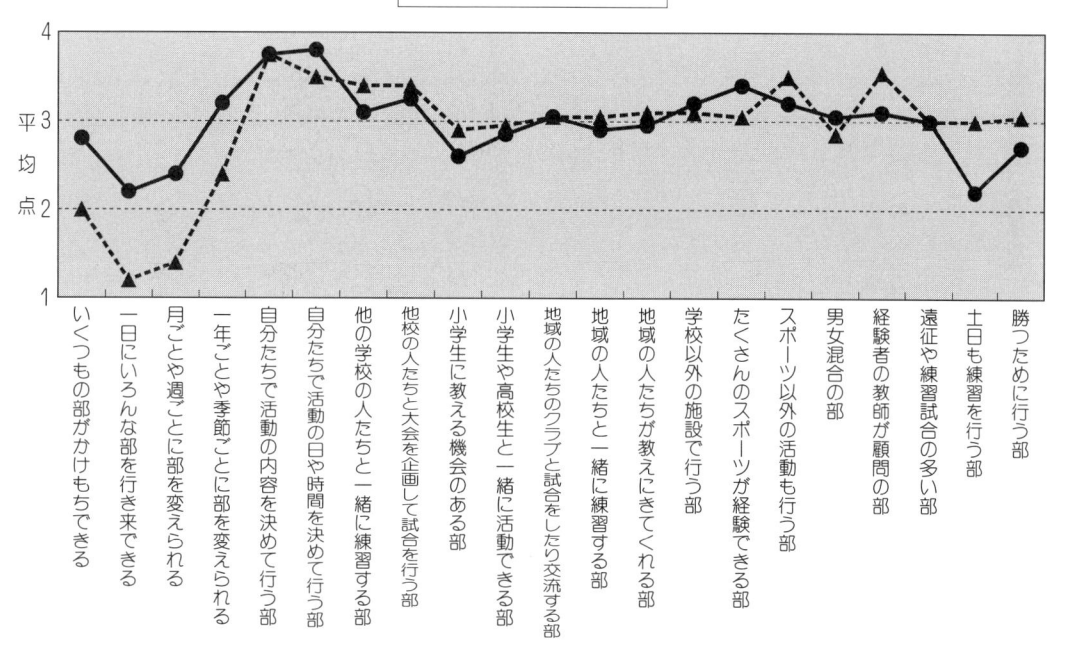

図8-4　運動部改革に対する生徒と学校の意見

※図中の平均点とは、以下のように回答結果を得点化した際の生徒と中学校の平均値である。従って、生徒のグラフは得点が高いほど希望が高いことを、中学校のグラフは得点が高いほど必要度が高いことを表している

生徒　「ぜひ入りたい」→5　「入りたい」→4　「どちらともいえない」→3　「余り入りたくない」→2
　　　「入りたくない」→1

中学校　「大変必要」→5　　　「必要」→4　　　「どちらともいえない」→3　「余り必要でない」→2
　　　「必要でない」→1

　以上のことから2つのことを指摘することができる。1つは、現在の生徒たちが新しい運動部の方向を全面的に支持しているというわけではないということである。生徒の関心や運動部改革への意欲をいかに醸成していくか、計画的・組織的教育機関学校の大きな教育課題となろう。しかし、もう1つ気にかかることは、生徒よりも教師・学校側の方に伝統的な運動部に固執する傾向が見られることである。すべての生徒が1つの種目を選択しそれを卒業まで続ける現在の運動部、しかも、活動日数・活動時間から練習内容や試合への参加までもすべての部員に画一的に強要される運動部（一言でいえば生活のバランスを崩す運動部）では、少子化の中で部活動が次々と消えていく動きを止めることはできまい。そしてそのことは、とりもなおさずスポーツをする者としない者の二極化を深刻にさせ、生涯スポーツ社会の建設は断念せざるを得なくなるかも知れない。

　教師たちが伝統的な運動部観を脱ぎ捨てるためには、自分自身が居住する地域の総合型クラブに一メンバーとして子どもと共に関わってみることが必要ではあるまいか。完全週休2日制を契機に、教師も休日は、地域の人たちと汗を流しながら本物のクラブ体験を積むことが貴重な財産になるであろう。また、住民の多くが加入したいと思えるようなスポーツクラブとはいかにあったらいいかを考える過程に地域社会の一員として参加すること

であり、子どもたちが生きる未来社会がどのような社会になるかを身をもって理解することになるはずである。

注
1) A.トフラー，徳山二郎訳（1982）未来の衝撃．中央公論社．p.317
2) 市川昭午（2000）未来形の教育――21世紀の教育を考える――．教育開発研究所．p.11
3) 中学生・高校生のスポーツ活動に関する調査研究協力者会議（1997）運動部活動の在り方に関する調査研究報告」
4) この調査の概要は次の通りである。
    調査対象：1．石川県内の中学校5校の生徒（1、2学年）495名　有効標本492
    　　　　　2．石川県内の中学校104校の運動部活動担当教師（各校1名）104名　有効標本78
    調査期間：平成8年11月上旬～11月下旬

第II部

ケースから学ぶ総合型地域スポーツクラブの育成方法

第 9 章

ケーススタディ①
クラブづくりのプロセスに学ぶ
[NPO法人ふくのスポーツクラブ]

クラブ概要

1. **設立年** 平成10年（平成14年NPO法人格取得）

2. **所在地** 富山県南砺波市 福野町体育館

3. **設立の経緯（クラブ創設の母体となった組織や個人）**
　昭和63年、小規模クラブの乱立など地域のスポーツ問題を解決すべく、主に行政、体協らが中心となって地区を基盤とする地域スポーツクラブ連合を設立。その後、クラブ連合のスタッフを中心として町体協など既存組織との連携体制を確立し、平成10年に総合型の「ふくのスポーツクラブ」が発足。さらにこの組織を母体として、平成14年「NPO法人ふくのスポーツクラブ」を設立。行政とは一定の距離を置きつつ、クラブは新たなスタートをきった。

4. **クラブの特徴**
　町全域に機能する総合型地域スポーツクラブ。スポーツ愛好者はもちろん、ふだんあまりスポーツをする機会のない人が、いつでもどこでも気軽にスポーツに親しむことができるような環境づくりをめざす。行政と地域住民とのパートナーシップ、関係組織・団体との連携などを通じて、町をあげてのスポーツ振興体制を確立し、そのメリットをフルに活かしながら、「オープンセミナー」など特色ある独自の事業を展開している。地域社会に広く認められる団体をめざしてNPO法人格を取得し、組織と事業のさらなる充実を図っている。

5. **会員数**
　一般　　　　1,796名（男：803名、女：993名）
　小・中学生　　843名（男：429名、女：414名）
　60歳以上　　　428名（男：152名、女：276名）
　幼児・身障者　134名（男：79名、女：55名）
　合計3,201名（平成14年3月現在）

6. **実施事業（活動内容）**
　◆教室
　新体操、親子軽スポーツ、ちびっこスポーツ、トランポリン、さわやかアクア、レディースアクア、ソフトエアロビクス、社交ダンス、やさしいHip Hop等　15教室
　◆セミナー
　ウォーキング・軽スポーツ、ジョギング・マラソン、フットサル、初級バスケットボール、初級バレーボール、フォークダンス、いきいきスポーツ、ビーチボール、ゲートボール、サッカー、剣道、フレッシュテニス、ソフトバレーボール等　26セミナー
　◆体験会
　アウトドア、夏休みサッカー等　4体験会
　◆ジュニアスポーツスクール
　バスケットボール、サッカー、バレーボール、バドミントン、卓球等　9コース
　◆体力測定会、健康相談会
　◆指導者講習会
　◆フォトコンテスト
　◆広報誌「かがやき」の発行（年4回）

7. **活動施設**
　町体育館、B&G海洋センター、中学校、小学校、町民テニスコート、町民グランド、勤労者体育センター等

8. **財源**
　会費［年額］（法人正会員－1,000円）、クラブ費［年額］（小・中学生－1,000円、一般－3,000円、60歳以上－1,500円、幼児・身障者－無料）、事業収入（教室等）、補助金、事業受託収入、寄付金・協賛金

9. **運営組織と指導者**
　正会員の中から選任された37名の理事によって理事会を構成。これに監事（2名）をあわせた39名がクラブ役員。組織代表者は理事から選ばれた理事長。クラブの日常的な事務は事務局長らが担当。指導者（町登録）は37種目、のべ269名。

1. はじめに

　本章で取り上げる「ふくのスポーツクラブ」は、単一種目型クラブを連合化し、さらにそれを母体として総合型地域スポーツクラブを設立した数少ない事例の1つである。クラブは、平成14（2002）年3月、NPO（特定非営利活動）法人として認証され、新たなスタートをきった。本章では、この「NPO法人 ふくのスポーツクラブ」設立までのプロセスを振り返り、そこから導き出されるクラブの特徴や課題についてみていくことにする[1]。

2. 地域特性とスポーツ振興の経緯

　富山県の西部、散居村で有名な砺波平野のほぼ中心に位置する福野町は、人口14,682人（平成13年10月現在）、面積が31.7km²（半径3kmのなかにほぼ収まるほどの広さ）の町である。昭和16（1941）年以来、3次にわたる合併編入を繰り返してきた福野町には、合併前の区割り（旧小学校区）に基づく7つの地区がある。各地区の人口規模にはかなりの違いがみられるが、こうした歴史的な経緯もあって住民の地区に対する帰属意識は非常に強い。基礎生活圏としての地区というものが、人びとの生活のなかに深く根づいている土地柄である。

　昭和51（1976）年、町は住民の健康問題とスポーツ振興の必要性を背景としてスポーツ振興審議会を設置し、その翌年「健康都市」を宣言した。この宣言を契機として「町民ひとり1スポーツ」の定着を目指すスポーツ振興の諸施策が打ち出されることになる。昭和58（1983）年に策定された「福野町総合計画」では、健康都市宣言以降のスポーツ振興の経緯をふまえつつ、ハード面、ソフト面、ヒューマン面からスポーツ振興の課題と見通しが示された。これによって生涯スポーツの振興がより現実的な施策として位置づけられ、「ひとり1スポーツ」の実現に向けたスポーツ環境の整備が本格的に始まった。この時期は、スポーツ施設など基本的な活動基盤の整備を担う行政としての役割意識、そしてその後のスポーツ振興に対する行政の基本的スタンスが明確になったという意味で大きな転機であった。

3. 「福野町スポーツクラブ連合」の設立

(1) クラブ連合設立の背景と経緯

「ふくのスポーツクラブ」の前身は、いまから15年ほど前に設立された「福野町スポーツクラブ連合」である。ここではまず、その後の町のスポーツ振興体制を方向づけ、地域のスポーツ環境を大きく変える契機となった、スポーツクラブ連合の立ち上げ過程についてみていくことにしたい。

健康都市宣言以降、行政は地区拠点施設の整備とともに、定期的なスポーツ活動のきっかけとなる教室や地区行事を積極的に開催し、幅広い年齢層を対象としたスポーツの普及につとめた。さらに、教室修了者に対しては、クラブや同好会の結成をさかんに奨励したといわれている。従来からの競技的なクラブに加え、楽しみ志向のクラブも多数みられるようになり、昭和60年頃には、クラブや同好会が全町で200を超すまでにもなった。クラブの増加と多様化は、スポーツ人口の拡大という点で一定の成果をあげたものの、新興クラブの多くは、実際にはごく少人数の閉鎖的なチームであり、活動内容においても資源調達の面でも貧弱な様相を呈していたといわれている。このような状況を背景として、このころから地区スポーツ団体の設立がさかんに取りざたされるようになった。地区レベルでのスポーツ振興の必要性に加えて、クラブの乱立が、地区を統括する新たな組織の設立を強くあと押ししたのである。

　昭和62（1987）年、町教育委員会に新しく設置された体育係には、総合計画の実行とともに上述したクラブ問題への対応が期待された。行政は、体育指導委員とともに、既存のクラブを有機的に結合させた地区単位の「スポーツクラブ連合」の設立をめざし、これを文部省の「地域スポーツクラブ連合育成モデル事業」の補助によって推進した。

　昭和63（1988）年4月に文部省の「地域スポーツクラブ連合育成事業」がスタートすると、さっそく各地区ごとに企画運営委員会や設立準備委員会が開催された。そこでは、地区の体育指導委員や個別クラブの代表者のみならず、それまで地区のスポーツ活動を担ってきた公民館、さらには婦人会など幅広い関係者を交えて規約、役員、事業計画が決定された。こうした事前協議を経て全7地区に地区クラブ連合が設立され、同年9月には地区連合を統括する「福野町スポーツクラブ連合」が設立された。発足時のメンバーは、69クラブの1,377名であった（図9-1）。

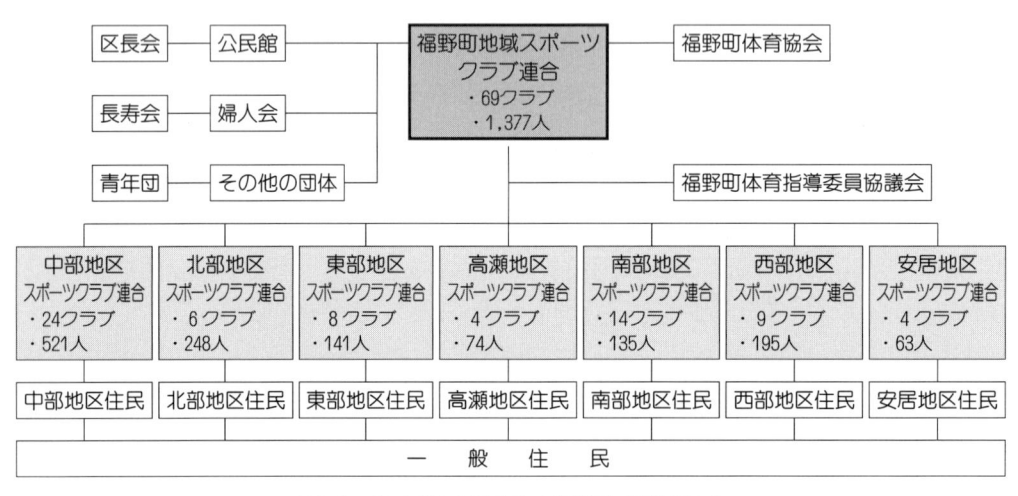

図9-1　クラブ連合設立時の組織図（昭和63年）

(2) イニシアティブリーダーの役割

　福野町におけるスポーツクラブ連合の設立は、行政サイドのイニシアティブリーダーである行政担当者と体育指導委員、さらには各地区代表者の熱意と行動に多くを負っている。クラブ組織づくりには既存組織・団体との協力関係を築くことが不可欠であるが、リーダーにはそのための広い意味でのコミュニケーションの力量や行動力が求められることになる。例えば、当時の行政担当者は、体育指導委員の変革を支援し（役割分担や方向づけ）、内外の組織・団体との精力的な折衝を行ない、既存クラブの代表者をはじめとする住民ともひざを交えた話し合いを多数もってきた。また、体育指導委員も地区連合の設立過程において住民と直接接触して事業の趣旨を説明し、各クラブの意見調整を行ない、地区としての合意形成に向けて奔走した。ここでは、体育指導委員のコーディネーターとしての側面がクローズアップされるが、その場合もやはりコミュニケーションが組織化の重要な鍵を握ることになった。こうした条件整備や関係づくりのための積極的なコミュニケーション活動は、スポーツクラブ連合設立の最も重要なファクターであったといえるだろう。クラブ組織づくりには、その地域に適した組織化の推進母体と熱意あるリーダーの発掘はもちろんのこと、協力体制の確立も重要なポイントとなる。リーダーのコミュニケーション活動は、それらにとって欠かせないものであった[2]。

4. 総合型「ふくのスポーツクラブ」への発展

(1) クラブ連合から総合型クラブへ

　福野町では、約10年にわたるスポーツクラブ連合の活動によって、当初問題とされていた個別クラブの活動条件は改善され、交流を軸とした地区単位のスポーツ活動もより充実したものとなった。また、その間に地区拠点施設の整備も順調に進められた。次なる町の課題は、クラブに加入していない人々にも定期的なスポーツの場と機会を保障していくことであった。

　このような状況のもと、福野町は平成8（1996）年度から3年間、文部省の「総合型地域スポーツクラブ育成事業」の指定を受けた。この事業では、スポーツクラブ連合の財産を活かしながら、あまりスポーツをする機会のない人々が、いつでも気軽にスポーツに親しむことができるしくみづくりが期待された。組織づくりの基本方針は、地区になくてはならない存在となった「地区スポーツクラブ連合」はそのまま残しつつ、新たに全町レベルで機能する総合型地域スポーツクラブを育成するというものであった。町は「いつでもどこでも　誰でも楽しいスポーツの町　ふくの」というスローガンのもと、①組織のオープン化（既存スポーツ団体との連携等）、②施設のオープン化（施設利用機会の提供等）、③事業のオープン化（住民スポーツニーズの把握等）、④活動のオープン化（各種団体の活動のオープン化等）という「4つのオープン化」に積極的に取り組んできた。

平成9（1997）年2月には、正式設立に先立って総合型クラブの第1次会員募集を開始、同年9月には既存のクラブやチームで活動する町民のニーズに応えて、クラブ・チーム単位での入会募集を開始した。個人会員の特典に加えて、ナイター照明施設使用料の無料化や会費割引などクラブ・チーム会員の特典を充実し、さらなる会員獲得を図った。平成10（1998）年4月からは第2次会員を募集し、スポーツ少年団員の全員加入や各種体育・スポーツ団体の加入を実現している。そして同年11月、2000年とやま国体の会場として新たに建設された福野町体育館を拠点施設として、多種目・多世代型の「ふくのスポーツクラブ」が正式に発足したのである。

福野町体育館は、大アリーナのほかに相談室、研修室等を備え、住民のスポーツ活動の拠点となっている。また、町内のスポーツ施設とコンピュータネットワークを結び、会員カードによって教室・大会・研修会など各種スポーツ情報の検索や参加申込み、各施設の利用状況検索と利用申込み等を、町内各所の端末で行なうことができるシステムが導入・運用されている。

(2) 総合型クラブ設立時の運営組織と事業

「ふくのスポーツクラブ」発足当初の役員は、地区スポーツクラブ連合、体育協会、体育指導委員、B&G海洋センター育成士、会員等の代表者36名からなる代表理事によって構成されていた。このうち会長、副会長、理事長、副理事長および各部会の部長、副部長から構成される運営委員会（19名）は、年間の事業や予算、役員などクラブ運営全般に関わる

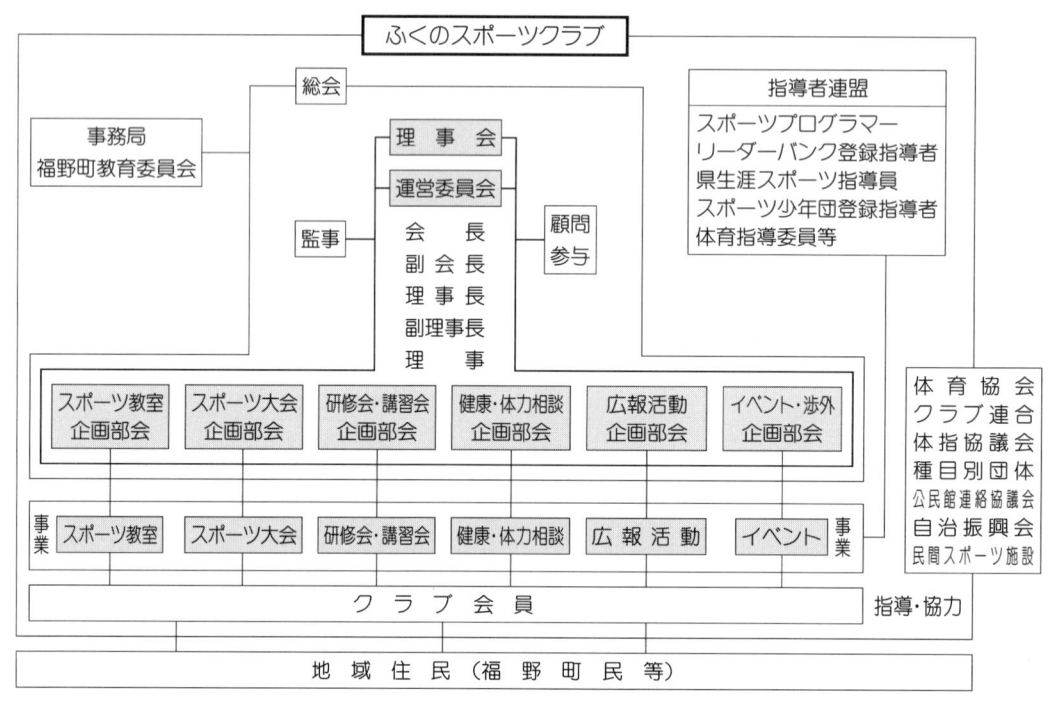

図9-2　ふくのスポーツクラブの組織図（平成10年）

事柄を協議し、各理事が所属する6つの企画専門部会は各種事業の企画運営をおこなった。当初、一般会員の代表者は理事に入っていなかったが、地域住民の声を直接クラブ運営に反映させた方がよいという意向から、のちに参画した経緯がある（図9-2）。

　事業は、会員が各自のニーズに合わせて種目を選び、随時無料で参加できるオープンスポーツセミナー、教室、大会、研修会、体力相談などがあり、これらはすべてクラブの指導者連盟に登録された有資格者の指導と各種スポーツ団体、社会教育団体、民間施設等の協力のもとに実施されていた。このうち、このクラブ独自のユニークな取り組みとして注目されるのが、体験型の「オープンスポーツセミナー」である。進め方そのものは従来のスポーツ教室と大きく違わないが、会員であれば誰でも、いつでも、どの種目でも、自由に参加できる点、そして住民ニーズをふまえた多くの種目を設定している点に特徴がある。各セミナーとも、週1回のペースで30回ほど行われており、セミナー終了後の自主サークル化にも期待が寄せられている。この事業は、定期的スポーツ参加者にはもちろんのこと、「ちょっと試してみたい」「ときどきなら参加してみたい」という潜在的なスポーツ愛好者にも格好の場を提供して、参加率の向上に貢献している。

(3) 組織化における問題点：とくに体育協会との関係

　先の図9-2からもわかるように、クラブの運営指導にあたっては、さまざまな組織や団体が関わっている。こうした体制をつくるにあたって行政やクラブ関係者が最も苦労した点は、「この町に合った」総合型クラブの具体的な形や中身を練り上げていくことと、クラブに対する地域住民や既存組織・団体の理解と協力を得ることであった。総合型事業の初年度は、設立準備委員会が中心となり、住民調査から明らかになったニーズや地域の実態などをふまえながら、クラブの組織運営体制や事業内容を詰めていった。第1次会員の募集以降は、地域住民に対して機会あるごとにビラや広報紙を配布してPRに努め、既存組織・団体に対しては、その後も粘り強い説得と協力要請を繰り返し、組織体制を固めていった。

　スポーツクラブ連合を組織の母体としたことで、公民館など多くの団体との関係づくりは比較的スムーズに進んだものの、クラブ連合との結びつきが弱く競技志向の強い体育協会の協力を得るには、かなりの時間を要したといわれている。この連携がうまくいった要因としては、次の2点を指摘することができる。

　1つは、これまでにスポーツクラブ連合と体育協会の協力によるイベントづくりの実績があったことである。平成元（1989）年から始まった「福野町一周駅伝競走大会」は、いまや町の一大スポーツイベントであるが、その第1回大会からクラブ連合と体育協会、そして体育指導委員が協力して企画運営をおこなっている。これを契機に、福野町のスポーツ団体の間で、各スポーツ団体が協力連携しあって今後のスポーツに関する事業を進めていく必要があるのではないかという意見が持ち上がり、平成2（1990）年に"FASC 1990"（Fukuno Association of Sports Clubs 1990)が組織され、これが全町的なスポーツ振興組織体制のさきがけとなった。それまでスポーツクラブ連合と体育協会が共同で事業を行なうことはまったくなかったが、当時の行政担当者は双方の代表者に対して、お互いに足り

ないところを補い合うことで、年に一度のイベントを町全体で盛り上げることはできないものかと共催をもちかけたといわれている。その一つとして「福野町一周駅伝競走大会」があった。現在の総合型クラブと体育協会とのつながりは、こうして実現した「年に一度の協力」が、住民のスポーツ活動を支える「日常的な連携」へと発展したものといえる。すなわち「イベントの共催」がその後の連携の布石となったのである[3]。

　もう1つは、連携によるメリットが具体的に示されたことであった。行政は、地域のトータルなスポーツ振興体制の確立に向けた連携の必要性を強く訴えるとともに、そのメリットを具体的に示して、どのような協力が可能かについて時間をかけて話し合いを進めた。その過程では、クラブにとっては体協との協力が新たな会員と指導者の確保に役立ち、また体協にとってはクラブとの協力が才能ある選手を発掘する機会になるというメリットが強調された。その結果、町のスポーツ少年団や競技団体がクラブに加入したり、指導者を派遣してもらったり、あるいは反対にクラブのメンバーが町の代表に選ばれて大会に出場したりと、期待された成果が少しずつ形となって現れ始めている。

　このように、総合型クラブの組織づくりにあたっても、クラブ連合設立のときと同じく、コミュニケーションが決め手となったようである。総合型クラブの組織運営には、外部からの資源調達や協力による役割分担が欠かせないが、このときにはトータルな地域スポーツの発展を見すえながら既存組織・団体との関係づくりを進めることが大切になるといえるだろう。

5.「NPO法人 ふくのスポーツクラブ」の誕生

(1) 法人化の背景

　任意団体としての「ふくのスポーツクラブ」は、会員・事業などクラブ規模の拡大にともなって、組織あるいは経営体としての性格をいっそう強く帯びるようになっていった。3,000人を超す会員にサービスを提供していくためには、いっそう安定したクラブ経営が求められることになる。そこで、NPO法人格を取得し、公益性が高く社会的に認知された団体を目指すという方向性が打ち出された。NPO法人格をもつことには、①契約の主体になれる、②受託事業や補助金を受けやすくなる、③公的な施設を利用しやすい、④社会的な信用が生まれやすいといったメリットがあるといわれている[4]。これらはいずれも今後のクラブの発展を見据えたときに欠かせない条件である。「ふくのスポーツクラブ」は、平成14（2002）年3月、NPO（特定非営利活動）法人として認証され、新たなスタートをきった。

(2) 運営組織と事業

　NPO法人は法に定められた運営をしなければならない。総会や理事会を開催し、会計書類を整え、事業報告書を作成するなど、果たすべき義務があるのである。法人化にともない、「ふくのスポーツクラブ」の役員名称や運営組織も様変わりした。それまでクラブに入

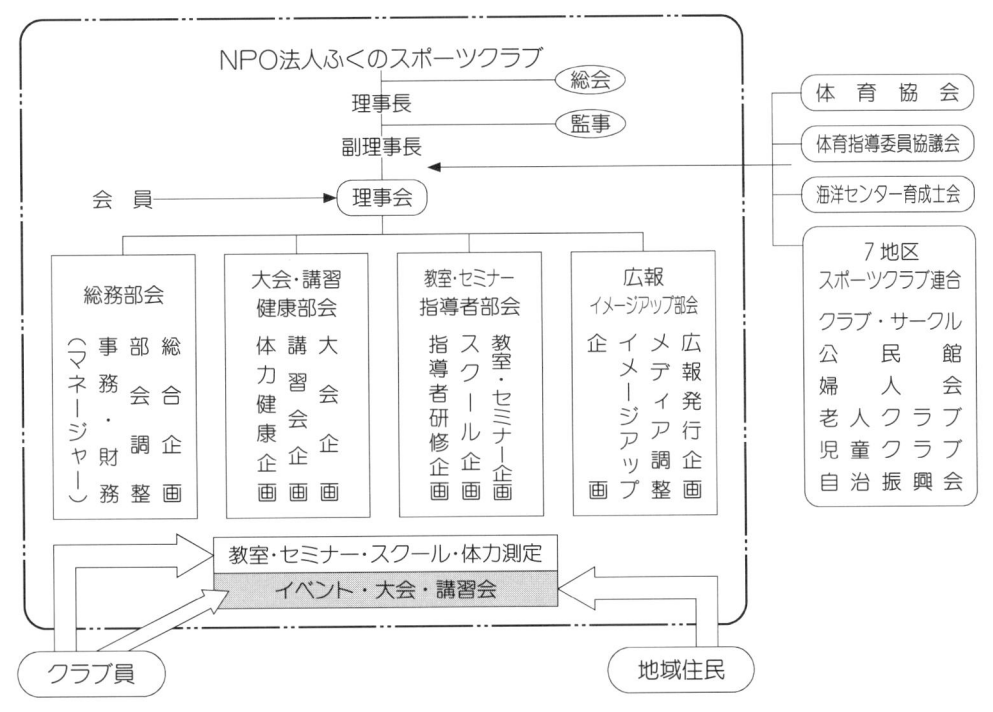

図9-3　NPO法人ふくのスポーツクラブの組織図（平成14年）

会し、会費を払ってサービスを受けていた「会員」は「クラブ員」と呼ばれることになり、法人化以降の「会員」（非営利活動促進法上の社員）とは区別されることになった。このNPO法人の会員は、「会費」（年額1,000円）を納めることによって総会での表決権が与えられる。執行機関でありクラブ運営の中心となる理事会は、総会において会員のなかから選任された理事（37名）によって構成されている。この理事会は、クラブ全般に関わる事柄について協議するほか、それまで6つあった部会を再編統合して新たに設置された4部会において、事務全般、事業の企画運営、広報などをおこなっている。クラブの役員は、この理事と監事（2名）からなる。また、従前の会長職は廃止され、代わって理事のなかから選ばれた理事長が組織の代表者となった。クラブの日常的な事務は、事務局長らが中心に行ない、これまで事務局を担当してきた行政はこれまでより距離を置いて後方支援に徹することになった。この点は極めて大きな変化といってよいだろう（図9-3）。

　クラブが実施している事業は、基本的に任意団体のものを踏襲している。平成14（2002）年度は、オープンスポーツセミナー（26）、体験会（4）、教室（15）、児童・生徒を対象としたジュニアスポーツスクール（9）、その他に体力測定、各種のイベント・大会、講習会などが実施されることになっている（（　）内回数）。ちなみに、こうしたサービスを享受するための従前の「会費」は、法人化にともない「クラブ費」と改称されている。

(3) 資源の調達

　総合型クラブがこれまでのクラブと大きく異なる点は、クラブそのものが事業を行なう

「経営体」として機能すること、すなわちクラブが主体となって事業を企画し、そのために必要とされる資源を調達し、実施する点にあるといわれる。とりわけ経営資源の調達は、クラブが実施する事業の質や量のみならず、長期的にみればクラブの存続や発展をも左右するものであり、極めて重要といわねばならない。NPO法人としてのクラブにおいては、こうした「経営体」としての側面がますますクローズアップされることになる。それでは「ふくのスポーツクラブ」はこの資源をどのようにして調達してきたのだろうか。

①人材の確保（人的資源）

これまでみたように、クラブの立ち上げ段階で関係者が最も苦労したのは、既存組織・団体と接触し、総合型の理念や基本方針を説明して理解を得たうえで町全体でクラブを支える連携の輪をつくることであった。こうした連携は、結果として運営や指導といった活動を支える多様な人材（マンパワー）を確保することにもつながった。

②施設の確保（物的資源）

「ふくのスポーツクラブ」は町全域に機能するクラブである。町民誰もが、気軽にスポーツに親しむためには、中心部の拠点施設だけを使用するよりも、地区施設をうまく活用することが望まれる。福野町では、長期的な計画のもとで7地区すべてに施設が整備されており、地区レベルでみたハード面の条件はかなり整っている。これらに学校体育施設なども加え、町内にある施設を有効に利用して活動をおこなっている。またこれら施設の多くがコンピュータ・ネットワークで結ばれているという点も非常に大きい。施設の確保にあたっては、行政がクラブの優先利用に便宜を図っているようである。

③財源の確保（財務的資源）

現在のクラブの主財源は、クラブ費、補助金、協賛金、事業受託収入等であるが、自主運営を視野に入れると、自主財源による安定した財源の確保がいっそう強く求められることになる。そのためには「受益者負担」意識の浸透とクラブ員の拡大を図らねばならない。福野町では、総合型クラブの発足当初、一部住民から「どうしてスポーツをするのにお金を払う必要があるのか」という声も聞かれたそうであるが、クラブの関係者は、地道な広報・啓蒙活動によって意識改革を訴えてきた。広報紙・パンフレットの配布はもちろんのこと、施設利用調整会など関係者や地域住民が集まる機会をとらえては、会費徴収の必要性を粘り強く説いてきた結果、少しずつではあるが着実に理解が得られるようになったといわれている。同時に、お金を払ってでも入会したいと思うような特典を用意することにも十分配慮した。費用に見合うだけの魅力をクラブが備え、またそれをアピールするということも、クラブのメンバーと財源の確保にとって欠かせない活動といわねばならない。

④住民ニーズの把握（情報資源）

組織的活動には、目的達成のための入力となるさまざまな情報が必要とされるが、なかでも住民のニーズは、サービスの質を左右する重要な情報である。福野町では、町教育委員会、クラブ連合、体育指導委員協議会が共同で住民の意識調査を実施し、その結果をセミナーの種目など事業内容に反映させてきた(事業のオープン化)。その後も同種の調査を行なう一方、イベントなどの際には参加者にアンケートを実施して評価を行ない、次回事

業に活かすといった工夫もなされている。クラブとクラブ員相互のコミュニケーションがとれるような配慮（ルートづくり）が情報収集の鍵を握るといえるだろう。

6. クラブのこれまでとこれから

最後にクラブの組織化と運営の特徴をまとめるとともに、新たなスタートを切ったクラブのこれからについて考えてみたい。

(1) 事例の特徴

「事例に学ぶ」というとき、われわれはどうしても「現在の姿」ばかりに関心が向いてしまう。しかし、学ぶべき点の多くは、現在に至るまでのプロセスにあるのではなかろうか。NPO法人としての「ふくのスポーツクラブ」の設立は、一言でいえばさまざまなコミュニケーションを通じて築き上げられた行政と住民のパートナーシップ、関係組織・団体との連携の賜物である。この関係は、一朝一夕のうちにつくり上げられたものではない。当初、行政主導で進められてきたクラブの運営はいまや住民主導にシフトしつつあるが、この長いプロセスをあらためて振り返ってみると、いくつかの注目すべき点があることに気がつく。ここではそうした事例の特徴を4つのポイントにまとめてみたい。

まず第1に、「その地域における」クラブ設立の意義と必要性を知るということである。福野町では、まずスポーツに関わる問題や課題を明確にしたうえで「クラブ組織は、そうした問題や課題を解決するためにぜひとも必要なのだ」ということを地域住民や既存組織・団体にアピールしてきた。クラブ連合の当事者も総合型クラブの当事者も、具体的な問題や課題をふまえながら、クラブ設立の意義や必要性を認識していた。こうした状況認識は、クラブづくりに対する住民の参加・協力を動機づけたという意味で、組織化にも大きな影響を及ぼしたといえる。

第2に、クラブの未来予想図（青写真）を描くことである。クラブづくりにあたっては、具体的なアクションの基準となる組織や事業の青写真を描くことも大切になる。福野町では、総合型クラブの一般的なイメージ（モデル）とともに、町民のニーズ、施設の条件、そして「クラブ連合の財産を活かす」「いつでも誰でもが楽しめる」「4つのオープン化」といったクラブづくりの基本方針をふまえて独自の青写真が描かれた。その際のポイントは、「今のままでもできること」ばかりでなく、「努力すればできそうなこと」も積極的に盛り込んだ点であろう。その結果、受益者負担（会費制）、体育協会との連携、特色ある独自事業（セミナーやネットワーク・コンピュータシステムの導入）などが、この未来予想図に書き加えられることになった。

第3に、既存組織・団体との協力関係を築き上げることである。「ふくのスポーツクラブ」が総合型としての組織体制を確立するにあたって最も苦労したことの1つは、既存組織・団体の理解と協力を得て、町全体としてクラブを支えるための連携の輪をつくることであった。関係組織・団体の理解と協力がなければ、クラブの組織化はこれほどスムーズには

進まなかったはずである。またスポーツクラブ連合のときもそうであったが、実際の組織づくりにおいて決め手となったのは、行政担当者、体育指導委員、クラブ関係者による積極的なコミュニケーション活動であった。既存組織・団体とのたび重なる協議と日頃のコミュニケーションを通じて、少しずつ理解が深まり協力関係が築かれていったが、その結果、トータルな地域スポーツの発展をみんな一緒になって支えていくという意識を共有することができたのである。

　第4に、資源調達の方法について智恵を絞ることである。クラブが事業を提供していくには、ヒト・モノ・カネ・情報といった経営資源を調達しなければならないが、この資源の問題は、クラブが「自主運営」を目指すときに必ず行きあたる問題でもある。「ふくのスポーツクラブ」では、行政とのパートナーシップ、さらには組織化の過程で築き上げられてきたさまざまな組織・団体との協力関係を最大限に活かしながら、地域の資源を有効かつ効率的に活用している。

(2)「NPO法人 ふくのスポーツクラブ」のこれから

　福野町では、ここ十数年の間にクラブをはじめとする地域のスポーツ環境が大きく変貌した。当面はこの状況の中から生まれたNPO法人としての総合型クラブの経営を軌道に乗せることが課題となる。なかでも安定した収入の確保は、すべての活動の前提としてどうしても無視できない問題であり、これが第1の課題となるであろう。会費、寄付金、事業受託収入など、現行費目の中身について改善の可能性を探る一方で、新たな資金源の開拓にも取り組まねばならない。

　NPO法人化には多くのメリット（とりわけ組織について）があるが、一方で組織制度上「運営は運営、現場は現場」というようにメンバーとクラブ運営との距離がますます遠いものになってしまう可能性をはらんでいる。この場合、メンバーは対価を払って一方的にサービス受けるだけの「お客さん」になってしまうことにもなりかねない。こうした事態を避けるための課題にも目を向ける必要がある。

　1つは事業内容の絶えざる見直しである。人々のスポーツに対するニーズや嗜好は時代とともに変化していく。同時に同じ事業に対する評価も時とともに変化していくものである。そうした変化を敏感に察知して事業内容に反映する努力を怠ってはならない。そのためにはメンバーと運営組織とのコミュニケーション・ルートをどのように確保していくかを十分に検討する必要があろう。ドラッカーは、非営利組織がなすべきことのうち、最も大事なことは組織を階層中心ではなく、情報とコミュニケーション中心につくることであると述べているが[5]、クラブが大規模化するなかでこうしたルートを確保することは、「みんなのクラブ」を標榜するうえで欠かせない作業であるといえる。

　メンバーと組織の乖離（かいり）によって指摘されるもう1つの課題は、クラブとしての「活動の幅」を広げることである。地域住民のスポーツとの関わり方を質的に高めていくことが総合型のねらいであるとするなら、与えられるサービスを一方的に享受するだけでなく、メンバーが主体となって、スポーツを「つくる」あるいは「支える」といった機会を演出す

ることも考えられてよいのではないか。メンバーシップの強化や地域貢献とも重なるが、例えばクラブのメンバーが、地域の環境整備活動をおこなったり、メンバー以外の住民を対象とするイベントの運営指導にあたるといった一つひとつの経験の積み重ねが「自分たちのクラブである」あるいは「この町にとって欠かせないクラブである」といった意識を醸成していくことになるからである。また長期的には、活動の幅を生活全般に広げていくことも期待される。「特定非営利活動法人」としての活動内容とも関連するが、スポーツのみならず、地域の文化・芸術活動、教育・福祉問題等にも積極的に関わっていくことによって、より生活に密着した地域の総合型クラブへと発展する可能性があるということも忘れてはならない。

注
1) 本章の執筆にあたっては、以下の文献資料およびウェブサイトを参考にした。
   ・野原浩昭（1998）ふくのスポーツクラブ．みんなのスポーツ20（6）：18-20．
   ・上田昌寛（2001）「"ふくのスポーツクラブ"の挑戦から」（財団法人日本スポーツクラブ協会編著『スポーツクラブ白書2000』厚有出版．pp.34-37.）
   ・ふくのスポーツクラブインフォメーション（http：//www.sportsnet.fukuno.toyama.jp/）
2) コミュニケーションの技法等については「特集 コミュニケーションする力を高めよう（2001）みんなのスポーツ23（7）：11-28．」を参照．
3) 組織間関係の詳細については本書第3章を参照されたい。現場からのものとしては「佐々木義雄（2001）クラブ・サークルそしてスポーツ団体との連携・協力へのアプローチ．みんなのスポーツ23（12）：14-16．」が示唆に富む。
4) 米田雅子（1999）NPO法人をつくろう．東洋経済新報社．pp.19-24．
5) ドラッカー：上田惇生・田代正美訳（1991）非営利組織の経営．ダイヤモンド社．pp.141-146．

第 10 章

ケーススタディ❷
クラブスタッフの活動意欲を高める事業創造
[NPO法人岸和田市山直(やまだい)スポーツクラブ]

クラブ概要

1. **設立年** 平成11年（平成13年NPO法人格取得）

2. **所在地** 大阪府岸和田市山直中学校周辺

3. **設立の経緯（クラブ創設の母体となった組織や個人）**
   平成6年、山直中学校サッカー部顧問、松田篤人が山直中学校を拠点とした山直フットボールクラブジュニアを発足。平成10年、その保護者会を含めて山直中学校ナイター設備準備委員会が発足。皆の協力でナイター設備を実現し、「山直の子どもたちを応援しよう！」という機運が高まる。体育指導員や学校関係者を含め、多くの賛同を得て、総合型地域スポーツクラブとなる。現在ではNPO法人格を取得し、totoの助成により様々な事業展開を試みている。

4. **クラブの特徴**
   あらゆる場面で、「だんじり祭」的な岸和田市民の力強さを感じることができる。特に盛大な行事を企画・実行する力は優れている。「山直筋肉番付」「伊達公子さんのキッズテニスとトークショー」など、出来る限りの軽い負担で、人々を魅惑しようする優れた経営手腕を実感できる。また、「みんなで山直の子どもたちを応援しよう！」のスローガンのもと、保護者会のサポーターズクラブ育成にも力を入れ、成熟した市民意識の形成を強く意識している。

5. **会員数**
   現在約400名

6. **実施事業（活動内容）**
   ◆スポーツ系サークル8種目
   サッカー（U-15, U-18, U-35）、バスケットボール（中学3年以下）、バレーボール（中学3年以下）、柔道（中学3年以下）、トータルスポーツ（小学1年〜4年）、キッドピクス（幼稚園年中〜小学6年）エアロミックス（社会人男女）、健康美体操（社会人男女）

   ◆スポーツ教室
   年2回（前期・後期）、各種大会・イベント、種目内交流会、種目間親睦会、健康相談・体力診断など実施
   ◆広報誌の発行（事務局通信、クラブ新聞『ドリーム』）

7. **活動施設**
   山直中学校、山直北小学校、城東小学校、山直南小学校、飛翔館高等学校

8. **財源**
   入会金5,000円（一家庭）、年会費8,000円（一種目）、種目別会費、指導者派遣謝金、クラブスタッフ講演費、視察対応資料代
   サッカーくじ助成800万円、笹川財団

9. **運営組織と指導者**
   クラブ代表、事務局、コーチ統括、種目代表統括、U-18統括などから12名のクラブスタッフを構成。
   クラブの日常的な事務は事務局員の2名とクラブマネージャー1名が担当。
   クラブハウス受付時間は月〜金9：00〜12：00。
   指導者約36名

1. はじめに

「スポーツ振興基本計画」では総合型地域スポーツクラブの育成を最重点施策として打ち出しており、さらに、組織としての権利・義務の主体として、地域や行政から信頼を得る意味で、NPO法人資格を取得するように推奨している。また、(財)日本体育協会の「21世紀の国民スポーツ振興方策」においても、総合型地域スポーツクラブの育成は重要方策として挙げられており、「するスポーツ」ばかりでなく、「支えるスポーツ」の振興という新しい柱を打ち立てて、スポーツボランティアの育成とその組織化を目指している。本章で紹介する山直スポーツクラブは、NPO法人資格をいち早く取得しており、「支えるスポーツ」の仕組みづくりに関しても非常に参考になる事例である。

2. 山直スポーツクラブの創設過程

山直スポーツクラブ創設の発端は、サッカー指導で実績のある松田篤人さんに、地域のサッカー少年団の面倒を見て欲しいという地域住民の願いであった。1994年のことである。その当初から夜間照明のないグラウンドの不便さが問題となっていた。当時、山直中学校の技術科教員であった松田さんは、1998年11月に保護者会とともに、山直中学校ナイター設置準備委員会を発足させ、夜間照明設備の設置を巡って行政と正式に交渉を始める。行政側は、一つのスポーツクラブのためだけに設置することは難しいが、総合型地域スポーツクラブであれば、了承も可能という最終判断を提示する。松田さんは、Jリーグ活動などを通じて、すでに総合型地域スポーツクラブの知識を持っており、クラブネッツで総合型地域スポーツクラブ事業を推進している大学研究者とも交流があった。1999年3月に、地域の体育指導委員と学校側の賛同を得て、総合型地域スポーツクラブの発足に正式に動き始める。その4月には設立総会が開かれ、同時に保護者会の募金活動が実って、夜間照明設備の設置を実現させている。「夜間照明を皆の力で獲得した」という体験は、関係者に大きな充実感を与え、総合型地域スポーツクラブの発足の大きな原動力になった。5月には、山直スポーツクラブ運営委員会が発足し、8月には文部省の「地域スポーツ交流推進事業」の委嘱を得ている。「推進事業」の趣旨（幅広い住民の参加と楽しさを体感できる利用形態、社交の場としての機能、等）に鑑みて、その8月には、「山直筋肉番付・ペタンク大会」を開催している。

松田さんは、こうした創設の経緯を振り返りながら、総合型地域スポーツクラブを実現するためには次のようなことが重要であると語ってくれた。「地域のニーズ」「有能なスタッフ」「内部組織の充実」「外部からの信用」「ビジョン」である。松田さんは、さまざまな総合型地域スポーツクラブの先行クラブの代表者と交渉を持って、「良い指導者を選ぶことが良いクラブにする絶対条件」という見解を早い時期から確信していた。「あの人に教わりたい」という気持ちをいだかせることのできる指導者こそが、クラブの発展を支えるとい

う考えである。元来サッカー指導に実績のある松田さんこそ、そうした人物であり、それゆえに保護者会の絶大な信頼と協力を獲得していた。松田さんの指導者としての高い資質が、総合型地域スポーツクラブを生む原動力（地域のニーズ）を掘り起こしてきたといえる。

　松田さんは、実際に、エアロビクスや健康美体操などの有能な指導者をボランティア協力者として招き入れることに奔走した。そうしたスタッフの魅力はスポーツクラブである以上欠かせないものであるという。内部組織の充実に関して特徴的なのは、少年団の保護者会設立に力を入れている点である。「みんなで山直の子どもを応援しよう」という独自のビジョンに基づいて、スポーツを支える人たちを積極的に組織化しようという試みである。これは後述するさまざまな事業創造のたまものでもある。外部から信用を獲得する方法としては、PRパンフレットやプロモーションビデオづくりなどの試みから、皆の注目を集める大きなイベントの開催、そしてNPO法人格の取得と、発展的に展開している。こうした

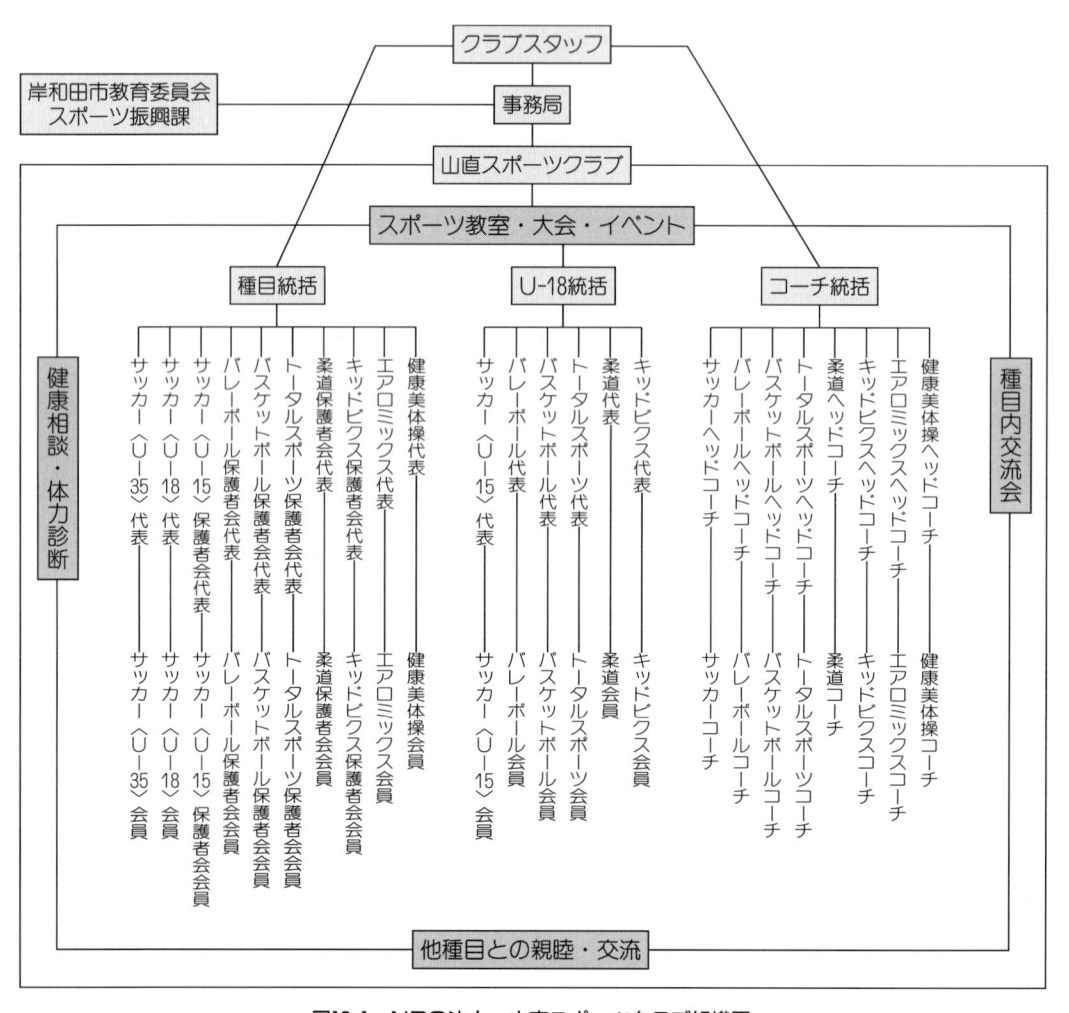

図10-1　NPO法人　山直スポーツクラブ組織図

外部からの信用を集めようという試みが、内部の団結を強めるという効果もあげている。

　松田さんが語る最も重要な点は「ビジョン」である。面会の折には、「遠い将来にはJリーグチーム岸和田を創りたい」など、破天荒な夢も語ってくれたが、こうした大きな夢がないと皆の力を結集することはできないという。元来、夜間照明の設置自体、半分は夢物語だったという。皆の気持ちを集約するビジョンこそが最も大切だと語ってくれた。松田さんの語るビジョンには、「成熟した市民意識」とでもいうべき、大きな特徴がある。「みんなで山直の子どもを応援しよう」というスローガンにも、受け身的でない、能動的な生き方（世界観や人生観）が表れているが、そうした「成熟した市民意識」自体を、松田さんはサッカーの人脈から培ってきている。松田さんは、宮城県の塩竈フットボールクラブを訪問し、多大な影響を受けたことを以下のように語っている。

> （塩竈の小幡さんは）「今まで市民は何事も行政に任せすぎであり、税金を使って作った施設を自分たちで守ろうという気持ちがない」と言われました。私も少しこたえましたが、具体的にはどうすればいいのかわからないのが現状です。そこで小幡さんが試みたグランド整備のお話を紹介します。……行政によって作られたサッカーグランドは、現在は素晴らしい芝生ですが、完成した当時は芝生がすぐ枯れてしまい、ひどい状態だったそうです。行政が放置したままなので、小幡さんが地質調査をしたところ、粘土状の土に芝生を植えているので水はけが悪く、溜まった水が湯になり枯れてしまうことが分かりました。その写真を持って市へ意見しに行ったところ、設計する人はスポーツに全く無知で利用団体の意見を聞かず、モニュメント的発想を重視してしまったとのことでした。行政のその後の処置として7,000万円かけて修繕するという話に、小幡さんは自分たちで手入れしたいと申し出たそうです。結局600万円で済み、……それ以来、行政は市民の声に耳を傾けてくれるようになったそうです。
> 　　　　　　　　　　　　　　　　　　　　　　　　　　（事務局通信№2、1999.9）

　山直スポーツクラブ以外の内容を長く引用してしまったが、続く事務局通信3号では、「公共施設の利用者が自己中心的であってはならないこと、わがままを通すだけではなく、共に環境づくりに協力する立場が重要であること」などが主張され、山直の学校開放に感謝するとともに、施設を大切に利用しようと述べられている。ここには、学校を「皆の税金で造った皆のための施設」とする「成熟した市民意識」を明確に捉えることができる。それは「あくまで低料金で参加でき、大人も社交の場となるようなクラブ」というクラブ理念にも反映されている。

3. クラブアイデンティティを高める事業創造

　山直スポーツクラブは、当初からボランティアネットワークに欠かせない「成熟した市民意識」を培っているといえるが、そうしたビジョンがクラブメンバーに共有されることが最も難しい課題であるだろう。松田さんは、そうしたクラブアイデンティティ（一体感）の創造にもたぐい稀な才能を発揮している。事務局を引き受けている藤波久美子さんは、朝日新聞に山直スポーツクラブが紹介された後、次のように謙虚に語っている。

> 　言うまでもなく、山直スポーツクラブは決して完成されたクラブではありません。これからクラブ種目を増やし、指導者を充実させていくことはもちろんですが、各クラブ同士の交流の場を持ち、全員が同じ「山直スポーツクラブの会員である」という意識が持てるように方向づけて行きたいと考えています。
> 　　　　　　　　　　　　　　　　　　　　　　　（事務局通信　第4号、1999.12.22）

　こうしたアイデンティティ形成に大きな力を発揮しているのは、祝祭的なイベントである。その足がかりは、総合型地域スポーツクラブ発足に伴って行われた、1999年8月の「山直筋肉番付・ペタンク大会」である。イベント実行委員長の武藤紳一郎さんは次のように語っている。

> 　夏の午後の暑さがたっぷり残る時間からの開催でしたが、徐々に集まり、300人を越える人手になりました。とりたてて事前に参加者数の確認もしませんでしたので、いざ始まってみるまでどうなるか全くわかりませんでした。これだけの人が集まるのは、やはり、日頃の各スポーツが楽しく地道に取り組まれてきている結果だと思います。イベントそのものは誰もが楽しく取り組めるものをということで、6つのスポーツにそれぞれコーナーを担当していただきましたが、どのコーナーもとても盛況でした。終了予定の7時近くになっても各コーナーの並ぶ列が絶えることなく続き、やむなく終了しました。また今回はイベントのもう一つの目玉としてペタンク大会も行いました。スポーツ指導員協会のみなさんのご協力で開くことができましたが、幼児から高齢者まで同じルールのもとに、チームを作って、トーナメントで熱の入った歓声も聞こえるミニ大会になりました。今回のような取り組みをすることでスポーツ愛好者の輪がさらに広がれば素晴らしいことと思います。……準備に当たっていただいたスタッフの皆さん本当にありがとうございました。
> 　　　　　　　　　　　　　　　　（山直スポーツクラブ新聞　ドリームNo.2、1999.10.2）

　この行事は、日頃学校施設を利用しているクラブ員が運営スタッフとなり、地域の人たちへお礼をしよう、という趣旨で開催されている。松田さんによれば、いろいろなクラブメンバーが集まれば知恵も出るし、予想以上に皆が盛り上げてくれたという。運動会と違って、事前のチーム決めや出場メンバー決めなどの手間がかからず、経費も低料金でできるという。もちろん、イベントの実現には、岸和田市スポーツ振興課、スポーツリーダークラブ、テレビ岸和田、スポーツ用品店に加え、中学校側の協力も必要であり、多くの準備会議を経ている。クラブ指導者とクラブ員、保護者会との連携で成功を実現させている（「事務局通信」No.2）。保護者会からこのイベントの企画委員となった柏原聖奈子さんは、次のように述べている。

> 　山直スポーツクラブには長男がお世話になっております。上手下手は別として、サッカーが大好きで子どもらしい夢を持っているようです。夢を持つ子どもが少ない中、素敵な夢を持たせて下さったコーチの方々には、練習日のたびに感謝しております。その感謝の気持ちを表す為に、何かクラブの役に立てればと企画係を受けさせていただきました。
> 　　　　　　　　　　　　　　　　（山直スポーツクラブ新聞　ドリームNo.2、1999.10.2）

　ここには、塾や民間スポーツクラブの場合のような〈お金を払ってサービスを買う〉と

いう経済的関係以上の社会的つながりを読み取ることができる。確かにお金を払ってクラブに子どもを預けているのであるが、保護者もそのクラブに貢献する一人として参与しているのである。極めてささやかな出来事ではあるが、「成熟した市民意識」を担うボランティアネットワークの端緒を感じ取ることができる。

総合型地域スポーツクラブの発足の初年度末である2000年3月には、「伊達公子キッズテニスとトークショー」という一大イベントを開催している。クラブ内の誰もが伊達さんとコネクションがなく、松田さんが「伊達さんを呼ぼう！」と言い始めた当初は、誰もが実現不可能だと感じたという。そんなゼロからの出発は、のちのち「なんとか力を合わせれば、何でもできる！」とクラブ員たちに事後的に語られることとなる。1月19日の事務局通信では、次のように予告されている。

> 伊達公子さんの講演会の件ですが、四苦八苦の末、ようやく日程が決まりました。3月6日（月）午後6時〜8時、場所は山直中学校体育館です。体育館の収容人数に限りがあるため、山直スポーツクラブ員は無条件で入場できますが、一般の方には、往復葉書による参加申し込みをして頂き、責任抽選の上、通知する形となりました。詳しくは岸和田市広報、アップルニュースに掲載されます。
> （事務局通信　第5号、2000.1.19）

しかし、その次の号までに会員からさまざまな意見が寄せられることとなる。松田さんによれば、当日の警備員などの費用を含めて200万円というお金が必要であったこともあり、イベント開催の意義など、会員からさまざまな声が出たという。2月23日付けの「事務局通信」ではそうした趣旨説明が掲載されている。

> 「何故イベントにこんな大金を使うのか」会員の皆様にご説明致します。山直スポーツクラブは国より委嘱金として430万8千円をいただいております。それは1年間でスポーツクラブの基盤づくりや、地域振興に生かし、使い切るおカネとして申請していたものであり、本部費やイベント費などの項目に分け、年度末に事業報告することになっています。お金は下りてきたものの、使用目的として「備品購入」の項目がなく、たとえばトランポリンやボールなどの運動用具やコピー機などの事務機械を購入することはできません。物としてクラブに残ってしまえば所有権の問題が起こってくるというのです。しかし、運営のための通信費や視察旅費、イベント費などには使用できるという、使い方の難しさを踏まえての今回のイベント計画なのです。私たちはこのお金をいかにして地域に還元して行くかを考え、会員だけでなく、岸和田市民のスポーツクラブの意識レベルを高めるために、また皆様に喜んで頂けるイベントを行いたいという気持ちから、伊達公子さんを呼び、無料で参加して頂けるような企画を組んだ次第です。もちろん、人気のある伊達さんを呼ぶことで山直スポーツクラブを知ってもらい、会員の増員を図りたいということも目的の一つです。
> （事務局通信　第6号、2000.2.23）

松田さんを中心とした事務局側のビジョンは、会員全体にそう簡単に浸透するものではない。丹念に時間をかけて説得していく作業が重ねられており、それは日頃のスポーツ指導という献身的活動実績に支えられて、理解を獲得していると言える。このイベントは、

予想以上に盛会となり、クラブ員に至上の充実感を与えている。クラブの企画委員・広報委員は次のように語っている。

> 天候が気になっていたのですが、天気に恵まれ当日は寒さも幾分か緩みホッとしました。中学校の体育館ということで前日からの準備ができなかった為当日16時からの準備となり、皆さんそれぞれの設営に時間との戦いでした。中学生のバスケット部女子とサッカー部がお手伝いをしてくれてテキパキと仕事をこなしてくれていました。この中学生の子ども達がお手伝いをしてくれたからこそ時間通りに進行できたと言っても過言ではありません。……第一部のキッズテニス（トータルスポーツのクラブ員が参加）では子ども達が伊達さんと大はしゃぎしながらテニスを楽しみ、スポーツを楽しむ姿を見ていると、こちらの方まで伊達さんと一緒にテニスをしている気分になるほどとても充実したひとときを過ごすことができたと思います。これは余談ですが、トータルスポーツのあるコーチの方が「この子ども達も（指導内容次第で）やればできるんだ」と、にが笑いしておられました。第二部のトークショーは最初の質問コーナーで子ども達にも活躍してもらったお陰で、和やかなムードで始まり、伊達さんの子ども達への細やかな心使いが、とても暖かく感じられたと思います。松田先生との対談では、伊達さんのスポーツに対する考え方、又これからの方針など山直スポーツクラブが目指す方向と共鳴し合っていることがよくわかりました。一人の親としてもクラブでの活動は、スポーツの技術を習得するだけではなく精神力をも鍛錬する場であって欲しいと願っています。……本当に大変な企画だったと思います。実現できるだろうかと思い、松田先生はいったい何を考えているのだろうと思ってしまうほどでした。でも、この先生の吸引力に引っ張られた企画委員、実行委員の方々、その他お手伝い下さった方の協力のおかげで盛大なうちに幕が閉じられたことは、本当によかったと思います。　（山直スポーツクラブ新聞ドリームNo.7、2000.3.29）

また、事務局の藤波さんは次のように語っている。

> （伊達さんの講演会は）500人を動員し、事故やケガ人もなく無事終えることができました。この一日のために本当にたくさんの方々が、一丸となってあらゆる方面の仕事をこなして下さいました。特に企画委員の柏原さん、後藤さん、上田さんの肩にはこの大イベントの成功という重い荷物がどっしりと積まれ、プレッシャーに押しつぶされないかと心配でしたが、見事にやり遂げて下さいました。また実行委員の方々も当日はもちろんのこと、準備段階から企画委員をサポートし、素晴らしいチームワークでこの企画を成功させて下さいました。椅子や平均台を運んでくれたお父さん方、バスケ部やサッカー部の子ども達、まだまだお礼を言いたい人が山ほどいます。……伊達さんの講演会が決まってからの3か月間は、私たちにとっては焦りと不安が交錯し、息がつまりそうな毎日が続いていたので、片づけが終わって抱き合ったとたん、どっと熱いものが込み上げ、力が抜けていったのを覚えています。行き届かない点も多々あったと思いますが、もちろんしっかりと今後に向けて反省会も行いたいし、経験を活かして行くことが大切だと思っています。来年度もイベントを企画していますので、また皆様のご協力をお願い致します。　（事務局通信　第7号、2000.3.29）

以上の記述から、このイベントを通じてクラブ内に大きな一体感が生み出されたことが見てとれる。それは単に親密さが増しただけにとどまらない。いわば、松田さんのビジョンが広く共感され、クラブの目指すもの、「成熟した市民意識」に基づいたボランティアネットワークとしての意味的なものまでが、歓喜のうちに皆に実感されているといえるだろ

う。総合型地域スポーツクラブとしてのクラブアイデンティティの形成にこうしたイベントが大いなる力を発揮しているといえる。2000年7月には前期「スポーツ教室」、8月には第2回の「山直筋肉番付」、10月には後期スポーツ教室を開催し、11月には「中垣内祐一バレーボール講習会とトークショー」を実現している。少しずつ行事をものにし、着実に力をつけながら、総合型地域スポーツクラブとしての質を高め、同時に地域住民の信頼を獲得している。2001年3月にはNPO法人格説明会を開き、設立総会を開催し、その7月に大阪府よりNPO法人格を取得している。

事務局を引き受ける藤波さんは、いち早く「成熟した市民意識」に目覚めた一人である。

> 先日ドリーム（クラブの新聞）に載っていた雨の中でのサッカー（中学生）の試合を私も見ていました。ちなみに息子は小学四年生で、もちろん出ていないのですが、強豪相手なのでどうしても応援してあげたくて出かけました。そして、どろんこになってプレーする子ども達の真剣な表情を見て、胸が熱くなり、逆に私の方がエネルギーをもらって帰って来ました。ドリームにバレーやバスケの子ども達の作文が載っていましたが、スポーツに対して一生懸命頑張っている様子や指導者の方の熱心さが感じられ、とても嬉しく思いました。保護者の皆さんも、試合だけでなく、できれば練習にも顔を出してあげて下さい。お父さん、お母さん同士の交流、また指導者の意図を理解する良い機会になると思います。もっと枠を広げて考えれば、「山直スポーツクラブ」のサポーターとして子どもさんが所属しているクラブ以外のクラブも、のぞきに来てもらえるようになってくれればいいなあと思います。
> 　　　　　　　　　　　　　　　　　　　　　　　　（事務局通信　第6号、2000.3.23）

こうした藤波さんの発言には、「自分の子どものためのクラブ支援」から「地域の子どものためのクラブ支援」へ、という大きな飛躍が語られている。少年団保護者のサポーターズクラブという、なかなか実現しにくい社会関係も、前述のイベントでの共感を考えあわせれば、確かに可能であるだろうと感じることができる。藤波さんは我々と面会の際、次のように語ってくれた。

> 当初の保護者達は、自分も含めて、学校に子どもを預けるようにクラブに子どもを預けるという感じだった。手伝いも何かしらダルいという感じ。しかし次第に子どもをここに預ければ安心、手伝いも楽しくなったという人が増えてきていると思う。私自身今では子どもが卒業しても、少年団の子ども達の名前と顔が一致するし、「私のクラブ」と感じられるから、試合の応援にも行きたいと自然に感じられる。
> 　　　　　　　　　　　　　　　　　　　　　　　　　　　　　（インタビュー、2002.5.11）

こうした藤波さんの言葉には、松田さんのビジョンが絵空事ではなく、現実として形となっていると実感できるのだった。今、日本中で必要性が訴えられている「地域の教育力」がそこに展開していると感じる。「地域の教育力」とは、個々の親が教育に関心が深いというだけではダメであろう。互いに議論し行動しあう社会的ネットワークがあって初めてその存在が実感されるのではないだろうか。山直スポーツクラブのこうした姿には「すでに始まっている未来」というような大いなる可能性を感じずにはいられない。

山直スポーツクラブが、「成熟した市民意識」に基づいたボランティアネットワークとい

うアイデンティティを、自らの事業創造から鍛え上げている点は注目すべきである。
　以上の考察から、総合型地域スポーツクラブを育成するための留意点を整理してみよう。

①「成熟した市民意識」に支えられたクラブ全体のビジョンとその共有

　山直スポーツクラブが魅力的であるのは、関係者の活動が「成熟した市民意識」に支えられている点にある。そうした新しい世界観や人生観はたやすく広がるものではないが、山直は先行事例への視察などからそれを確かなものにしている。総合型の育成にあたって、ボランタリーマインドに満ちた人々との交流を深める方途は欠かせないものであろう。90年代日本のボランティアブームには、企業のフィランソロフィーとしての社員派遣が大きな貢献を果たしたと言われる。積極的なボランティア研修なども試みる価値があるだろう。たとえば「地域貢献」や「地域の子どもたちへの支援」というようなボランタリー精神に支えられたビジョンがなければ、総合型を実質的に必要とするようなニーズは得られない。新たなビジョンに支えられた活動が、実質的に意味あるものとして皆に共感されるとき、真に総合型の存在意義が確かめられるといえるだろう。

②総合型を構成する各クラブ内の活動と人間関係の充実化

　総合型といえども、そこに参与しようとする意欲が持続するためには、参加者にとって魅力的な活動がそこに展開されていなければならない。日常的なクラブ活動が参加者に充実体験を与えるものである必要がある。山直では、有能なスポーツ指導者が必須であると捉えられていた。事務局の藤波さんによれば、サッカーなど少年団活動では、保護者のサポーターズクラブなど人々の輪に深まりが見られるが、エアロミックスや健康美体操では、もっと参加者に交流の場を持たせたいとのことであった。日々の活動後にお茶の時間でも提案したいと語ってくれた。「有能な指導者に教わる」という関係は、かえってそれを越えた仲間づくりを難しくしているかもしれない。クラブ内の活動の充実は本質的に重要な要素でありながら、これまで軽視されてきた事柄であるかもしれない。

③総合型の各クラブ間の交流の充実化

　日頃から汗を流しながらつきあう各クラブ内の人間関係を越えて、各クラブ間でメンバーが交流を持つには、それなりのニーズが必要である。年間予算の審議など会議室での冷たい関係を越えて、真に仲間意識が生まれる契機が必要であろう。山直では、「山直筋肉番付」などの行事がそうした役割を果たしている。通常では互いに深く知り合いにくい人々が、共に協力して仕事を達成するには、明確なビジョンと、やるだけの甲斐がある仕事内容が提示されねばならない。そして最終的に苦労を重ねただけの成果を参与する人々が実感できなければならない。こうした事業創造には優れた経営手腕が必要であるだろう。総合型のアイデンティティ形成に必須の部分である。

④効果的な事業創造を担える経営能力を志向した人材育成

　山直をリードする松田さんは、日頃のスポーツ指導というテクニカルな面ばかりでなく、より大きなスケールで人々を惹きつけ、導いていく優れた経営能力をも持ち合わせた人物である。山直では、総合型全体の事業に関してアイディアを提示するのは、松田さんを中心とした事務局の一部であるという。多くの人々がさまざまに協力しあえる関係は形成さ

れているが、実質的にその舵取りを担っているのは松田さんである。その分、松田さんの仕事量は大変なものである。毎週さまざまな部会の会議に追われるという。次世代を担う人材の育成という意味でも、経営能力の育成を企図した事業が必要であるだろう。

4. おわりに

　山直スポーツクラブでは、クラブとしての毎日の地道な活動を持続し、時間をかけて仲間の輪を広げ、時に大きなお祭りを開き、そうした中で「成熟した市民意識」を育んでいる。松田さんは、山直スポーツクラブについて、「我々は既成のスポーツクラブの寄せ集めではない」と何度も主張された。「根本的に出発点が『自分のために楽しむクラブ』ではなかった」と述べ、「その点、全国の多くの行政担当者が視察に来られても、我々はあまり役に立てない」とも述べる。全国の行政担当者は、なんとか地元に総合型地域スポーツクラブを創り、NPOに育てたいと考えている。いわば初めから行政にオンブにダッコという形式に方向づけようとしているのではないだろうか。本章の前半に記した「成熟した市民意識」は、そうした行政依存体質の対極にある。クラブづくりを推進する行政関係者は、総合型地域スポーツクラブを創り、NPOに育てること自体が目標であるかのように半ば錯覚していないだろうか。山直スポーツクラブの実践から、現在のそうした根本的な考え方・方向性を問い直す必要があるように感じる。

　経営学者の田尾雅夫は、「真のボランティアは組織のために働くのではない」[1]という。「NPOがボランティアの活動を支える、あるいは彼らを育成するなどというのは、組織の思い上がりそのものである。ボランティアが真性ボランティアに近づくほど、NPOのような組織とは対立関係になるだろう。……NPOを育てるということは、その反面で、ボランタリズムの危機を招来することもある。……組織が組織らしい組織になればなるほど、自由な意図関心は圧殺される。それが組織である……性根を据えたボランティアが育って欲しい。そうして育ってきたボランティアが、その活動を支え展開するためにNPOを作ろうとするのであれば、それこそすばらしいNPOができる。今は何か議論が逆転しているようにみえる」[2]。田尾は、広く福祉の世界で行政がNPO設立を企図していることに苛立って、上記のような発言をしている。行政がお膳立てして設立したNPOは、ボランタリズムの危機すら招くという発言は極めて示唆に富んでいる。山直スポーツクラブは、ボランティアによって自生的に立ち上がった類い希なNPOであることは疑いない。今求められているのは、我々一人ひとりの市民意識の成熟であって、形としての「総合型地域スポーツクラブ」を整えることではない。いかなる機会を整え、いかなる場を開くことが、そうした望ましい発展につながるのか。我々は冷静に考えていく必要があるだろう。山直スポーツクラブは、そうした新しい思考に向けて多くのことを教えてくれている。

注
1) 田尾雅夫（2001）．「ボランティアを支える思想」．アルヒーフ．p.10
2) 前掲書．pp.10-11

第 11 章

ケーススタディ③
クラブを根づかせるマネジメント

[NPO法人戸畑コミスポ
(大谷コミュニティスポーツクラブ)]

― クラブ概要 ―

1. **設立年** 平成7年(平成14年NPO法人格取得)

2. **所在地** 北九州市戸畑区 戸畑体育館内

3. **設立の経緯（クラブ創設の母体となった組織や個人）**
    文部科学省（当時文部省）の総合型地域スポーツクラブ育成モデル事業の第1期事業認定を受けて設立。地域で活動していた多くのクラブを連合化して核を作り、スポーツ初心者教室や、イベントの実施によって徐々に会員を増やしていった。
    大谷コミュニティスポーツクラブとして設立したが、平成14年度にNPO法人格を取得し「戸畑コミスポ」に名称を変更、北九州市立戸畑体育館の運営委託を受け、さらに地域に密着した活動を目指す。

4. **クラブの特徴**
    法人格を取得し、行政からの直接的な援助は受けず、事業の企画運営などすべてを会員の自主運営にて行う。平成14年9月より市立戸畑体育館の運営受託を開始。クラブの拠点となる施設を持ち、今後も安定した事業展開を目指す。これまで大谷地区を対象にスポーツ事業を展開していたが、法人格取得により、戸畑区全域の地域住民を対象としたスポーツ事業の展開を図る（一部スポーツスクールは平成12年度から戸畑区全域に対象を広げている）。

5. **会員数**
    成人会員314名、子ども会員194名、合計508名（平成14年10月現在）
    会員内訳　10歳未満4名、10代127名、20代22名、30代59名、40代89名、50代91名、60代132名、70代40名、80代16名、90代1名
    男275名、女386名
    合計661名（平成14年7月現在）

6. **実施事業（活動内容）**
    ◆スポーツ教室
    　テニス教室（初心者・上級）
    　卓球教室（月曜コース・木曜コース）
    　健康教室（ウオーキング他）
    　バウンドテニス教室
    ◆スポーツスクール（小・中学生対象）
    　卓球教室　陸上教室　バドミントン教室　空手教室
    ◆スポーツイベント
    　グラウンドゴルフ大会、クリスマス会、他

7. **活動施設**
    北九州市戸畑体育館、大谷中学校、大谷小学校、鞘ヶ谷小学校

8. **財源**
    年会費(成人1,000円、子ども500円、ファミリー2,000円)
    スポーツ教室参加費
    サッカーくじ補助金、諸団体寄付金など

9. **運営組織と指導者**
    クラブ会長、自治会長、クラブマネージャー、各部の部長・副部長、事務局、アドバイザー（学識経験者）の16名の理事によって理事会を構成。これに2名の幹事を合わせた18名がクラブ役員。理事長はクラブ会長。クラブの日常的な事務は事務局長を中心に4名のスタッフが担当。指導者は9名（サブを入れると30名）。

1. はじめに

大谷コミュニティスポーツクラブは、平成7年度に文部省の総合型地域スポーツクラブ育成モデル事業実施初年度に事業認定を受けて北九州市戸畑区に設立された。事業実施初年度の設立であったために、クラブづくりのお手本はほとんどなく、すべてが手探りでのスタートとなった。平成7年の設立以降、3年間のモデル事業実施期間、4年間の自主運営期間を経て、平成14年度には特定非営利法人格（NPO法人格）を取得し、さらに地域に根ざしたクラブとして活動している。なお、法人格の取得に伴い、クラブ名称を「戸畑コミスポ」と変更しているが、本章では「大谷コミスポ」の名称を用いることとする。

また、大谷コミスポのある福岡県では、平成11年度より3年間「広域スポーツセンター事業」の委嘱を受け、積極的に総合型地域スポーツクラブづくりの支援を行ってきた。本章では、大谷コミスポの事例をもとに、クラブを地域に根づかせるためのマネジメントについて検討したい。

2. 設立の経緯

大谷コミスポの設立は「連合型」（三菱総研，1996）と呼ばれる方式で行われた。連合型とは、地域で活動していた既存のクラブや団体の連合体を核としてクラブづくりをすすめる方法である。教育委員会の設立担当者は、クラブの設立にあたって、地域ですでに活動していた12種目35に及ぶ既存のクラブを「大谷コミスポ」という網の中に取り込んで、クラブの連合体をつくった。そして既存のクラブは大谷コミスポのクラブ内クラブのような位置づけでこれまでの活動を継続しながら、大谷コミスポの事業に参加していった。さらに、クラブは一般市民を対象にスポーツ教室事業やイベント事業を実施し、教室に参加した人、イベントに参加した人を会員として取り込みながら、発展してきたのである。

北九州市戸畑区の公共体育館、大谷中学校・大谷小学校・鞘ヶ谷小学校の開放施設を拠点施設として利用したが、それらの施設はコミスポの専用利用とはならず、スポーツ教室やイベントをそれらの施設で開催するにすぎなかった。また、公共体育館の一室を借りて事務室を設置した。

クラブの事業としては、まずスポーツイベント、初心者教室、スポーツ教室の開催を行った。イベント種目では、マラソンソフトボール大会、初心者教室ではレクバレー、9人制バレー、ターゲットバードゴルフ、グラウンドゴルフ、インディアカ、スポーツ教室ではゴルフ、社交ダンス、バドミントン、レクダンス、インディアカ、テニス、ボート、フラダンス、ニュースポーツ、ダンベル体操、健康教室、健康体力相談など多岐にわたった。

図11-1には、大谷コミスポ設立時の組織図が示されている。クラブは、運営委員会を意思決定機関とし、事務局をその下に位置づけた。活動を支える部会としては「成人活動部会」「少年育成部会」「地域活動推進部会」そして「広報研修部会」の4部会を設置し、そ

れぞれの部会の部長、副部長には、実際に地域で活動をしてきた住民が選ばれ、部会の代表として運営委員会のメンバーに加わった。元区長をクラブ会長とし、地元の4自治会の会長を副会長とした。

　設立当初のクラブの財政は、文部科学省と北九州市からの補助金1,300万円によって支えられ、金銭的な負担なしに、一人でも多くの人にクラブに入会してもらうために、入会金やクラブ会費は無料でスタートした。

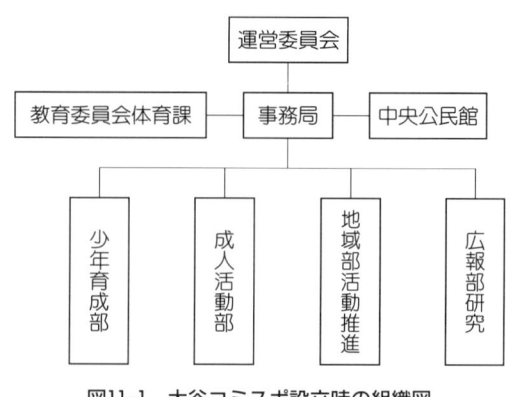

図11-1　大谷コミスポ設立時の組織図

3. 大谷コミスポの定着と運営上の転換期

(1) モデル事業の認定から自主運営へ

　大谷コミスポは、平成7年度に設立されて以降、2度の大きな運営上の転換期を迎えている。ここではコミスポがそれらの転換期をどのように乗り越えたのかを検討してみよう。1度目の転換期はクラブ設立の3年後である。クラブの設立は、文部科学省（当時文部省）の3年間のモデル事業認定を受けて行われたために平成9年度で補助金は打ち切られ、平成10年度から自主運営での再スタートを切った。大谷コミスポが、文部科学省と北九州市から受けていた補助金は1,300万円で、補助金の終了は大谷コミスポの存続にとって大きな問題となった。運営委員会では、自主運営検討委員会をつくってクラブを継続するかどうかの原点に立ち返って議論を行った。その結果「せっかくここまでやってきたのだから、何とか自主運営で継続させよう」と言う声が大半を占め、クラブを存続させる方向で意見の一致をみた。

　この段階で「せっかくやってきたのだから」という意見が聞かれたのは、運営委員の人選によるものが大きい。文部科学省のモデル事業実施に当たっては、公金を執行するという性質もあって、行政の担当者がクラブづくりを進めているところが多く、「モデル事業3年間を行政が担当し、事業終了を期に市民の自主運営への移行を試みるがうまくいかない」といった問題を抱えるクラブも少なくない。しかしながら大谷コミスポの場合は、4つの部会の会長を中心に地元で実際にスポーツ活動を行っている人が、設立の企画段階から関わっていたことで、クラブへの愛着やクラブへの思い入れといったものが運営委員の中に育っていたのである。

　運営委員会では自主運営によるクラブの存続を決定したが、そこには大きな2つの問題が横たわっていた。それは財政的な側面と、人的な側面である。それまでモデル事業認定期間は会費を徴収せず、一人でも多くの人にクラブの良さを理解してもらおうという「会員拡充戦略」を選択していた。しかしながら自主運営に当たっては、財源の確保のために

どうしても会費を徴収せざるを得なかった。新たに会費を徴収するに当たって、会員からは「年会費500円程度なら払える」といった格安論から「クラブを存続するために3,000円から5,000円程度でも払おう」という意見まで聞かれた。具体的な金額については自主運営検討委員会で議論した結果、年間500円の会費を徴収し、活動にかかる経費はスポーツ教室などの事業への参加のつど徴収することとした。最終的に年間500円に決定した背景には、自治会費を参考にしてあまり高い金額は徴収しないように配慮したこともあった。

しかしながら年会費収入だけでは十分な財源を得られないと判断し、大谷コミスポは北九州市に対して継続的な財政支援を要請した。行政が作り出したクラブなのだからということを理由に、ある程度継続した行政の支援を要請したのである。そのような要請に対して北九州市は「モデル事業の終了後は特定のクラブだけを支援することはできない」としながらも、補助をすべて打ち切るのではなく、自主運営初年度は100万円、2年目は70万円、3年目は50万円、4年目以降は打ち切りという「サンセット方式」での助成を約束し、モデル事業実施時と比較すれば十分とはいえないが、一応の財政的めどをつけることができた。

大谷コミスポの自主運営における2つ目の課題は人的側面である。モデル事業実施時には、公民館の職員が出向して事務局運営を担当してきた。しかしながら、自主運営になれば市の人的な支援もうち切られることになる。コミスポは北九州市に、財政支援と同時に人的支援も要請したが、こちらは断られた。事務局という、事実上クラブ運営を切り盛りしてきた部署を失った大谷コミスポは、正副部長会議を新たに設置し、細かい運営上の課題を解決してきた。その後運営を続けるにつれて「大谷コミスポは総合型という新しいコンセプトのクラブであり、クラブの将来構想を含めて、現実的な運営課題の処理に追われない戦略部門の設置が必要ではないか」という意見が聞かれた。そこで組織図上で事務局のあった場所に、クラブの実質的な舵取りを行う「総務委員会」を平成11年に設立させた。この委員会は、大谷コミスポの運営上は非常に積極的な位置づけを与えられ、総合型クラブとしてのあり方を含めてクラブの将来の舵取りを行うことを期待されている。

以上のような課題解決のプロセスをたどりながら、大谷コミスポはモデル事業を終了し、行政の手から離れた自主運営のクラブとして"よちよちあるき"を始めたのである。

(2) 自主運営から法人格の取得へ

大谷コミスポ運営上の第2の転機は平成14年度に訪れた。福岡県は大谷コミスポの自主運営が始まった平成10年から、文部省の「広域スポーツセンター事業」の委嘱を受け、福岡県全体で総合型地域スポーツクラブ設立・育成支援を積極的に推進することになった。自主運営化し、将来の方向性や運営の安定化を模索していた大谷コミスポにとってはまさに追い風となった。そして平成13年に北九州市教育委員会から、大谷コミスポの拠点施設である公共体育館の運営委託の打診があった。北九州市では「都市整備公社」という市の外郭団体が公共スポーツ施設の管理運営を市からの委託を受けて行っているが、大谷コミスポが行政からの委託金を受けながら、体育館の管理運営業務の再委託を受けるというも

のである。そしてそのための条件として、できれば法人格を取得してほしいとの要請があった。

さらに平成14年にはサッカーくじ（toto）による助成金交付事業が開始された。この助成金をクラブとして申請するためには、法人格の取得が条件とされたのである。この2つの条件が重なり、大谷コミスポは体育館の管理運営委託の受諾と助成金の獲得を目指して、「特定非営利活動法人　戸畑コミスポ」として再出発することを決定した。

大谷コミスポは、法人格の取得の申請に当たり、クラブの輪郭に関する考え方の変更を行った。これまでは、コミスポは運営委員と約600名の登録された会員をもってクラブという考え方をしていた。しかしながら、この600名をすべて会員として法人格を取得すると、総会には600名が参加し、600名で意思決定を行う必要がでてくる。この事実上の煩雑さ、困難さから、運営委員を構成する36名をもってクラブ（社員）とし、クラブが会員である市民、および会員以外の市民に対してスポーツ事業を行うという二重構造の組織への再編を余儀なくされた。

法人格の取得によって運営の透明性、継続性の確保を目指し、体育館の運営委託を受け、それまでの「大谷」という一中学校区から地区全体への範囲を広げるべく「戸畑コミスポ」に名称を変更して、さらに社会的信用の高いクラブとしての道を歩みだした。

4．会員によるクラブ評価——会員のアンケート調査の結果より——

実際にクラブの会員は、クラブの存在や運営についてどのように考えているのだろうか。大谷コミスポでは、会員を対象に質問紙調査を実施した。調査は大谷コミュニティスポーツクラブの会員名簿の中から、平成12年度の年度会費500円を納入した会員400名に対して郵送による質問紙調査を実施した。調査時期は、平成12年8月である。有効回答数は90、有効回収率は22.5％であった。また回答者の特性は、性別では、男性31.1％、女性68.9％、年齢は60代が34.4％と最も多く、ついで40代の24.4％で、平均年齢は54.8歳であった。回答者の居住年数は10〜19年が最も多く28.9％、ついで20〜29年の24.4％と続いた。職業では、主婦が38.9％で最も多かった。

(1) コミスポ入会による効果

表11-1には、大谷コミスポ入会による効果が示されている。調査では、表に示す各項目について、「そう思わない」「そう思う」「とてもそう思う」の3段階で回答を得た。表には、各回答のパーセンテージが示されている。

「人との交流が深まった」の項目は「とてもそう思う」の回答が38.8％と高く、「そう思わない」の回答も9.4％と非常に低かった。それに対して「運動する時間が増えた」「新しい仲間や友達ができた」「スポーツがより楽しくなった」などといった項目は、「とてもそう思う」の回答は上位にあげられているものの、「そう思わない」と回答した者も比較的多く見られ、回答者によってばらつきが見られる結果となった。「教室やイベントに参加する機

表11-1 コミスポ入会による効果（％）

項目	そう思わない	そう思う	とてもそう思う
人との交流が深まった	9.4	51.8	38.8
運動する時間が増えた	20.5	49.9	30.1
新しい仲間や友だちができた	19.3	48.2	32.5
ストレス解消や気晴らしができた	17.9	58.3	23.8
スポーツに対する関心が高まった	19.8	58.1	22.1
教室やイベントに参加する機会が増えた	38.1	40.5	21.4
スポーツがより楽しくなった	25.6	53.7	20.7
地域に対する関心が高まった	34.1	45.9	20.0
生活が楽しくなった	17.6	63.5	18.8
活動する場所の確保がしやすくなった	45.7	35.8	18.5
地域の活動により参加するようになった	39.3	44.0	16.7
スポーツ活動がしやすくなった	23.7	65.8	10.5
技能や記録が向上した	35.4	54.9	9.8
多くのスポーツ種目を行うようになった	59.5	34.5	6.0

会が増えた」「地域に対する関心が増えた」「活動する場所の確保がしやすくなった」では、「とてもそう思う」の回答よりも「そう思わない」と回答した者の比率が高い結果となった。

これらの結果を総合すると、会員の中でも効果を感じているかどうかについてはばらつきが見られる。クラブでの教室やイベントなどの活動に積極的に参加している者は運動する時間や仲間が増えている反面、クラブには加入しているもののそれまでの活動を継続しているだけであまり積極的ではない会員も存在すると思われる。特に、教室やイベント参加の機会や、活動場所の確保などは大谷コミスポの中心的な事業であるだけに、効果を感じていない会員が多くいることは、今後のクラブ運営に大きな問題提起となるだろう。

(2) クラブ所属に関する意見

次に、大谷コミスポへの所属に関する意見を表11-2にあげたような5つの側面、23項目について質問を行った。大谷コミスポは法人格を取得し、長期的に安定したクラブ運営を目指すことになった。その実現のためには、クラブ会員のクラブへの帰属意識を高めることが重要である。ここではクラブの所属について、愛着や共同体意識を持って積極的にクラブに所属しようと考える「帰属意識」の視点から質問項目を設定して調査を行った。

クラブへの安定した所属に関する項目では、「せっかく長い間所属してきたのだから、これからも大谷コミスポで活動したい」で「とてもそう思う」と回答した者の比率が高かった。大谷コミスポは調査の時点で設立後5年を経過しているにすぎないが、すでに「せっかく長い間所属してきた」と感じる会員が育っており、長期の所属がクラブへの愛着を高める要因となり得ることが示唆された。「安定した所属」で設定した多くの項目で、「とてもそう思う」の回答の比率が比較的高いことから、会員はクラブに安定して所属していたいと考えているのではないかと思われる。

クラブ運営への意欲や目標に関する項目では、「大谷コミスポの目標や規範は自分には受

け入れられる」でそう思う回答者が多く見られたが、「大谷コミスポにとって本当に必要であるならば、どんな仕事でもがんばる」「クラブにとって必要な役割や仕事は、休みの日であっても進んで引き受ける」ではそう思わない回答者の比率が高いことから、クラブへの運営への協力に関しては、消極的な会員の姿が浮き彫りにされた。

クラブへの共感・残留・共同体意識について、クラブに対する運命共同体意識やクラブへの積極的残留といった意識は高くないことが示された。

次に、クラブへの所属が自分にとって利益になるかどうかを考える功利的な所属意識においては、比較的そう思うと回答した者の比率が高く、愛着や情緒的な感情によるクラブへの所属と言うよりは、得るものを求めての所属意識が高い傾向が示された。

最後に人間関係に関する所属の項目では、地域のみんなで入会することは良しとするものの、友人や役員への気遣いからクラブに所属するといった傾向はあまり高くないことが示された。

表11-2 大谷コミスポへの所属に関する意見（%）

項目	そう思わない	そう思う	とてもそう思う
〈安定した所属〉			
大谷コミスポに所属していれば安心なので、他のクラブに移るなど考えられない	41.9	36.0	22.1
何か別にやりたい種目ができてもコミスポより小さいクラブには所属したくない	46.5	32.6	20.9
たとえ現在よりも良い環境が与えられても、大谷コミスポ以外に移る気はない	31.4	39.5	29.1
クラブの運営が難しくなったとしても、大谷コミスポに残りたい	41.7	36.9	21.4
せっかく長い間所属してきたのだから、これからも大谷コミスポで活動したい	16.5	43.5	40.0
運動やスポーツをする場所として、大谷コミスポより良いところはない	58.1	34.9	7.0
よそに移ってもどんな人がいるかわからないし、大谷コミスポに所属していたい	39.8	43.4	16.9
〈クラブ運営への意欲や目標〉			
大谷コミスポを発展させるためならば、人並み以上に努力する	39.3	46.4	14.3
大谷コミスポにとって本当に必要であるならば、どんな仕事でもがんばる	50.0	38.4	11.6
他のメンバーよりも大谷コミスポのために尽くそうという気持ちが強い	58.1	29.1	12.8
大谷コミスポの目標や規範は自分には受け入れられる	16.5	63.5	20.0
クラブにとって必要な役割や仕事は休みの日であっても進んで引き受ける	48.3	41.4	10.3
大谷コミスポの雰囲気や組織風土は自分の価値観や考え方によく合っている	33.3	51.2	15.5
〈クラブへの共感・残留・共同体意識〉			
大谷コミスポの役員の考え方や、クラブ運営のやり方には共感できるものが多い	22.5	61.3	16.3
自分の望む効果が大谷コミスポの活動から得られなくても、大谷コミスポに残りたい	51.2	37.2	11.6
大谷コミスポと自分は運命共同体のようなものだと考えている	81.5	14.8	3.7
〈功利的な所属意識〉			
自分の技術や楽しみを向上させられなければ、クラブにとどまるメリットは少ない	44.7	36.5	18.8
自分にとってやりたい活動が実施できないなら、大谷コミスポにいても意味がない	52.9	23.5	23.5
大谷コミスポから得るものがあるうちは、大谷コミスポに所属していようと思う	15.1	61.6	23.3
〈人間関係〉			
せっかく大谷コミスポに入るなら、周りの人みんなで入るのがよいと思う	37.3	45.8	16.9
運営に努力している人がいる限り、大谷コミスポに所属したい	20.7	59.8	19.5
大谷コミスポをやめると、役員や誘ってくれた人に悪い気がする	54.1	35.3	10.6
大谷コミスポの友達がやめたら、自分もコミスポをやめるだろう	77.6	15.3	7.1

(3) クラブ運営で今後強化・改善すべき点

次に、クラブの運営において、今後「強化すべき」あるいは「改善すべき」と考える点について質問を行った。この項目は、「まったくそう思わない」から「まったくそう思う」までの5段階で回答してもらい、「まったくそう思わない＝1点」から「まったくそう思う＝5点」として得点化した。表11-3には全回答者の平均点が、高い順に示されている

最も強化・改善してほしいと考えられているのは「活動の拠点となる場所・施設の確保」3.78、ついで「新しいクラブ会員の確保」3.50、「指導者・指導員の確保」3.48、「運営のための資金の確保」3.48、「大谷コミスポの宣伝PR」3.39となった。総合型地域スポーツクラブは、活動拠点施設を持つクラブであることが前提となっている。大谷コミスポは市立体育館や学校開放施設を利用して活動しているが、優先利用しているわけではなく、コミスポ会員といえども施設利用には抽選に参加しなければならない。このような点は今後の運営において改善されるべきであり、総合型の「拠点施設を持つクラブ」の意味を考え直す必要があるだろう。場所・指導者・資金の3要素は、現在の会員が安定してクラブに所属して活動を継続するために不可欠な要素であり、クラブへの帰属意識の「安定した所属」に直結する項目である。これらの回答から浮かび上がってくるのは、何はともあれよりよい活動環境を求めるスポーツ参加者の姿である。多くの会員はクラブに対して、まず安定したよりよい活動環境の保障を求めているのである。

表11-3　クラブ運営で強化・改善すべき点

項目	平均点
活動の拠点となる場所・施設の確保	3.78
新しいクラブ会員の確保	3.50
指導者・指導員の確保	3.48
大谷コミスポを運営するための資金の確保	3.40
大谷コミスポについての宣伝・PR	3.39
大谷コミスポの目標・方針の周知徹底	3.32
スポーツに関する会員への情報提供	3.31
大谷コミスポを運営するための会員の協力・支援体制の強化	3.31
大谷コミスポに対する会員一人ひとりの愛着心	3.29
大谷コミスポの運営に関する会員への情報公開	3.23
クラブ会員全体の結束力・団結心	3.21
クラブ会員同士のコミュニケーション（連絡・調整）	3.19
クラブハウス等、クラブ会員の交流を図るための憩いの場やスペースの確保	3.18
大谷コミスポが開催する教室やイベントの種類・内容の改善	3.16
クラブ会員の交流や仲間づくりのためのプログラムの企画	3.14
クラブ会員だけの特典やメリットの付与	3.07
活動する施設の利用システムの改善	3.04
行事の計画や施設利用等、クラブ運営に関する話し合いの場への会員の参加	3.02
大谷コミスポを運営する組織・スタッフの再編成	2.92
活動する施設の休館日・開館時間の延長	2.72

5. クラブ定着のためのマネジメント
──大谷コミスポから学ぶこと──

　これまで見てきたように、大谷コミュニティスポーツクラブは運営上の様々な経緯を経てきた。最後に大谷コミスポの事例から学ぶ点について、まとめてみたい。

(1) 運営組織

　全国の総合型地域スポーツクラブの設立事例は、文部科学省や自治体などの補助事業によるものが多く見られるため、行政職員による企画・構想の立案が見られる。公金の執行のためにはやむを得ない点もあるが、行政が作り出したものを地域に移行するのは容易ではない。そのためには、設立当初の段階から、地域住民や既存の組織の代表者を巻き込んだ形の運営組織を作ることが重要である。大谷コミスポの事例で、自主運営に移行する段階で「ここでつぶすわけにはいかない！」と言って運営委員が団結したのは、設立当初から運営に関わり、クラブに対して高い愛着を持っていたからである。

(2) 会費の徴収と金額

　これまで学校の運動部活動は無料で、地域スポーツは行政によって無料かかなり廉価で提供されてきた。そのため、スポーツにお金を払う意識が低い住民が、クラブ設立の阻害要因の一つにあげられることが多い。しかしながら、進化した消費社会の中で、きちんとしたサービスに対価を支払うことに慣れている人も少なくないと考えられる。大切なのはクラブ会員の支払う会費に対して、どのようなベネフィットが提供されるのか、会費に対するアカウンタビリティの徹底と思われる。大谷コミスポでは、モデル事業期間中は会費を無料にして、多くの人にクラブの良さを知ってもらうことを優先する「会員拡充戦略」をとってきた。しかしながら、自主運営段階において会費徴収の大きな壁にぶつかることになり、無料だったという経緯から、高額な会費徴収は行わず、年会費500円を徴収し、あとは教室やイベントに参加段階での参加料の支払いという形に落ち着いた（平成14年度には大人年会費1,000円）。クラブ会費としてある程度の金額を徴収し、事業毎の参加料を格安にする方がクラブとしての意識の向上には効果的とも考えられ、今後は、現在の会員に会費の重要性と使い道などの情報公開をして理解を求める「浸透戦略」へ切り替えていかなければならない。

(3) 既存の組織との関係

　大谷コミスポは、北九州市に設立された、都市型の総合型地域スポーツクラブである。そのため、町や村単位で設立されるクラブに見られるような、全町・全村あげての取り組みとは異なるために、体育協会やレクリエーション協会等といった全市的な組織や団体とは、直接的な関係を持たないで運営が行われてきた。自主運営への移行によって、教育委員会との間にも人の派遣や財源の援助といった直接的な関係は消滅している。従って、既

存の組織の全面的な援助は受けられない反面、組織間のコンフリクトに惑わされることなく運営を行ってきた。唯一自治会とのつながりは深く、地域の4自治会長はクラブの副会長を兼任してもらっている。自治会とのつながりを持つことで地域とのつながりを深めることができ、地域への定着において良い成果が上げられている。

しかし体育協会などの既存の組織との関係を持たないことによってコンフリクトの発生が避けられたとしても、その関係は必ずしも望ましいものとはいえない。例えば体育協会は競技力向上に志向した活動を行い、総合型クラブは健康づくりや楽しみ志向の事業を行うといった役割分担となる場合があるが、総合型クラブの会員は技術向上を期待していないわけではない。また、関係組織との連携を持つことによって、指導者の交流や支援、あるいは共催事業といった相乗効果も期待できよう。さらにそのような関係を持つことが総合型クラブの認知を広めることにもつながろう。今後、自治会だけでなく、総合型クラブの持つ公益性を広く認知してもらい関係組織との連携づくりが求められよう。

6. 大谷コミスポの今後の課題

最後に、大谷コミスポの今後の運営課題を「クラブライフの創出」「会員との関係性とクラブへの帰属意識」の2点から検討してみよう。

(1) クラブライフの創出——クラブマネジメント——

総合型地域スポーツクラブが目指すものは、地域スポーツの「クラブ」を作ることである。今後の大谷コミスポの課題の一つとしてクラブライフをどのように提供するか、といったクラブマネジメントに関する問題があげられる。大谷コミスポに限らず、多くの総合型クラブで提供しているのは、「スポーツ教室」と「スポーツイベント」、そして「スポーツ大会」など、これまで教育委員会や体育協会が企画してきたものとあまりかわらない事業である。教室やイベントを住民が主体的に企画・運営するということは、スポーツ参加の「お客さん」から「主体性をもった取り組み」への変化として歓迎されるべきだが、クラブが既存の事業を継承するだけでは、これまで問題とされてきた「日常的なスポーツ活動参加率の向上」にはつながらない。大切なのは、教室やイベントを通してどのように日常的な活動参加に結びつけるのか、その受け皿になるべきクラブライフの充実である。

(2) 会員との関係性の向上と帰属意識

大谷コミスポは、平成14年度にNPO法人格を取得し、「NPO法人戸畑スポーツクラブ」として一回り大きなクラブ運営を目指す。法人格の取得は、運営の透明性や継続性が求められ、「地区体育館の運営委託を受けるにあたり、できれば取得してほしい」との教育委員会からの要請に応じたものである。今後クラブ運営の継続性を高めるためには、クラブ会員のクラブへの帰属意識を高め、会員の凝集性を高めることが重要となることは本文中にも述べた。クラブ会員の凝集性を高めるためには次のような施策が考えられる。

①クラブ会員のベネフィット（便益）の明確化

　クラブ会員が会員としての凝集性を高め、クラブに対して帰属意識を持つためには、会員同士の相互作用を誘発することは重要である。参加者にとってのクラブの魅力は参加者同士の対人関係の魅力とオーバーラップする部分が多く、それはとりもなおさず会員同士の相互作用の中から生まれるものである。クラブハウスの存在は、このような相互作用を誘発する装置としても重要といえる。しかしながら、総合型地域スポーツクラブはこれまでのような相互依存や対人関係が緊密な小集団とは異なり、入退会が自由で公共性が高く、規模の大きなクラブである。従って、クラブ内の小集団の関わりを生み出すことはできても、すべての会員が相互作用を持ちつつ凝集力を高めるには限界がある。調査データからも明らかなように、クラブ会員はまず安定した活動環境の保障を求めている。会員の帰属意識を高めるためには、クラブ入会によって得られる「活動場所」や「指導者」または「資金」といったベネフィット（便益・利益）を明確に示し、会員としての継続意欲を高めることは安定したクラブ経営のための有効な戦略である。

②社会的アイデンティティの形成

　クラブ会員に対して、クラブのメンバーとしてのアイデンティティを育成することで、クラブへの帰属意識を高めるきっかけを作ることができる。たとえば、少年スポーツにおいては、スポーツに参加する自分としての「スポーツアイデンティティ」が育成される時期であり、その段階で「大谷コミスポ」というクラブに参加・継続されれば、スポーツのアイデンティティ＝大谷コミスポのアイデンティティが形成される。たとえば大谷コミスポというチーム名で対外試合に参加することによって、メンバーとしてのアイデンティティはさらに強くなるものと思われる。

③社会的魅力（社会的ベネフィット）の創出

　大谷コミスポの凝集性とクラブへの帰属意識を高めるためには、社会集団として魅力あるものにしなければならない。そのためには、会員が参加するスポーツ活動だけではなく、スポーツ以外の様々な活動参加の機会が考えられる。文化的な活動やパーティなどを取り込むことによって、スポーツは苦手だと感じている人にもクラブの存在が身近に感じられ、会員の活動の幅を広げることができる。さらに、高齢者や障害者福祉のための活動、ボランティア活動などへの積極的な参加、地域の祭りへの参加などによって、クラブの社会的評価が向上し、所属することに魅力を感じさせることができる。

④役員の世代交代

　長期にわたって安定した運営を行うためには、運営の役員の世代交代は将来直面すると思われる重要な課題である。いつまでも同じ役員が運営することは、事業やクラブそのものを「化石化」させるおそれがある。そのためには、運営委員会はうまくメンバーを意思決定に巻き込みながら、組織の風通しをよくし、作業を分担させる必要がある。役員の任期などを設定し、一定期間毎に改選していくことも一考に値するだろう。そのような組織風土が運営に関心を持つ会員を育てることにもつながる。

第 12 章

ケーススタディ④
クラブハウスを確保することの意味

1. 拠点としてのクラブハウスの役割

　神戸市内のある地域スポーツクラブを訪ねた際、代表者から次のようなお話を頂いた。

　「阪神淡路大震災の時、大きな被害に遭ったクラブ会員が、震災後1週間くらいからクラブハウスを訪れ、お互いの状況やクラブ会員の情報を交換したりしたんです。こんなプレハブのトイレもないようなクラブハウスに、明かりが見えたから寄ってみた……、誰かいるかもしれないと思って寄ってみた……と何人かが立ち寄るようになったんです。」

　現代を生きる私たちのライフスタイルの中で、このような大惨事に遭遇した場合、指定された避難場所以外に、このような心の拠り所となる場所が果たして各地域にあるだろうか。本章では、地域スポーツクラブの中でクラブハウスが果たす役割について今一度考えてみたい。

　わが国の多くの地域スポーツクラブは、学校体育施設や地域の公共スポーツ施設、さらに公民館、コミュニティセンター等を活動拠点としている。しかし、そこはあくまでもスポーツ活動のみを行う場にとどまっているケースがほとんどで、事務局機能の設備があるクラブはまだまだ少ない。さらに、スポーツの後にお茶やビールを飲みながらくつろいだり、仲間と相互交流を図り、思いを伝え合ったりする機会は、場所を替えて年に数回しかないのが現状であろう。しかし、特に、総合型地域スポーツクラブでは、多種目、多世代、多志向型の会員が所属する上に、スポーツをする人だけではなく、スポーツ活動を支援する人、活動を見る人などその関わり方もさまざまである。よって、クラブ会員および地域住民の多様なニーズや快適なスポーツクラブライフの実現を支援するためには、スポーツ

を実施する拠点としての施設の確保はもちろんであるが、クラブ運営のための事務局機能とさまざまな関わり方の会員が交流できるサロン機能を持ち備えたクラブの拠点確保が重要である。クラブが継続的に安定した状態で運営され、会員が日常的に交流できる居心地の良い拠点を確保するためには、まずは基盤づくりが必要となる。心理学領域において発展的に「場の理論（field theory）」を構築したレヴィン[1]や、場のマネジメントという論を展開した伊丹[2)3)]によれば、「人々が参加し、意識・無意識のうちに相互に観察し、コミュニケーションを行い、相互に理解し、相互に働きかけあい、共通に体験をする。その状況の枠組みが場である。」と定義づけている。この定義を広義に捉えれば、クラブハウスという「場」をマネジメントすることは、クラブ組織を機能化、活性化させるためにも重要な役割を担うことはいうまでもない。ここでは、これからのクラブ育成にとって重要なポイントとなる「クラブハウス」に焦点を当て、特に、クラブハウスを確保するまでのプロセスについて、先進的な事例を参考にしながら学んでみたい。

2. クラブハウスの現状と意義

　クラブ会員のみならず、地域住民のコミュニケーションの場となるクラブハウスの整備は、これからのクラブ育成にとって次のような意義や役割が期待される。

> ①クラブ会員への帰属意識（求心力）や一体感を高めるための象徴（シンボル）
> ②社交的活動や交流の場
> ③クラブ運営の拠点・窓口
> ④クラブの情報の発信・集約

　また、その役割を十分に果たすためには、表12-1（参考例）のようなスペースや設備を確保することが望まれる[4]。しかし、この設備とグレードにこだわりすぎる必要はまったくない。前述のように、重要なことは、クラブの事務的機能や会員が交流するためのサロン機

表12-1　クラブハウスの設備とグレード（参考例）

	設備	備考	グレード I	グレード II	グレード III
1	事務室	受付フロント，事務机，専用電話回線，パソコン等を設置	○	○	○
2	サロン（談話室）	ソファー，テーブル，掲示板等を設置	○	○	○
3	会議室	会議・研修に必要となる設備	○	○	○
4	トイレ	高齢者・身障者利用にも配慮	○	○	
5	シャワー・ロッカー室	可能であれば温浴施設等も検討	○	○	
6	用具室	クラブ専用のスポーツ器具等の保管	○	○	
7	カフェテリア	軽食や飲み物などの提供	○		
8	調理室（厨房）	各種交流パーティーの準備等に活用	○		
9	託児室	保育士等の配置を検討	○		
10	トレーナー室	体力・スポーツ相談等に活用	○		

文部科学省[4]（2001）に加筆

能を少しでも兼ね備えた活動拠点としてのクラブハウスを確保するという努力を惜しまないことである。

しかし、現実的には全国のスポーツクラブの約8割はクラブハウスを所有していないという報告からも裏付けられるように、その基盤づくりが進んでいないのが実情である。表12-2は、平成13年3月までに、文部科学省の総合型地域スポーツクラブ育成モデル事業を終了した地域の、クラブハウスの有無と今後の予定について、対象地域担当者にヒアリング調査を行ったものである[5]。残念ながらクラブハウスの確保を希望している地域は多いものの、実際に所有しているのは3地域のみで、全体の約15%にとどまっている。クラブハウスの重要性は広く認識されているものの、現実的には、学校施設や公共スポーツ施設等において、理想的なクラブハウスを確保し、確保後も運営管理をしていくことはまだまだ難しいと考えているのが現状のようである。しかし、地域の実情に合わせ、学校の余裕教室や公共スポーツ施設の会議室等、理想的なクラブハウスには至らない施設や設備であっても、まずは拠点を確保することが重要である。そして、それをステップに会員や地域住民が交流できる理想的なクラブハウスに近づくよう努力し、場のマネジメントへのチャレンジを継続することが大切なのである。

表12-2 総合型地域スポーツクラブ育成モデル事業終了地域のクラブハウス所有状況

	モデル指定地域	地域人口	クラブ運営主体	クラブハウスの有無と今後の予定
平成7〜9年度	岩手県金ヶ崎町	16,408人	クラブ会員	×：予定もない
	山形県鶴岡市	101,095人	クラブ会員・行政	×：公園体育館改装時に確保したい
	愛知県半田市	19,998人	クラブ会員	○：中学校空き教室　→新施設へ
	広島県熊野町	26,463人	クラブ／教室・行政	×：設置したいが困難
	福岡県北九州市	12,811人	クラブ会員	×：事務所のみ
	宮崎県田野町	12,518人	クラブの実態なし	
8〜10年度	秋田県琴丘町	6,797人	行政・各クラブ会員	×：基本的には公民館
	新潟県新井市	28,556人	行政・既存団体	×：新総合体育館建設時に確保予定
	富山県福野町	15,103人	クラブ会員	×：現在検討中
	岐阜県揖斐川町	19,516人	行政	×：昨年度新体育館が開館したがない
	滋賀県蒲生町	13,733人	行政・クラブ会員	×：体力測定スペースのみ有り
	兵庫県姫路市	9,700人	クラブの実態なし	
	岡山県岡山市	623,973人	クラブ会員・行政	△：市内で8つのクラブ中は5つは新築
	山口県新南陽市	33,189人	レク推進委員会	×：空き教室を利用したい
9〜11年度	三重県明和町	22,000人	行政・クラブ会員	×：体育館を使用しているので
	愛媛県波方町	9,966人	行政・体協	×：クラブとはいえない組織であるため
10〜12年度	栃木県石橋町	19,306人	クラブ会員	○：体育館隣接のプレハブ，会議等利用
	千葉県三芳村	4,588人	行政	×：総合型クラブになりえていない
	広島県吉田町	11,741人	クラブ会員	×：運動公園の一画に専用広報掲示板有

＊地域人口はモデル事業の展開の対象とする地域の人口。

松永[5](2002)

3. クラブハウスを確保するまでのプロセスとその取り組み

表12-3は、非常にユニークな発想でクラブハウスを確保している事例を示したものである。公共スポーツ施設だけにこだわらず、学校や公園協会、商工会議所などとも連携し、地域の特性を活かしたクラブハウスの確保が全国で行われている。ここでは、各クラブの取り組みについて、さらに詳しく紐解きながらクラブハウスを確保するまでのプロセスから学ぶべき点について探っていこう。

表12-3 地域スポーツのクラブハウス確保の経緯

クラブ名	所在地	クラブハウス確保の経緯
NPO法人山直スポーツクラブ	大阪府岸和田市	中学校の元体育教官室で倉庫となっていたスペースを活用
NPO法人ソシオ成岩スポーツクラブ	愛知県半田市	中学校の余裕教室を活用→中学校内に設立された地域共同利用施設内にスペースを確保、運営管理も受託
向陽スポーツ文化クラブ	東京都杉並区	中学校敷地内のクラブハウスは区から運営受託
NPO法人クラブしっきーず	埼玉県志木市	小学校の余裕教室を活用・地元ホテルがロビーをクラブサロンとして提供
垂水団地スポーツ協会	兵庫県神戸市	公園管理事務所活用（維持管理を公園協会から受託）
NPO法人双葉ふれあいクラブ	福島県双葉町	町所有の旧商工会館を活用（体育施設管理業務受託）
NPO法人f-Sports	福島県福島市	駅前の商店街空き店舗を活用（商店街活性化の一環として低額借用）→福島体育館附属合宿所を活用
SAスポーツクラブ	山口県柳井市	寺院に隣接する敷地に役職者であった住職が建設した建物をクラブハウスとして低額借用
多寄スポーツクラブ	北海道多寄町	取り壊す建物の骨組みを確保・改装し、会員の寄付でクラブハウスを建設（敷地は町が提供）

松永[5]（2002）に加筆

(1) 学校の建物・余裕教室の活用

愛知県半田市のNPO法人ソシオ成岩スポーツクラブでは、早い段階から当時の成岩中学校校長の理解により、中学校の余裕教室をクラブハウスとして活用し、注目を浴びてきた。現在は、成岩中学校の体育館を新築する際に、従来の体育施設としての機能だけでなく、成岩地区学校・地域共同利用施設として、温浴施設や飲食できるスペースなども設置したクラブハウスを含めた複合施設の運営管理をNPO法人ソシオ成岩スポーツクラブが受託するという画期的な取り組みを実施している。この施設はまさに、会員のみならず地域住民にとっても余暇活動の拠点施設となり、コミュニケーションの場となることが予想される。表12-4においても示したように、この画期的な取り組みの裏では、クラブが中心となり、住民サイドから市長および市議会宛に中学校体育館を地域共同施設として建設するための陳情書を提出するなど、まさに住民主導型のクラブづくり、拠点施設づくりを実践してい

第12章　ケーススタディ④　クラブハウスを確保することの意味　129

中学校の余裕教室を活用したNPO法人ソシオ成岩スポーツクラブの旧クラブハウス

成岩地区学校・地域共同利用施設（愛称：NARAWA WING）内の新しいクラブハウス

表12-4　NPO法人ソシオ成岩スポーツクラブのクラブ設立からクラブハウスおよび管理委託事業確保までの経緯

所在地	クラブハウス確保の経緯
昭和37(1962)年	成岩地区少年をまもる会設立
平成6(1994)年6月	成岩地区少年をまもる会の成岩スポーツタウン構想を発表：クラブづくりに着手
平成7(1995)年9月	成岩地区少年をまもる会が文部省指定「総合型地域スポーツクラブ育成モデル事業」の推進母体に
平成7(1995)年10月	成岩スポーツクラブ設立準備総会を開催
平成8(1996)年3月	成岩スポーツクラブ設立総会
平成8(1996)年4月	成岩スポーツクラブの説明会、会員募集・スクール活動開始
平成8(1996)年5月	成岩スポーツクラブ発足記念式典開催
平成9(1997)年4月	クラブハウスは中学校内の余裕教室を利用 地域内学校体育施設一般開放の利用調整権を利用団体の合意のもとにクラブが一元化し、クラブへの団体登録制度を制定 築35年の成岩中学校体育館の改築に向けて、地域スポーツセンター化する要望書を市に提出
平成9(1997)年10月	成岩地区学校・地域共同利用施設（仮称：成岩スポーツセンター）構想陳情書（文書と図面）を市長と市議会に提出　→12月議会にて採択
平成10(1998)年5月	文部省から「地域スポーツ交流推進事業」を受託
平成12(2000)年8月	成岩地区学校・地域共同利用施設基本構想ワークショップ →幅広い対象から、基本設計に盛り込む内容をワークショップ形式で検討
平成12(2000)年10月	NPO法人化に向けて準備を開始
平成12(2000)年11月	成岩地区学校・地域共同利用施設基本構想完成
平成14(2002)年2月	成岩地区学校・地域共同利用施設の詳細設計について地元説明会を開催
平成14(2002)年3月	半田市議会にて14年度予算成立→成岩地区学校・地域共同利用施設着工が決定 定例教育委員会にて半田市スポーツ振興計画策定→成岩地区学校・地域共同利用施設の運営を成岩スポーツクラブに委託と明記
平成14(2002)年8月	成岩地区学校・地域共同利用施設建設工事着工
平成14(2002)年12月	NPO法人ソシオ成岩スポーツクラブとして登記
平成15(2003)年12月	成岩地区学校・地域共同利用施設(愛称：NARAWA WING)内にクラブハウス完成、運営スタート

NPO法人ソシオ成岩スポーツクラブホームページとヒアリングをもとに作成

る点は非常に学ぶべき点である。

　また、大阪府岸和田市にあるNPO法人山直(やまだい)スポーツクラブでは、中学校の元体育教官室で倉庫となっていたスペースを確保し、クラブハウス（事務所）として活用している。その他に、東京都杉並区にある向陽文化スポーツクラブでは、中学校敷地内のクラブハウスを区から運営受託し、年間予算約800万円の収入の1割（約90万円）は、クラブハウス運営受託料と学校開放利用者団体協議会運営費として区から受け取っている。また、埼玉県志木市にあるNPO法人クラブしっきーずでは、小学校の余裕教室を交流センターとして開放しているスペースの一角に事務局機能を配置している。さらにそれ以外に地元のホテルのオーナーがクラブの活動に賛同し、ロビーの一角をクラブのサロンとして無料提供し、会議等の開催時に活用しているというユニークな事例もある。

(2) 公園管理協会との連携

　兵庫県神戸市の垂水団地スポーツ協会では、公園管理協会から公園の維持管理を受託し、公園の一角にあるプレハブの公園管理事務所をクラブハウスとして利用している。冒頭でも触れたが、阪神大震災の時に大きな被害を受けた神戸にある垂水団地スポーツ協会では、震災後間もない頃から、クラブ会員がクラブハウスを訪れ、お互いの近況やクラブの仲間の様子を確認するなど、本当の意味でのクラブ会員の拠りどころとしての拠点となったという代表の方のお話が印象的であった。クラブハウスは会員の心の拠りどころであり、地域住民の生活の拠点ともなり得るのだという事例のひとつである。

(3) 商工会議所との連携

　福島県双葉町のNPO法人双葉ふれあいクラブでは、旧商工会館等の使われなくなった建物を利用することによってクラブハウスを確保し、さらにそのクラブハウスで施設の申し込み受付等の施設管理業務を受託している。クラブにとっても活動拠点と財源確保ができると共に、地域住民にとっても受付機関が増え、便利になったという事例である。さらに、ユニークな取り組みは、福島市にあるスポーツクラブのNPO法人f-Sportsで、設立時は駅前の商店街の空き店舗をクラブハウスとしていた。商店街の活性化をめざし、地元商工会議所が「空き店舗活用事業」で空き店舗を借り上げ、その空き店舗を月額35,000円（商工会議所のメンバーとして年間費7,500円を別途支払）で借用しているという事例は全国でも珍しいものである。駅前で人通りが多く、便利であることに加え、商店街の活性化にもつながるという事例である。現在は、福島体育館附属合宿所内に移転した。

　また、これから総合型地域スポーツクラブづくりに取り組もうとしている長野県のある村では、温泉とそばを観光の目玉にしている

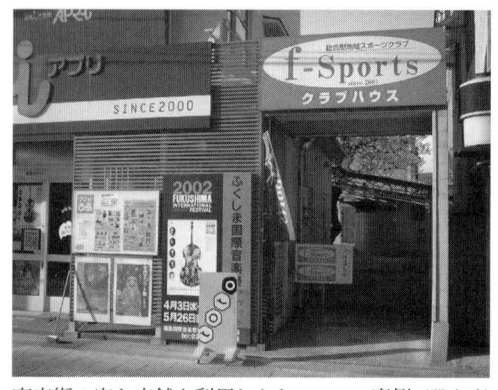

商店街の空き店舗を利用したf-sportsの事例（設立時）

ことから建設した「そば打ち道場」を活用したり、村のグラウンド内にある建物をクラブハウスと兼ねるという案も出ている。このように、今後は、各市町村の観光課や企画課などとの連携も有効であると考えられる。

(4) 寄付や善意による事例

　山口県柳井市のSAスポーツクラブでは、寺院に隣接する敷地にクラブの役職者である住職が建設した建物を、月額10,000円という低額で借用している。このように、地元の賛同者や神社仏閣などの空きスペースも可能であるならば視野に入れるべきである。さらに、北海道多寄町では、取り壊す建物の廃材を改装し、町から提供してもらった土地に会員が寄付を募ってクラブハウスを建設し、現在もクラブ会員によって有効活用されているという事例もある。このように、地域住民の寄付や善意によって、クラブハウスを確保している事例も見受けられるため、スポーツ関係のみならず、地域での活動を幅広く理解し、賛同を得ることが重要である。

SAスポーツクラブクラブハウスの外部写真　　SAスポーツクラブクラブハウスの内部写真

4. クラブハウスの整備にかかわる助成制度の活用

　地域のクラブの実情に合わせ、クラブハウスの確保にはまず、学校の余裕教室の活用や公共スポーツ施設の会議室等の借用をステップにする方法がある。さらに将来的なクラブハウスの整備の手法等については、補助制度などを含め、幅広くリサーチすることが大切である。さらに、増改築・新築を含め、その具体化に向けて運営委員会などで準備を早めに進めることが必要になる。これまでには、社会体育施設整備補助金と公立学校施設整備補助金という補助制度があり、地域スポーツセンターや公立学校の一角にクラブハウスを備えたい場合、既存施設の改造という条件付ではあるが、国から地方公共団体に対し、3分の1を補助する制度があった[6]。そして、スポーツ振興くじ（toto）のスタートに伴い、さらにスポーツ施設の整備にかかわる助成（法第21条第1項第1号、2号関係）が定められ、総合型地域スポーツクラブの活動に資する施設をはじめ、これまでの助成事業で

は対象とされていなかった地域の身近なスポーツ施設（クラブハウスの新設・改修、グラウンドの芝生化、夜間照明施設整備）を中心とした助成枠が組み込まれた。

　特に、クラブハウス整備事業では、地方公共団体の市町村（特別区を含む）と民法第34条の規定による法人である総合型地域スポーツクラブとNPO法人格をもつ総合型地域スポーツクラブのみが助成対象である。助成額は、新築事業で、助成対象経費の5分の4を限度とする定額、改造事業で、助成対象経費の4分の3を限度とする定額となっている[7]。平成15年度スポーツ振興くじ助成金交付内定事業は、地方公共団体及びスポーツ団体に対する助成が1,311件（24億2,689万5,000円）で、その中の「クラブハウス、芝生化等の施設整備への助成」は29件（6億5,810万9,000円）[8]となっている。スポーツ振興くじ（toto）の売り上げの関係もあり、平成14年度助成金交付の45件（8億8,112万1,000円）[9]よりは減少しているものの、NPO法人格を取得している総合型地域スポーツクラブにとっては、クラブハウス設立への財源確保のひとつの選択肢であるといえる。助成制度の内容等をよく理解し、クラブ内においてもその必要性をよく検討したうえで有効活用したいものである。

表12-5　クラブハウス整備にかかわる補助制度

補助制度	スポーツ振興くじ助成金	社会体育施設整備補助金		公立学校施設整備補助事業
施設名	総合型地域スポーツのクラブハウス	地域スポーツセンター	地域屋外スポーツセンター	
概要	総合型地域スポーツの活動拠点となるクラブハウスの増改築を含む、新築・改造等の整備事業	地域スポーツクラブの活動拠点としてふさわしいクラブハウスを備えた屋内総合スポーツ施設の整備または既存施設の改造	陸上競技場等に附属する管理室、談話室、シャワー室、更衣室等を備えた施設の整備事業	公立小学校、中学校および高等学校のクラブハウス（管理室、談話室、更衣室、シャワー室）を整備する事業
補助対象	①補助対象面積　なし　②補助率　新築事業　4/5　③補助対象　市町村　民法・NPO法人	①補助対象面積　4,000m²　②補助率　1/3　③補助対象　地方公共団体	①補助対象面積　330m²　②補助率　1/3　③補助対象　地方公共団体	①補助対象面積　300m²　②補助率　1/3　③補助対象　地方公共団体

5．おわりに──マイ・クラブハウス確保に向けて──

　クラブハウスの確保には、学校の余裕教室や公共スポーツ施設や公民館の一角をクラブハウスにするという発想だけでなく、スポーツ関連組織以外のより多くの組織との提携・協力を模索することが非常に重要であると考えられる。自分たちが住む地域についてさまざまな情報を収集し、新たな視点で丹念に調べてみれば、意外なところでクラブハウスとして活用されそうな場所が見つかるかもしれない。また、さまざまな視点からさまざまな組織とのネットワークをつくるなど、地域全体を見つめ直してみることと、クラブのミッ

ション（使命）を含めた情報発信を定期的に行うことが非常に重要になる。活動拠点づくりのためには、まずその基盤をつくることが重要である。まずは、クラブ内においてクラブのミッションと運営方針を再度確認し、その中でクラブハウスの必要性と重要性について再確認することが大切である。平成14年度から助成がスタートしたスポーツ振興くじ（toto）の助成対象事業にも、クラブハウスの新築および改造等の整備事業が盛り込まれている。このようなチャンスを活用するのもひとつの方法である。

　以上の点をまとめると、クラブハウス確保のための重要なポイントは以下の5点である。

> ①地域スポーツクラブにとって形だけではなく、実際に機能するクラブハウスの役割をメンバーが再確認する。
> ②クラブハウス確保に向けて、クラブのミッションを再度確認したうえで、地域の実情に合った計画を立案する。
> ③公共スポーツ施設のみならず、学校、公園協会、商工会議所などさまざまなセクションとの連携を検討し、働きかけを行う。
> ④さまざまな助成制度をよく理解した上で、必要と認められれば活用する。
> ⑤クラブハウス確保のためにはそのプロセスが重要であり、その結果がクラブ会員の心の拠り所となる拠点施設の確保につながる。

　最後に、「クラブハウスがなければクラブではない」と明言される方もいる。しかし、「まず、クラブハウスありき」という発想だけの拠点では意味がない。重要なことは、そこで会員が互いにコミュニケーションを図り、知恵やお金を出し合い、クラブの活動に積極的に参画していく、これこそが活動拠点としてのクラブハウスに求められている要素であり、その活動が豊かなスポーツクラブライフにつながるのである。マイ・クラブという意識がひとりでも多くの会員や地域住民に根ざし、心の拠り所となる「マイ・クラブハウス」を確保することが今後期待される。

注
1) クルト・レヴィン（猪股佐登留訳）(1956) 社会科学における場の理論．誠信書房．
2) 伊丹敬之 (1999) 場のマネジメント．NTT出版．
3) 伊丹敬之 (1992) 場のマネジメント序説．組織科学24（4）
4) 文部科学省 (2001)「総合型地域スポーツクラブ育成マニュアル クラブつくりの4つのドア」p42-44
5) 松永敬子(2002)「拠点づくりのための基盤づくり～クラブハウスの重要性～」、みんなのスポーツ6月号(vol.278) p13-15．日本体育社
6) 体育・スポーツ指導実務研究会 監修 (2002) 体育・スポーツ指導実務必携 平成14年版．ぎょうせい
7) 日本体育・学校健康センター (2002) スポーツ振興くじ制度の創設と展開totoすべてのスポーツのために．ぎょうせい
8) 日本体育・学校健康センタースポーツ振興投票部資料 (2003) スポーツ振興くじ2003年第15号
9) 日本体育・学校健康センタースポーツ振興投票部資料 (2002) スポーツ振興くじ2002年第10号

第 13 章

先行事例に学ぶ
―総合型地域スポーツクラブの暫定的評価―

1. 現状での成果と問題点

(1) クラブが地域住民に見えるようになった

> **事例1)** 福島市に2001年4月に設立した「f-Sports」総合型地域スポーツクラブは、国や県のモデル事業としてではなく、住民の自発的な意思によって設立されましたが、このクラブの特徴は、初めからクラブハウスを賃借(月3万5千円・光熱費込、水曜日以外昼12時から夜7時までオープン)していることである。

　国のモデル事業をはじめ、総合型地域スポーツクラブの設立にあたっては、「クラブハウス」の設置がクラブ育成のポイントとしてあげられる。一般的にクラブハウスは、クラブ事務局の機能や会議の場所、会員の交流の場所として働くことが期待されているが、より大切なことはクラブが地域住民にとって「目に見える存在」となることである。その多くがクラブ代表や世話人の自宅に事務局を置いているチーム型の地域スポーツクラブ(以下チーム型という)との大きな違いがあり、会議や交流の場のみならず、地域社会への理解や新たなクラブ会員の募集につながることが考えられる。まだまだ「f-Sports」クラブのように賃借とはいえ自前のクラブハウスを持っていることころは少ないが、学校の空き教室や公共施設を活用するところもある。クラブハウスのみならず、会報やリーフレットの作成、会則や組織の文章化など「クラブの可視化」が促進されてきている。

(2) マネジメントの大切さが理解されるようになってきた

> **事例2)** 多久市総合型地域スポーツクラブ準備委員会は、クラブ設立にあたってジュニア指導者と同時に、「あなたの手でこれからのスポーツクラブをつくってみませんか?」という呼びかけで「クラブスタッフ」の募集を行なった。具体的には、スポーツスクール・イベント企画部会、広報・PR活動部会、健康づくり専門部会の3部会のスタッフを募集し、ジュニア指導者の代表でつくる指導者部会を含め4部会でクラブの企画運営を行なうという。

> **事例3)** 北九州市大谷スポーツクラブでは、1年間の事業が終了すると運営委員会や行政担当者がしっかりと評価し、今後の課題を文書にして、次の事業計画に生かすというマネジメントプロセスが機能している。

　幅広い地域住民の参加を得て、長期的に大きく育てていこうという志向性をもったクラブにとって、クラブを組織的に運営していくマネジメントが大切になる。しかしチーム型クラブでは、小規模であるがためにマネジメントの重要性が認識されることは少なく、代表者や世話人など、「熱心な個人」がいれば十分であった。反面、熱心な個人への過度な依存は、継続的な運営の確保といった点から見ると組織的な基盤に弱点がある。計画－組織－統制といったマネジメントプロセスの重要性についても同様であり、一部に行政依存といった批判はあるが、モデル事業をきっかけとして総合型地域スポーツクラブ育成は、クラブ独自の事業や予算計画の立案、運営組織の設計、事業報告や決算などの評価活動を活発にし、マネジメントの重要性を認識することにつながってきている。

(3) 地域活動への協力、会員外へのサービスによる社会的信用の確保

> **事例4)** 昭和44年設立の神戸市垂水団地スポーツ協会は、市の祭りへの協賛行事、ウォーキング大会への警備ボランティアの派遣、病院での体操教室、身障者卓球大会・テニス大会に協力、フィリピンへの奨学金送付、県・市の国際交流協会に加入、市民救命士の養成など、クラブ内の活動、スポーツ活動にとどまらず、幅広い活動、行政等との連携、会員外へのサービスを行ない、地域社会からの理解や社会的信用の確保につながっている。そして、地域社会からの理解や社会的信用の確保が、公園の管理業務の委託、クラブハウスの確保などの前提となっている。

　チーム型地域スポーツクラブは、あるスポーツを楽しむ運動仲間であり、週1、2回程度、どこかの運動施設を廉価で確保することができれば特に問題の生じにくいクラブである。それに対して、上記のような例は、このクラブがまったく異なる目的（方針）を持ったクラブであることを示している。当初から、学校施設開放の責任ある受け入れ組織になることや自主運営を目指していた。たとえば公共施設の管理を行政から任される（活動拠点の確保につながる）ためには、クラブがその責任組織として、社会的信用を得ることが不可欠である。そのためには、会員だけが楽しむプライベートなクラブではなく、地域活

動への協力や会員外へのサービスの提供などを展開していく必要がある。社会的信用の確保は、クラブが幅広い資源や支援を獲得することにつながる。

(4) 子どもたちの選択の幅を広げた

> **事例5)** 岸和田市山直スポーツクラブは、サッカー部顧問の先生の転勤を契機に、保護者が議論を重ね、クラブ設立につながった。顧問の先生の転勤によって、部活が衰退（子どもの選択肢が縮小）するということはよく聞く話であるが、このクラブではサッカー部をきっかけとして、廃部していたバレーボールクラブが地域クラブとして復活した。クラブ内サッカー部に、自分の学校のサッカー部顧問が陸上専門ということもあり、30分かけて通ってくるほかの中学校の生徒もいる。

これまでのスポーツクラブへの所属を考えてみると、まず学校への所属、企業への所属ということが先行し、その枠内でスポーツクラブ（部）に所属するという必要があった。となりの中学のクラブが良いという評判を聞いても、近くにある企業の施設が立派であっても、クラブに加入したり、施設を利用したりすることはできない。また、学校や企業の持つスポーツ経営体としての資源やノウハウの影響を大きく受けることになる。上記の例のような総合型地域スポーツクラブは、そのような学校や企業といった枠をはずし、入りたいクラブに参加するという、子どもたちの選択の幅を広げることに貢献している。ただ、現状では中体連の大会は、中学校単位での参加となっているので、クラブとして参加することができないなど、子どもたちの対外的な目標の設定については、なお課題を抱えたままである。今後、クラブの独自の大会の開催や中体連の大会のあり方など、検討していくことが必要になってきている。

(5) 幅広い支援を受けるように工夫している

> **事例6)** 堺ブレーザーズ（株式会社ブレイザーズスポーツクラブ）は、新日鐵が100%出資した子会社である。スポンサー企業（新日鐵および複数企業）、サポーターズクラブ（フレンズ会員、ソシオ会員〈個人〉、ソシオ会員〈法人〉）など幅広い支援を受け、従来の企業スポーツの変革を提案している。

会員制度など、現状では総合型地域スポーツクラブというには問題があるかもしれないが、その構想として「地域共生型チーム」を掲げ、その具体策として、①堺市運動部活性化推進事業計画(堺市教育委員会)、②堺市バレーボール協会との連携、③ブレイザーズジュニア教室の開催、④オープン試合（国際試合・Vリーグチーム試合）、⑤総合スポーツクラブ（民間主導型；新日鐵厚生施設を利用した会員制による総合スポーツ構想）をあげているように、法人格として「株式会社」だとしてもその理念・構想には多くの総合型地域スポーツクラブと共通するものがある。民間（住民）ではなく、民間（企業）が主導しているというだけの違いかもしれない。特に、幅広い支援を受けるような工夫という点では、

企業チームが市民クラブ化した事例に学ぶところが多い。任意団体やNPO法人のクラブでも、地元の商店や全国的な企業を賛助会員として登録し、自主財源の確保に努力しているところがみられる。

(6) 眠っている資源の掘り起こしにつながる

> **事例7)** 所沢市西地区総合型地域スポーツクラブは、早稲田大学の施設が授業や研究、学生の部活やサークル等で利用していない時間帯の施設を利用し、活動しているクラブである。公開講座やイベントなど単発的なものはあっても、日常的に地域住民に大学施設を貸し出すという試みはあまりみられなかった。これは、クラブが眠っている資源（この場合は施設）の掘り起こしにつながった事例と考えられる。

事例6のブレイザーズスポーツクラブの場合も同じであるが、大学や企業など、これまで一般的には地域住民が利用できなかった施設などを「拓く」ことになった事例である。わが国には、学校体育施設を中心として公共スポーツ施設や企業スポーツ施設など、数多くの体育・スポーツ施設があるが、その有効活用という点では問題があった。総合型地域スポーツクラブは、そのような資源を開拓することにつながる。当然、大学や企業の施設を開かせるためには、その相手となる組織が、十分に社会的信用があり、大学や企業の理念や目的を共有することができなければならない。上記事例の場合は、クラブの運営委員に早稲田大学教員が参画していたこと、所沢市との協力関係があったこと、国のモデル事業の指定を受けたことなどが、そのような社会的信用の獲得につながったと考えることができる。都市部などでは、総合型地域スポーツクラブを育成したくても、公共の施設は既存の団体や個人利用で満杯で、活動拠点を確保することができないという声を聞くが、はたしてそうであろうか。都市部に集積していると考えられる大学や企業の施設、あるいは学校開放が進んでいなかった高校の体育施設、あるいは公共スポーツ施設の利用時間帯の拡大など、これまであまり検討されてこなかった資源に注目する必要がある。それでもなお施設という資源を開拓できなければ、行政はまずクラブ育成の前に施設整備を行なうべきである。

(7) スポーツ行政の役割を再考するきっかけになる

> **事例8)** 鶴岡スイムクラブ。昭和47年にインターハイの水泳競技が開催され、その後プール運営が、市長の勇断で鶴岡水泳連盟に委託された。昭和48年に水泳連盟の事業として鶴岡スイムクラブが発足し、市営の屋内50m×25mの公認プールが、市職員ではなく、21名のクラブ職員と女子パート5名、選手コーチ1名への完全委託で管理・運営されている。市民プール運営委員会は、市教育委員会、市体育協会、学校体育団体等関係者及び学識経験者、計10名からなる。

鶴岡スイミングクラブは、基本理念として①市内に泳げない小学生をなくそう、②全国

で戦える選手を育てよう、③「市民プールを市民の健康の拠点に」を掲げ、スポーツ教室の開催や記録会・大会や交流を目的とした各種行事、指導者の派遣などの多様な事業展開を、専従職員やパートの有給スタッフと無給のボランティア役員によって担ってきている。この事例で学ぶことは、行政がプールの管理運営を任せることによって、40年間をかけて水泳連盟とスイミングクラブを育成してきたという点である。その中で、クラブの豊富な経験と実績に基づいて「T.S.C指導カリキュラム」を作成し、それに則ってきめ細かな指導を目指しているように、継続した活動によってクラブとしての知識やノウハウを蓄積してきている。

(8) 問題意識を持つ効果

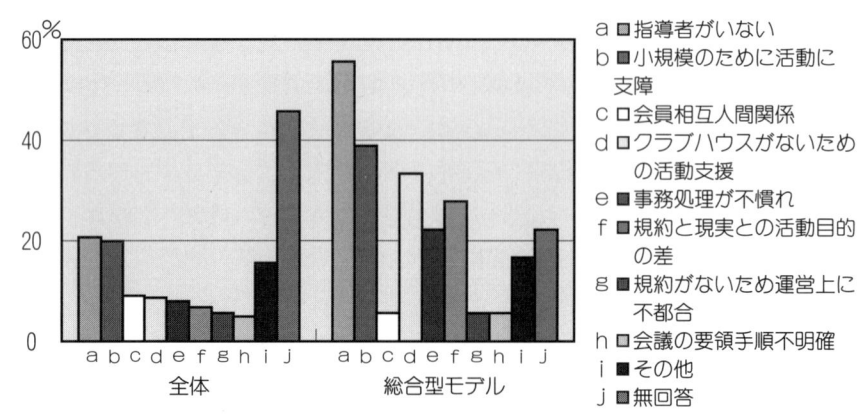

図13-1　スポーツクラブ運営上の困難点（複数回答）
（日本スポーツクラブ協会「地域スポーツクラブ実態調査報告書」2000年より）

凡例：
a　指導者がいない
b　小規模のために活動に支障
c　会員相互人間関係
d　クラブハウスがないための活動支援
e　事務処理が不慣れ
f　規約と現実との活動目的の差
g　規約がないため運営上に不都合
h　会議の要領手順不明確
i　その他
j　無回答

　グラフに見るように、全体のクラブよりも、総合型モデルの方が、①指導者がいない、②小規模のために活動に支障、③クラブハウスがないため活動に支障、④規約と現実との活動目的の差など、多くの項目で問題を指摘している割合が高くなっている。しかし、問題がある（問題として認識している）ということは、クラブ運営にとってマイナスなことだけであろうか。一面では、多くのチーム型クラブは、問題を認識していないから、大きく育つことができないでいると言える。総合型地域スポーツクラブは、自らが大きく育つための問題を経営課題として認識し、それを会員の知恵、労力、お金などを持ち寄って解決していくことによって、大きく育つ可能性を秘めていると言えるのではないか。

(9) スポーツ組織の自立につながる

> **事例9)**　(社)塩竈フットボールクラブ(塩釜FC)は、昭和39年設立のサッカースポーツ少年団を母体に発展したクラブである。ヨーロッパ遠征をきっかけに地域に根ざしたスポーツクラブづくりに取り組み、現在ではボランティアの支援を受けながら、難しい芝管理を含む市営スポーツ広場の管理運営を受託するまでになった。また経営的にはさまざまな問題に直面しながら、平成13年からは牧場を借用し、改良した自前のグラウンドの造成に取り組むまでに自立してきている。

学校や企業、行政を中心としたスポーツ環境づくりから、スポーツ経営体として少しでも自立した経営を行っていこうと志向するのが総合型地域スポーツクラブのコンセプトである。塩釜FC（サッカーを中心としているが、定款等でスポーツ全体の振興を目的としているので総合型クラブと考えてよいだろう）のように、公共スポーツ施設の管理運営の受託は、自立的経営の第一歩となるだろう。まだまだクラブ専用の施設を所有したり、管理したりしているところは少ないが、塩釜FCのような「手づくり」の発想による利用施設の確保という試みは、多くのクラブにとっても大いに参考となるだろう。

(10) 現状での問題点

①クラブかスポーツ教室か

スポーツ経営学の理論から言えば、運動の仲間づくりのクラブサービスと運動プログラムの提供であるプログラムサービスは根本的に異なるサービスである。しかし、現実には地域スポーツクラブと言いながら、そのスポーツ事業の実態はスポーツ教室の開催にとどまっている場合がある。そこで組織される集団は根本的に異なる（前者はクラブ、後者はクラスである）ので、その中から期待できる集団の働きにも違いが生じる。「地域づくり」を目標の一つとして掲げてクラブづくりを推進する場合には、その違いに留意し、クラス編成に終わらないように留意する必要がある。

②「生涯スポーツ」の誤解

スポーツ振興基本計画にもあるように、生涯スポーツ社会における「生涯スポーツ」は、国民の誰もが、それぞれの体力や年齢、技術、興味・目的に応じて、いつでも、どこでも、いつまでもスポーツに親しむことができるという幅広いスポーツを意味している。しかし、現実には、これまでのスポーツやレクリエーションなどの関連団体間のすみわけの慣習から、競技スポーツは総合型とは関係がない、生涯スポーツはニュースポーツや高齢者対象のプログラムといった誤解が少なくなく、そこから「われわれとは関係がない問題」と決めつけてしまう例もみられる。

③「多種目」の誤解

総合型地域スポーツクラブのマニュアルや講習会などで、総合型の特徴として、「多種目」「多世代」「多目的」が強調され、市町村の担当者の中には、多種目でなければ総合型とは言えないという考え方から、取り組みの初期には、既存の活動団体を形式的に組み合わせて、多種目という条件をクリアしようとする例もみられた。しかし、多種目は単一種目を含んだ多種目であり、出発点としての単一種目のクラブを総合型の萌芽として考えることには何ら問題がない。大切なことは、そのクラブの目的や定款などに、当該種目のみならず、他の種目やスポーツ全般の振興についてのミッション（使命）が明記されているかどうかであろう。

④補助金のあり方

文部科学省のモデル事業だけでなく、totoの補助金制度にしても、基本的には単年度会計であり、クラブの資産になるようなものには支出できないものが多いので、補助を受ける

クラブ側も勢い「使い切り」の発想に立って、補助金のための事業計画や補助金がある間だけの財務ということになりがちである。補助金制度そのものの改革も必要であるが、クラブとしては、補助金がなくてもクラブ経営に支障がないことを基本として、財務計画を立てる必要がある。また、クラブハウスやスポーツ施設の整備など、クラブの資産になるような補助を受けるために、元手となる資金を確保する努力が不可欠である。

⑤地域スポーツクラブ設立に向けた需要の喚起

新たに総合型をはじめようとする市町村や地域において、よく聞かれるのが、総合型に対する要望やニーズがないという声である。そのような場合、残念ながら既存の体育やスポーツ関連団体からの意見聴取に終わっていることが多く、既存団体の組織率を考えるとごく一部の意見に過ぎない。総合型では、新たにスポーツの輪を広げようという視点から、これまでの地域のスポーツ環境や地域問題を考え、これからの展望を試みるということが大切である。そして、スポーツが「やりたくてもやれていない」人々へのアプローチにつながるものでありたい。

⑥行政依存のクラブ運営

このことは、いまさら言及するまでもなく、国の育成モデル事業を経て、さらに総合型地域スポーツクラブの育成自体がスポーツ振興基本計画の中核的な政策となり、体育・スポーツ行政の課題として明確に位置づけられたことと関連している。住民の自主運営による総合型地域スポーツクラブを行政が育成・支援するという構造自体に、行政依存のクラブ運営を生み出す素地があると言える。しかし肝心なことは、行政の支援自体が問題なのではなく、行政の支援をクラブ経営の補完としてうまく利用していくクラブ側の自立したマネジメント能力の有無が問題なのである。行政の個別の政策の前に、クラブ側がどのようなことを支援（補完）してもらいたいかというニーズを明確にし、積極的に行政に働きかけていきたい。

2．地域スポーツクラブが大きく育つための条件

現状での成果と問題点の事例分析を参考に、地域スポーツクラブが大きく育つ*ための条件をスポーツ経営のしくみに関連させながら整理してみたい。もちろん今回抽出された条件は、帰納的にというほど体系立てて求めたものではないが、クラブが大きく育つためには、社会的な信用を基盤に幅広い「資源」と「支援」を獲得する必要があるという基本的な考え方に基づいて選択されたものである。

* ここでクラブが大きく育つという意味は、そのクラブが地域にとってなくてはならない存在として地域住民に認知され、経営的に自立している状態になることである。

〈経営目的・理念〉

①地域社会のニーズにマッチしたクラブの理念・目標

一般的に総合型地域スポーツクラブは、スポーツ環境の改善や地域問題の解決への貢献

が期待できるが、肝心なことはそれぞれの地域においてその意義や必要性が理解されることである。クラブは理念や目的を共有する人びとによって主体的に存在していると同時に、地域社会に生かされている。その理念や目的は、「スポーツ愛好家の楽しみ」という枠を越えて、少しでも多くの地域住民のニーズに応えることが必要である。下記は、クラブの目的として、スポーツの場の提供のみならず、地域社会の幅広い生活課題への貢献を明記している例である。

T総合型地域スポーツクラブの目的（クラブ規約から）
（目的）
第2条　クラブは、会員に対して日常生活の中で自発的に運動やスポーツを楽しむ場を提供するとともに、会員相互の親睦を図り、ひいては広くT市におけるスポーツの振興と地域社会における健康で明るく豊かな生活の実現に貢献することを目的とする。

〈経営組織〉

②組織的なマネジメント

一般的にクラブの創設や経営にあたって、強力なリーダーシップを発揮するキーパーソンの存在の重要性が指摘されるが、同時に、成功している多くの総合型地域スポーツクラブに共通して言えることは、キーパーソンを支える組織的なマネジメントの体制を早期につくり上げていることである。参加者の主体性と熱意を大切にしながらも、役割と責任が曖昧にならないように、組織的なマネジメントに必要な最低限のルールを決定する。また、それらの役割分担に基づいて、議事録、名簿管理、会計管理、諸様式や広報関係文書など記録整備も必要になる。これらは、関係者のクラブに対する理解を獲得し、支援を得ようとする場合に重要な情報源とツールとなる。下記の例は、クラブマネジャーや事務局、ボランティアスタッフの役割を区別しているYスポーツクラブ（NPO法人）の事例である。

Yスポーツクラブの経営組織（2001年度）

クラブスタッフ	事務局
クラブ代表（1）	常勤スタッフ（2）
副クラブ代表（2）	ボランティアスタッフ（3）
ヘッドコーチ統括（2）	
種目代表統括（2）	
アンダー18代表統括（1）	
クラブマネージャー（2）	
書記（事務局）（2）	＊カッコ内は、人数

---

③人や情報がオープン

できる限り人や情報の出入りがオープンであることが望まれる。そのために多くのクラ

ブでは、会員向けの通信や幅広い地域住民を対象としたチラシ・パンフレットといった広報資料がつくられている。内容は多肢にわたるが、クラブのしくみ（目的・組織）や活動（事業）をわかりやすく紹介しているものが多い。最近では、ホームページを作成し、諸会議の議事録まで掲載し、情報のオープン化に配慮しているクラブも見られる。人や情報のオープン化もまた幅広い資源や支援を獲得するのに役立つ。

④シンボルの存在（クラブの可視化、クラブハウス）

一般的にクラブハウスは、クラブの事務局機能をはたし、クラブ会員相互の交流の場として期待されている。しかし地域住民にとってクラブがどこに存在しているのか視覚的にわかるようになり、会員のクラブへのロイヤルティを高めることにつながることに貢献し、結果として幅広い資源と支援の獲得につながる。学校の空き教室や空き部屋など決して立派なクラブハウスではないが、多くの事例はクラブハウスの視覚化や同一化の機能を示唆している。K文化スポーツクラブは、totoの補助金によってクラブハウスの新築することになった。

⑤経営体に適した法人化の検討

公益法人やNPO法人（特定非営利活動促進法人）などは、人間が成長とともに似合った衣服を着るように、クラブの成長にあわせて検討されてよい課題である。法人格の取得は、まさに社会において、クラブが法律的な権利と義務の主体（人格）となることであるから、法人格を取得すること自体、地域社会にとってクラブがどのような存在であるか公にすることになり、結果として幅広い資源と支援の獲得につながるだろう。たとえば、法人格の取得自体が目的になってしまうのは本末転倒であるが、totoの補助金を申請できるクラブの資格として法人格を有することが条件となっているなど、大きな流れとしてクラブの法人化は検討されてよい課題となりつつある。

〈経営評価〉

⑥評価活動（自己評価、外部評価）

評価活動は、これまでの地域スポーツクラブの経営の中で最も考慮されてこなかった側面である。しかし幅広い資源や支援を獲得するためには、クラブの目的や事業計画にもとづいて、しっかりとした評価活動を行い、その結果をまとめておくことは不可欠である。そのためには、簿記を含めた各種の会計管理の技術はもちろんのこと、組織的なマネジメントの一貫として、各種の記録の整理・保管といった事務管理の技術も重要になるだろう。この評価は自己評価を中心としながら、必要に応じて外部評価を導入することは、評価の客観性を高めることにつながる。

〈スポーツ事業〉

⑦会員と会員外への貢献

参加者の輪を広げ、地域に根づいたクラブになるためには、会員だけでなく広く会員以外の地域住民に対してスポーツサービスを提供する、「スポーツ経営体としての総合型クラ

ブ」になる必要がある。

　会員だけでなく、会員外の幅広い地域住民を対象とした行事や教室などのスポーツサービスを提供することは、新しい会員（資源）の獲得や補助金などの幅広い支援を得るために重要な条件となる。文部科学省の総合型地域スポーツクラブ育成モデル事業やその他の補助を受けている場合に、このような会員外の地域住民も対象としたスポーツサービスの提供を行なっている場合が多いが、問題はそのような補助金がなくなった場合にも継続できるように、スポーツサービスの提供に必要な資源を用意することである。

❽活動拠点

　グラウンドや体育館など、ある程度決まった活動拠点があるということは、安定したサービスの提供という会員にとっての利便性だけでなく、新たに会員になろうとする人びとにとっても、クラブが提供する便益（ベネフィット）を明らかにすることにつながり、入会前の事前期待と入会後の満足度のズレを少なくすることにも貢献する。NスポーツクラブのあるH市では、改築する中学校の体育館を「地域共同利用型体育館」として、体育館の運営をクラブに委託する計画であるが、最終的には活動拠点をクラブ自らが運営するような方向性も考えられてよいだろう。活動拠点とその運営に対する主体的な取り組みは、結果として幅広い資源と支援の獲得につながるだろう。

第 14 章

"なぜクラブが育たないか"

―総合型地域スポーツクラブの考え方と課題―

1. 総合型地域スポーツクラブに対する誤解

(1) クラブづくりの歩みと市町村の状況

　平成7年度よりスタートした総合型地域スポーツクラブ育成モデル事業は、平成12年のスポーツ振興基本計画によって全国展開されることとなった。その数は1,300クラブともいわれているが、クラブの形態や特徴は様々であるとともに、設立段階のクラブもあったりするため、明確な数値を把握することは難しい。また、クラブは設立されたがすでに事務局機能を失っているケースもあれば、一部の人々に設立する意志はあるものの思うように設立が進まない自治体も多い。

　表14-1から表14-4はI県とT県のクラブ設立状況、及び設立に至らない理由を見てみたものである（各県広域スポーツセンター調査）。総合型地域スポーツクラブ育成の状況は都道府県の姿勢や市区町村の考え方によって大きな開きはあるものの、この両県の場合「保留中」「検討に至っていない」市町村は6割を越えている。またその理由としてあげられているのは「推進体制が整わない」「人材不足」といった組織的な取り組みと人材確保に大きな阻害要因があるようである。またI県の場合には調査項目に「市町村合併」をあげたところ、多くの市町村がこの理由を挙げている。確かに市町村合併は、合併後の地域スポーツ振興組織や予算等が不明確であるため育成の検討が進みにくいことも理解できるが、このクラブ構想は中学校程度の範域の中での自主的な組織活動であるため市町村合併とは別途に進めることもできよう。

第14章 "なぜクラブが育たないか" ―総合型地域スポーツクラブの考え方と課題― 145

表14-1 I県の総合型クラブ設立状況　(H.15.4)

	N	%
設立済み	1	1.2
設立に向けた組織あり	2	2.4
啓発活動実施	3	3.6
前向きに検討中	23	27.7
保留中	21	25.3
検討していない	32	38.6
無効	1	1.2
計	83	100.0

表14-2 T県の総合型クラブ設立状況　(H.14.5)

	N	%
設立済み	7	8.8
設立に向け準備中	10	12.4
―	―	―
検討中	12	15.0
―	―	―
検討に至っていない	51	63.8
―	―	―
計	80	100.0

表14-3 「保留中」「検討していない」理由（I県）
（N＝51：多肢選択）

	N	%
推進者となる人材不足	14	27.5
指導者の不足	11	21.6
活動拠点施設の不足	11	21.6
財政的負担・確保	11	21.6
推進体制が不備	17	33.3
体協等との軋轢が予想	7	13.7
住民の理解不足	18	35.3
総合型クラブへのニーズがない	8	15.7
地域スポーツに問題はない	9	17.6
住民主導スポーツが根づいている	8	15.7
市町村合併のため	25	49.0

表14-4 「検討に至っていない」理由（T県）
（N＝51：多肢選択）

	N	%
推進者となる人材不足	25	49.0
指導者の不足	14	27.5
活動拠点施設の不足	15	29.4
財政的負担・確保	20	39.2
推進体制が不備	33	64.7
―	―	―
―	―	―
総合型クラブのニーズがない	15	29.4
既存クラブが活発・問題なし	14	27.5
―	―	―
―	―	―

(2)「クラブが育たない」基本的課題

　先に見た2県の「検討に到っていない」状況は、他県でも同様のものと思われる。総合型地域スポーツクラブ構想が公表されて10年になるが、その創設が進まない背景にはいくつかの基本的な課題や誤解があるように思われる。

　基本的な課題の一つに、地域スポーツ関係者や行政担当者に、よりよい地域スポーツの実現やよりよい地域社会づくりへの熱意の欠如があげられる。日常生活の中でスポーツや健康づくりに取り組む住民は増えているものの、週当たりのスポーツ実施率が37％（平成12年内閣府）という数値は、スポーツが生活化された状況に至っているとはいえないであろうし、行いたくても実施できていない住民の割合も未だ高い。現在スポーツを行っている住民だけをみているのでは、生涯スポーツの理念は実現されることはない。また、地域生活における住民間のコミュニケーションも活発であるとはいえない。地域の将来を背負う子どもたちの生活や遊びがどのような状況になっているのか、学校完全週五日制が開始されたものの児童生徒の土日の活動は彼らにとって意味あるものになっているのか、それ以前に地域の子どもや高齢者といった住民の生活に対する関心が希薄になっていること自体に課題があろう。現状をよしとせず、より豊かな地域スポーツと地域生活の実現に対する関係者の熱意が求められよう。

　クラブが育ちにくい基本的課題として、地域スポーツをめぐる経営資源の不足が指摘さ

れることも多い。当初のクラブ構想では中学校程度の範域にクラブハウスを備えた屋内スポーツ施設を活動拠点とする内容が盛り込まれていた(p.160資料1を参照)。ここで指摘するまでもなく、そのような屋内スポーツ施設を中学校区程度の範域に整備することは不可能であり、ほとんどの地域は既存のスポーツ施設や関連施設を活用せざるを得ない。物的資源には限界があるとともに、その背景となる財源にも大きな制約がある。それ以上にクラブ育成をめぐる経営資源の課題として、人的な資源の不足があげられる。スポーツの実技指導者やクラブ運営を担う地域の人材不足が深刻である。多種目・多世代といった会員数の大きなクラブを運営するためには、実技指導者や運営を担う組織指導者が相当数必要となる。ごく一部の指導者がクラブを担う状況は長くは続かないし、負担に悩んでいる指導者をみては後継者も育たない。多くの住民がこのクラブ運営に係わってもらう必要があるし、行政にはその人材養成が求められる。

　さらに大きな課題は、既存のスポーツ実践者の「囲い込み」現象がみられる点にある。例えば、既存のスポーツ団体の中には施設利用の既得権を主張し、多くの住民の利用を阻害している団体もある。「自分たちだけが利用できればよい」「自分たちだけが楽しめればよい」と言った意識ではこのクラブ構想は進まない。多くの関係者の中に、自分たち以外の多様な住民に対する視点、すなわち多様な住民の存在を認め、共に豊かな地域生活を送ろうとする開放性が意識されなければ推進体制も整備されない。そのような背景の中では、総合型地域スポーツクラブの必要性やその意味に対する共通理解が広く認識されず、その結果このクラブの設立は困難なものとなろう。

(3) 総合型地域スポーツクラブに対する誤解

　通常このクラブの説明では、多種目が用意されていて選択することができる、子どもから高齢者まで参加できる、活動拠点を保有し、受益者負担による自主運営などがその特徴として強調されている。総合型地域スポーツクラブについて明確な概念が一般化されているわけではなく、一方で地域の特性もあり、クラブの形態や内容は多様である。しかし総合型地域スポーツクラブの特性としては以下の3要件が必須であると思われる。

　一つは、「課題の共有化」である。すなわちこのクラブ育成の必然性はどこにあるか、その背景となる地域スポーツや地域生活の危機的状況がどこにあるのかが共有化されている必要があろう。二つ目は、「日常生活圏」という考え方が求められることにある。このクラブ構想は「地域」を基本とし、その地域のスポーツや生活の豊かさに貢献するものである。従って、クラブの範域をどのようにおさえるかがこれからの地域スポーツ振興の基本となる。三つ目は、「主体性（自主性）」を基本とするクラブであることにある。課題を共有した地域住民が、多様な個性や欲求、生活を認め合いながら支え合うという自律がクラブの根底になければならないであろう。

　以下、これら3要件と関連した総合型地域スポーツクラブに対するいくつかの誤解を指摘してみたい。

第14章 "なぜクラブが育たないか" ―総合型地域スポーツクラブの考え方と課題―　147

①総合型地域スポーツクラブへの期待―理念の考え方―

　文部科学省がスポーツ振興基本計画に総合型地域スポーツクラブ構想を掲げたからということでクラブ育成に取り組んでいる自治体も多い。しかし、本来このクラブ構想は各市区町村の地域スポーツや地域生活との関連からその創設の必要性が認識されねばならない。単にスポーツ人口の拡大という目的であるならば、必ずしも総合型地域スポーツクラブ育成でなくとも他の方法論はあろう。なぜこのクラブ構想は求められるかは、地域スポーツの振興や健康づくりといった理念とともに、地域スポーツと目指す地域社会との関連が示される必要があろう。地域スポーツ振興は基本的な理念ではあるが、それのみであるとスポーツ関係者だけに関係する施策として閉じてしまうし、多くの住民の協力を求めることが困難となろう。

理念1
- スポーツの普及
- 健康・体力の維持
- 参加人口・競技人口の拡大

理念2
- 活力があり豊かな地域社会
- 顔の見える地域社会の形成
- 地域で子育て、高齢化への対応

- クラブ会員対象の事業
- クラブ会員以外の住民対象事業

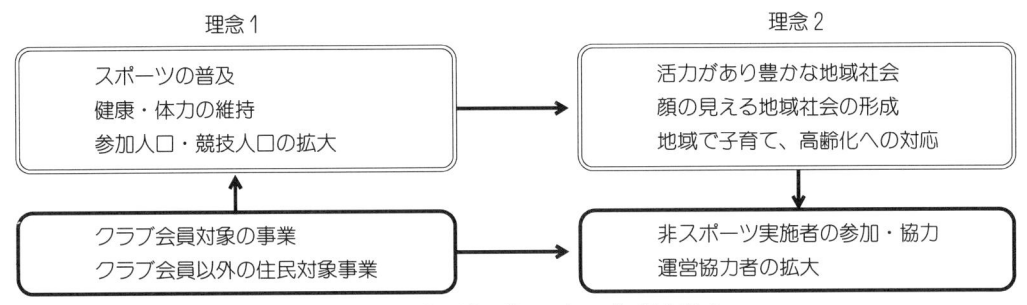

- 非スポーツ実施者の参加・協力
- 運営協力者の拡大

図14-1　総合地域スポーツクラブの理念構成

②広域スポーツセンターがよく用いる図の問題―日常生活圏の欠落―

　広域スポーツセンターではこのクラブについて広く理解を得るため図14-2のような図を載せたパンフレットを作成している。しかし、いくつかのパンフレットに中には中学校区程度の範域という「日常生活圏」のクラブ構想である点が抜けているものもある。また、

地域スポーツクラブ

- **多世代**：幼児から高齢者まで幅広い年齢で構成
- **多種目・多様性**：好きな種目の選択と技術レベルに応じた指導
- **指導者**：指導技術の高い専門指導者の配置　一貫指導
- **活動拠点**：身近な場所で定期的継続的な活動を実施
- **自主運営**：地域住民による自主的・自立的な運営

図14-2　広域スポーツセンターのパンフレットにみる特徴

実際の事例をみても、市全域を1つのクラブがカバーするクラブづくりをしている例もみられ、ゾーニング(p.12を参照)による日常生活圏の措定がなされていないクラブもある。そのようなクラブでは子どもから高齢者まで、豊かなコミュニケーションの中で日常的にスポーツや健康づくりが行えるとは思えない。

③「多種目」「楽しさ」「相互交流」への疑問

多世代の参加を目指すクラブではあるが、現実のケースでは小・中・高校の子どもたちがほとんど会員となっていないクラブもある。またクラブには、健康づくりや楽しみ、そして会員の相互交流の場としての機能が期待されている一方で、クラブの中には、技術向上や競技という視点を取り込めないクラブもある。小・中・高校という発達段階の子どもにとって、多種目が用意されていて選択できる、いろいろな人と交流できるといった特徴は魅力的な場として映るであろうか。上手くなれる、上手い人と試合ができるという魅力を用意しなければならいであろうし、スポーツ少年団や運動部活動で行われている種目との関連にも配慮が求められよう。

④「成人週当たりスポーツ実施率50%」の仕組み

スポーツ振興基本計画では、成人週当たりのスポーツ実施率を2人に1人を目的とし総合型地域スポーツクラブをその基盤として位置づけている。このクラブの育成により、週当たりの実施率が37%から50%に拡大することが期待されている。しかし、このクラブの会員が既にスポーツを行っている住民であるとしたら37%を大きく上回ることは期待できない。もちろん会員は会費を負担しているわけであるから、会員対象の事業はかなり重要視されねばならない。一方で、現在スポーツが実施できていない住民にもスポーツの機会や場を提供するという機能を考えるとした場合、このクラブで展開される事業はクラブ会員のためだけでなく、会員以外の住民にも開かれることが重要となろう(p.24を参照)。ここに成人週当りスポーツ実施率50%の仕掛けがある。

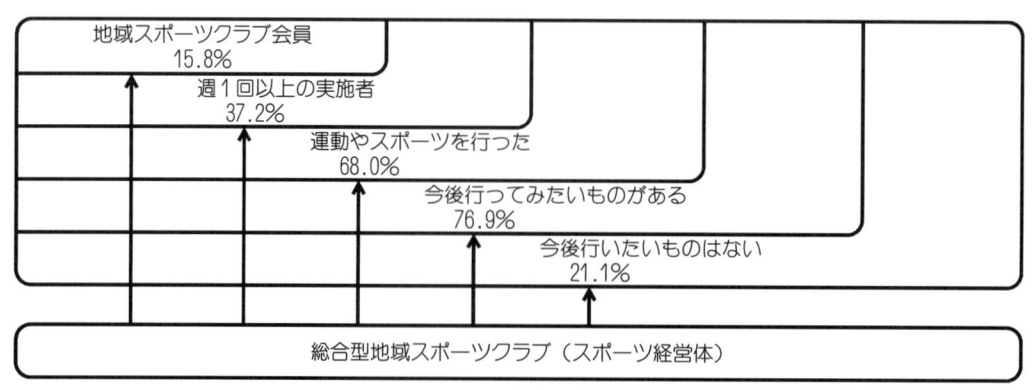

図14-3 総合型地域スポーツクラブの対象（平成12年内閣府世論調査より作成）

地域スポーツクラブ会員 15.8%
週1回以上の実施者 37.2%
運動やスポーツを行った 68.0%
今後行ってみたいものがある 76.9%
今後行いたいものはない 21.1%
総合型地域スポーツクラブ（スポーツ経営体）

⑤会員獲得・定着のためのメリット論の矛盾

クラブ育成をめぐっては「メリット」の確保が重要であるとの指摘もある。もちろん会費を払って参加する住民やスポーツ団体にとって"何か得するもの"がなければ参加は進

まないであろう。しかし、地域スポーツクラブ連合事業の失敗にみるように（p.14を参照）、各団体の利益を保証するために組織されるクラブは継続しない。このクラブのメリットは、施設の優先利用でもなければ施設利用料の減免でもない。会員になり活動することで、健康づくりやスポーツを楽しむことはもとより、地域の人とのコミュニケーションやあいさつができる人間関係の広がりに気づく必要がある。また、支えるスポーツとして自己の能力を他の人ために活かすという自己実現の喜びであり、そのプロセスに内在する生涯学習としての学びへの気づきも大きなメリットとなろう。

⑥過去の施策の延長線上で考える

　クラブ育成の過程で大きな問題となるのは、既存のスポーツ団体との関係やその理解の確保である。地域スポーツにはこれまでの施策の歴史があるため、それらを無視して新しいクラブづくりは考えられない。既存のスポーツ団体の理解が得られないまま創設されるクラブには、既存の団体が利用してない時間帯に入り込んでスポーツ事業を展開するクラブも多い。総合型地域スポーツクラブは"隙間"に入り込むクラブではなく、既存の団体と一緒に楽しみ運営されるクラブであるべきである。既存団体の権利を阻害するものでないことや、今までの活動を続けながら参加してもらうという関わりであることを理解してもらう必要があろう。そのためにはクラブの理念やクラブの仕組みと活動、そして豊かな地域スポーツと地域生活との関連を明確に示す必要があろう。

2. 自立した総合型地域スポーツクラブをめざして

(1) クラブの自立について考える

　「クラブの自立」や「自立的なクラブ」といったフレーズは、「自主運営」（第5章参照）などとならんでクラブの将来像を語るとき頻繁に、また好んで用いられる言葉である。「一人前」になることが求められる社会のなかで、「自立」という言葉のもつ響きは、スポーツにおける主体性や自発性といったイメージとも結びつき、われわれにとってますます魅力的なものとなっている。しかし、もしめざすべきクラブの姿を表現する「自立」についての理解が一面的で偏っていたり、不十分だったとすれば、当然のことながら実際のクラブの自立も一面的あるいは不十分なものとならざるを得ない。それでは「自立」とはどのような状態のことをいうのだろうか。ここでは、知っているつもりで実はあまりよくわかっていない自立の問題について、主にクラブと行政との関係を例にとりながら考えてみることにしたい。

(2) 行政主導型と住民主導型

　一般に「自立」が求められる背景には、「依存、非自立、甘え」といった状態がある。総合型地域スポーツクラブにおいて自立が求められる背景にも同じような状況があることは容易に想像がつくであろう。地域スポーツ分野における行政への依存については、次のよ

うな問題提起がなされている。

　　行政主導のスポーツ振興方策は、住民の行政（他者）依存体質を作り上げてしまったきらいがある。スポーツは本来行うものの自発性と責任性において実施されるものである。ところが我が国におけるスポーツは、学校や行政区域において、あるいは職場でさえも、行う者自らの主体的な取り組みというよりは、管理する側の責任と負担で支えられ、普及してきた経緯がある。住民サイドにとっては、税金を納めているのだから、行政がスポーツ振興の条件を整え、スポーツ事業を提供するのは当たり前という考え方が浸透しているようである。このことを住民だけではなく、行政自身がそういうものだと考えている向きがある。住民は行政の至れり尽くせりのサービス？　にすっかり自分たちが負うべき責任や苦労を忘れてしまったようだ[6]。

　ここでは、地域スポーツの振興における行政主導の問題と住民の行政依存の問題が同時に浮き彫りにされている。行政主導と住民の行政依存は、同じコインの表と裏の関係であり、それぞれ切り離して考えることのできないものである[5]（図14-4。第4章で取り上げた住民主導型のクラブは、こうした行政主導（行政依存）の対極にあるクラブ事例といえるが、以下ではこの相対する2つのタイプを比較し、それぞれの特徴についてみていくことにする。

　1つめの比較の観点は、クラブづくりの基点となる地域の問題・課題のレベルである。「住民主導型」の場合には、「スポーツの場と機会づくり」や「子どものスポーツ環境整備」など、地域住民に認識される問題のレベルがかなり具体的であるのに対して、「行政主導型」で認識される問題は、「スポーツ振興のため」「スポーツ人口を増やすため」など前者に比べるとやや抽象的である。2つめの比較の観点としては、スポーツ環境の変革主体があげられる。「住民主導型」では、問題の当事者としての地域住民が現在の状況を変えようとする主体であるのに対して、「行政主導型」では、行政サイドの人びとがこれを担うことになる。3つめの比較の観点は、クラブづくりの意味づけである。「住民主導型」では、先にあげた地域課題の解決に向けて、地域住民がクラブをつくることの意味を自ら発見するのに対して、「行政主導型」の場合、クラブづくりの意味は行政から与えられるものである。このときには、住民がクラブをつくることの意味を問い直したり、深く追求したりすることがないため、クラブの設立自体が目的化してしまう可能性もある。4つめの比較の観点は、

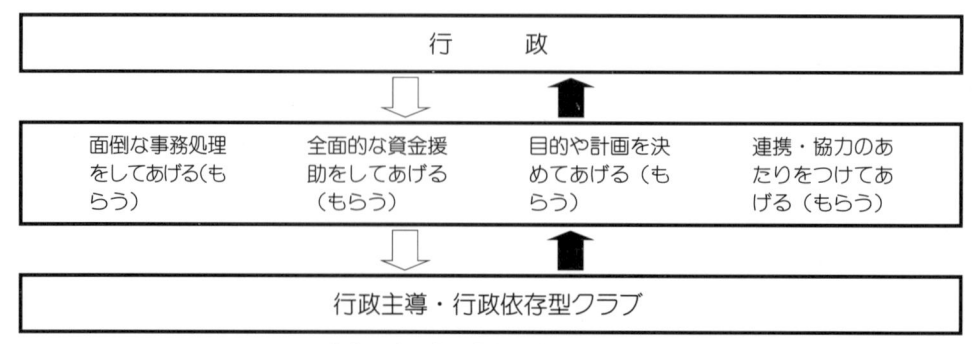

図14-4　依存を生み出し自立を妨げる「過保護」の例

資源の調達である。「住民主導型」では、組織に必要とされる資源（ヒト・モノ・カネ・情報）を可能な限り自前で調達しようとするのに対して、「行政主導型」では、こうした資源のほとんどを行政に依存（行政が提供）する。最後の比較の観点は、意思決定のタイプである。クラブが組織として成立し機能するまでには、組織体制、規約、役員人事、事業計画、予算編成などさまざまな意思決定の機会があるが、「住民主導型」の意思決定は試行錯誤の積み上げによってなされるものであり定型化（プログラム化）されていない。またその意思決定は外部の影響や統制を受けないため自律的である。これに対して「行政主導型」の場合には、重要な意思決定が主として行政によって定型的に処理され、またそれは方針が外部で決められるという意味で他律的な性格をもつことになる。

この比較からわかるように、「行政主導型」は住民の行政依存と結びつきやすく、他方の「住民主導型」はいわゆる住民自身の手による「自立的なクラブ」のイメージにぴったりとあてはまる。総合型地域スポーツクラブの育成主体は、何も行政ばかりではないが、外部のクラブ育成主体がクラブづくりを進める際には、住民がそうした育成主体に頼りきりにならない（過度に依存しない）よう十分留意するとともに、「住民主導型」クラブのモデルに近づけるような支援が必要になるといえるだろう。

表14-5 クラブの組織化における住民主導型と行政主導型の比較

(作野(2000)に加筆)[4]

特性次元（比較の観点）	対照的な2つのタイプ（理念型）	
	住民主導型	行政主導型
問題や課題のレベル	具体的 ⇔	抽象的
スポーツ環境の変革主体	住民 ⇔	行政
クラブをつくることの意味	住民が発見 ⇔	行政によって与えられる
資源の調達	住民の自前 ⇔	行政に依存
意思決定のタイプ	非定型・自律的 ⇔	定型・他律的

(3) 自立の4分類とクラブ

住民主導型クラブのもつ特性は、確かに自立的な性格を帯びてはいるが、その諸特性を並べてみても「自立」について理解したとはいえない。以下では、「自立」という考え方そのものについて、もう少し詳しく検討することにしたい。

自立が求められる対象にはさまざまなものがあるが、われわれのもっとも身近なところで自立が求められる対象は、やはり子どもであろう。この子どもの自立について、児童心理学では4つの自立領域の存在が指摘されている[1]。まず1つには「寝て、起きて、食べて」といった身の回りの生活技術、すなわちライフスキルに関わる「身辺的自立」、2つめは自分で生活するのに必要な収入を自分で稼ぎ出す「経済的自立」、3つめは自己決定能力、つ

表14-6 自立の4分類とスポーツにおける自立

自立の4分類	スポーツにおける個人の自立	スポーツにおけるクラブ（組織）の自立
身辺的自立	自分の身近な生活のなかにスポーツを取り入れる	自前の事務処理
経済的自立	スポーツ費用の自己負担	内部資金（自主財源）の確保 計画的かつ適切な外部資金の調達
精神的自立	スポーツにおける自己決定	組織としての主体的意思決定
社会的自立	スポーツ仲間との協同	他の組織や団体との共生・協同・共創

（深谷(2000)[1]もとに作成）

まり当面する問題に対して主体的な意思決定ができるような「精神的自立」である。これらは基本的に「自分のことは自分で」という点において共通する自立要素である。そして4つめの自立としてあげられているのが、人と人との関係性のなかで必要とされる能力をもつ「社会的自立」である。仮に先の3つの自立をクリア（自分のことは自分でできる・決める）していても、他者に対して無関心でまわりから孤立していれば、社会的に自立しているとはいえない。他者との関係をうまく築いたり、自分以外の人のために何かをしてあげられるときに、人は社会的に自立しているというのである。こうした自立の考え方は、子どもを対象にしたものであるが、組織としてのクラブの自立を考えるうえでも多くのことを示唆してくれる。

表14-6は子どもの自立の分類をもとに、スポーツにおける個人の自立とクラブの自立の考え方についてまとめたものである。まず、個人の問題としてスポーツにおける自立を考えてみると、自分の身近な生活のなかにスポーツ取り入れ、生涯にわたって親しむことができるようになること、スポーツにかかる費用を自分自身で負担すること、種目や活動レベルなど各種の意思決定を自分自身で行うこと、そしてスポーツ仲間との社会的関係をつくることなどをその要素としてあげることができる。同様にクラブ組織の場合にも4つの分類が可能である。

①身辺的自立

クラブの身辺的自立とは、組織として活動を継続していくために欠かせない各種の事務作業をクラブのメンバー自身が処理していくことである。総合型地域スポーツクラブのなかには、事務処理業務のほとんどを行政など外部に任せるケースもままみられるが、身辺的自立の観点からは、部分的あるいは漸進的に業務を住民に任せていくことも考えねばならない。

②経済的自立

クラブの経済的自立とは、安定的な内部資金（自主財源）を確保することである。多様な資金源をもつことが重要な経営課題になりつつあるとはいえ、外部資金への過度の依存は、経済的自立という点でやはり問題があるといわざるを得ない。表14-7は、クラブの総

事業費に占める会費および助成金の割合例を示したものである。これは、クラブの経済的な自立度を把握するための指標の一つだが、長期的にみたとき安定財源とはいえない助成金（外部資金）への依存度が著しく高いDクラブやEクラブは、今後、経済的自立に向けた財務体質の改善が求められる。

表14-7 クラブの総事業費に占める会費および助成金の割合[3]　　　（文部科学省、2002）

	会費の割合	助成金の割合
Aクラブ	37%	41%
Bクラブ	48%	20%
Cクラブ	70%	—
Dクラブ（育成モデル事業実施中）	9%	73%
Eクラブ（育成モデル事業実施中）	0%	100%

　これとは対照的に、3年間のクラブ育成事業補助金をわずか1年限りで返上したある地域では、補助金をもらい続けると、いざ自立となったときに会費だけでは運営できなくなるので「初年度立ち上げのときのお金だけで十分、後は自分たちの会費でやりたい」と申し出たといわれる[2]。このクラブは、経済的な自立指向のみならず、自分たちの進むべき道を自らで決定する精神的自立の程度もかなり高いといえる。

③精神的自立

　精神的自立とは、クラブが組織として主体的な意思決定を行うことである。組織の目標設や計画策定、また実行段階における諸決定がクラブ組織外部の判断・コントロールのもとに行われるのではなく、組織が主体的に行うことが大切になる。

　いくつかの事例をみると、何らかの危機的な状況を自分たちの力で乗り越えたときクラブの精神的自立が促されることが多いようである。

④社会的自立

　クラブの社会的自立とは、他の組織や団体と共生・協同しながら、地域全体としてよりよいスポーツ環境を創造しようとすることである。上の3つの自立要件を満たしていても、地域のなかで孤立しているようなクラブであれば、社会的には自立できていないことになる。また「自分たちのクラブさえよければ」という利己的な発想でなく、ときに地域のために何らかの貢献をするということも社会的自立の重要な一部をなす。本書第II部で取り上げたのケースのなかに、クラブとして地域貢献活動を行っているところが多数みられるのは、社会的自立のレベルが高いことの特性といってもよいだろう。

(4) 自立したクラブをめざして

　ここではクラブの自立を、身辺的自立、経済的自立、精神的自立、社会的自立という4つの観点から捉えてきた。「なぜクラブが育たないのか」という問いに対する答えはいくつもありそうだが、多元的な「自立」の考え方が、実践レベルにおいてまだまだ浸透していないということも大きな原因ではないかと考える。自立の意味を理解することは、どのようなクラブにしたいのかといった将来像、ビジョンなど組織的活動の方向を決める根本的な問題と密接に関わっているのである。

注
1) 深谷和子（2000）自立とは何か．児童心理54（1）：11-16．
2) 森川貞夫（2003）どうなる地域スポーツクラブ——総合型地域スポーツクラブへの期待と不安——．体育科教育51（1）：32-35．
3) 文部科学省（2002）クラブつくりの4つのドア．丸善（アドスリー）．p.35．
4) 作野誠一（2000）コミュニティ型スポーツクラブの形成過程に関する研究．体育学研究45（3）：360-376．
5) 作野誠一（2002）スポーツ行政による地域スポーツクラブ育成の課題．福岡女子大学文学部紀要『文藝と思想』66：107-120．
6) 八代　勉（1996）21世紀社会のスポーツ環境．スポーツと健康28（11）：5-8．

3．近代システムとしての総合型地域スポーツクラブの危険性

(1) 総合型地域スポーツクラブの育成がスポーツ政策の最重点課題とされる背景

　我が国は戦後から高度経済成長を経てバブル期まで極めて急速に文明化することができた。この成長は欧米から輸入した"近代"という社会システム（ここでは〈近代型〉と呼ぶことにしよう）によるものだが、20世紀の終わりとともに成長が鈍り、21世紀からは新しい社会観のもとで社会・文化・経済の成熟化へ向かおうとしている。われわれはまさに歴史のターニングポイントにいるのである。

　〈近代型〉は我が国に経済的繁栄や高度情報社会を築いたが、その反面さまざまな問題をもたらした。表14-8に見られる③地域社会の問題や②地域スポーツの問題はその一例である。

　総合型地域スポーツクラブは〈近代型〉が生み出した諸問題を発展的に解決するための新しい社会システムとして考え出された。総合型地域スポーツクラブを地域社会に育成するということそれは21世紀型コミュニティの育成であり、生涯学習社会をめざしたくにづくりやまちづくりの一環として、スポーツ振興を超えたおおきな役割を期待されているということを、われわれは改めて確認しておく必要があるだろう。

　総合型地域スポーツクラブの特徴に対する一般的・形式的な解釈は、「多種目・多世代・多目的・自主運営」である。この特徴は、表にある「①これまでのスポーツクラブ活動の特徴」とは対称的であることがわかる。しかしながら、このような対称性を表面的に解釈し、総合型地域スポーツクラブの諸条件を形式的に整備したとしてもクラブは育成できないし、実は②や③のような問題も解決できないのである。

表14-8　これまでの地域問題や地域スポーツ

①スポーツクラブ活動の特徴
チーム型・単種目・小人数・単世代 自己目的的活動 閉鎖的・自己完結など
②地域スポーツをめぐる問題
利用者の限定化／行政依存体質 施設不足・指導者不足 子供スポーツの過度の競技志向 学校運動部の問題など
③地域社会をめぐる問題
人間疎外／政治・行政・自治への無関心 都市化・均質化／高齢社会と少子化 健康不安・体力低下／医療費の増大 青少年教育問題／社会教育力の低下 国・地方財政危機など

第14章 "なぜクラブが育たないか"—総合型地域スポーツクラブの考え方と課題— 155

確かに〈近代型〉という社会システムの中でも総合型地域スポーツクラブは運営可能だが、表に掲げた②や③のような問題は、総合型地域スポーツクラブを運営することで再生産されてしまうおそれすらある。

21世紀型の社会では、地域生活に限っていえば、地域に住む生活者が自らの手で地域の社会問題を解決し、地域文化を創造することが期待されている。このような社会で期待される総合型地域スポーツクラブとは、全てのメンバーが生活者としてのスポーツ価値を協同して創造し、事業を協働運営する「スポーツ経営体」となっている必要がある（詳しくは第1章を参照されたい）。このことを十分に理解せずに、総合型地域スポーツクラブの立ち上げの際に形式的な諸条件の整備に力を注ぐ地域が多いのではないだろうか。しかも残念なことに〈近代型〉の視点で総合型地域スポーツクラブを運営しようとする人々が行政にも地域住民にも多くいる。

本稿では、そもそも地域スポーツの問題や地域社会の問題を生み出した〈近代型〉の視点から、地域スポーツを説明し、〈近代型〉という視点で運営される総合型スポーツクラブの特徴と危険性について説明していくことにする。

(2)〈近代型〉スポーツシステムの構造

まず、20世紀に主流であった〈近代型〉のスポーツシステムとはどういうものであるのだろうか。ひと言で言えば、行政・学校・企業のような大きな支配組織がスポーツの価値を作り上げるとともに、それに則ったスポーツサービスを事業化する。そしてこれを人々（住民、消費者、生徒）に提供してきた。

つまり、図14-5のように大きな支配組織がスポーツサービス提供体であり、一方で人々はスポーツサービス受容者であった。この構造の特徴は第1にサービスの供給側と需要側が明確に分離し、互いにその役割を自覚していることがあげられる。供給側はスポーツの価値やスポーツサービスを作る主体であることを自覚し、需要側は供給側によって作られたスポーツの価値やスポーツサービスを消費する客体であることを自覚する。そして、互いの役割意識が両者の距離を乖離させていくような動的な力が働き合う。

第2に、供給側は、多量で煩雑な事業を処理するために専門化と効率化を図ったり、権力を中央へ一元的に向かわせたりする官僚的合理化が起こる。また、需要側を顧客として扱い、顧客の欲求満足を価値とし、付加的なサービスを過剰に生産する顧客志向や、あるいは経済的合理性のもとで市場の価値観を操作するマーケティング志向といった経済的合理化が生まれるようになる。そして、供給側は自らを「スポーツの価値やスポーツサービスを創り出す主体」として自負し、人々には「スポーツとは、サービス享受を通して活動を楽しむ遊びである」という価値観を啓発する。これらは、スポーツにおいては官民とも同様の傾向を示し

図14-5 〈近代型〉スポーツシステム

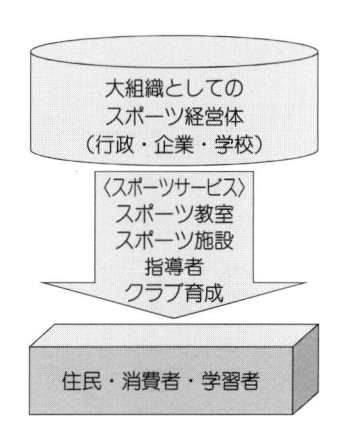

大組織としてのスポーツ経営体（行政・企業・学校）
〈スポーツサービス〉
スポーツ教室
スポーツ施設
指導者
クラブ育成
↓
住民・消費者・学習者

ている。

　第3に受容側は、自身の利己的な欲求を満足させてもらうことや行政や企業のサービスを利用・消費することを、利用料の対価であると認識し、経済行為の中で自らを顧客化する。さらにはマーケティング活動によりサービスのみならず人々の価値観すらも操作されていることを拒まず、むしろサービスや価値観の創造を供給側に委ねるといった依存化が起こる。そして、供給側が創り出した「人々にとって、スポーツとは活動を楽しむ遊びである」という価値観が受容側から見ると「代金さえ支払えば、スポーツ活動を通して自分さえ楽しければそれでよい」という価値観へと転化する。

　この構造からこれまでの地域スポーツを眺めてみると、行政はスポーツ事業を運営する経営体（スポーツ経営体）となり、複数種目でかつ多世代にわたるスポーツ教室を実施したり、多種多様なスポーツ施設を貸し出したり、有資格（質の高い）指導者を派遣するというサービスを地域住民に提供していた。あるいは、人的規模の大小にかかわらずスポーツ集団（スポーツ少年団やスポーツサークル）に対し、優先的な施設利用を保証するなどのクラブ育成にも力を注いできた。

　この手厚い行政サービスのせいで、地域スポーツの普及が計られた反面、住民は行政が提供する行政サービスを享受する立場（受容側）のみをスポーツ関与と認識してしまい、自身やメンバーが楽しめさえすればそれでよいと考えるようになったのである。

　この構造こそが、スポーツを介して〈近代型〉が引き起こす諸々の社会問題を助長してきた。たとえば地域のアイデンティティを欠如したり、人間愛や奉仕精神を見失ったり、教育力や自治力を失わせたり、人間疎外を生み出したり、政治への無関心を助長したりした。またどの地域でも似たような健康観、スポーツ観が植え付けられ、均質的で独自性のないスポーツづくりやまちづくりが行われてきた。

　翻って考えるならば、総合型地域スポーツクラブには、このような行政と住民間の需要―供給という構造そのものを根本から変革しようとする期待も見てとれる。住民が自らの手で、協同してスポーツを創るとともに、スポーツを媒介として、人々が交流したり、まちや文化を創ったりする生涯学習の場の理念型が総合型地域スポーツクラブなのである。

(3) 〈近代型〉スポーツシステムで運営される総合型地域スポーツクラブ

　総合型地域スポーツクラブの育成にあたって、陥りやすい問題は次の点である（図14-6）。これは、一部の熱意あるクラブメンバーが、運営主体となりサービス供給側に固定され、それ以外のメンバーはサービス受容側に固定されてしまうクラブ運営である。

　この図から理解できることは多種目・多世代・多目的という要素を含んだサービスを提供すると

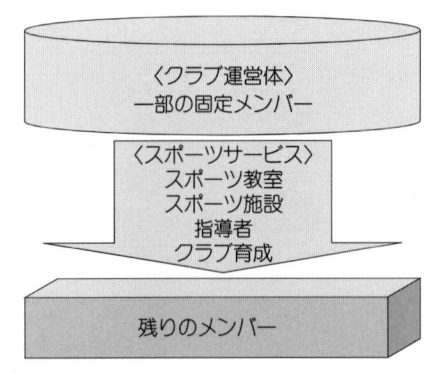

図14-6　〈近代型〉で運営される総合型地域スポーツクラブ

〈クラブ運営体〉
一部の固定メンバー

〈スポーツサービス〉
スポーツ教室
スポーツ施設
指導者
クラブ育成

残りのメンバー

第14章 "なぜクラブが育たないか" —総合型地域スポーツクラブの考え方と課題— 157

いう点では、総合型地域スポーツクラブの形式的な条件をそろえている。さらに、運営主体がたとえ一部であったとしても住民であるわけだから、住民による自主運営という条件ですらクリアされる。つまり、〈近代型〉スポーツシステムで問題としたサービスの需要—供給構造と酷似する構造を総合型地域スポーツクラブでもシステム化できてしまうということになる。

そして〈近代型〉スポーツシステムの構造に慣れ親しんでしまった住民や行政は、この枠組みの呪縛から離れることが難しく、むしろ歓迎する傾向にすらあるので、残念なことにこのような形態で運営される総合型地域スポーツクラブが少なくないのが実情であろう

〈近代型〉スポーツシステムでは、スポーツサービスの提供側である大きな組織・行政の官僚的合理化や経済合理化、サービスの需要側である住民の顧客化や依存化が起こると考えられた。このような近代システムの構造が地域におけるスポーツの問題、あるいは地域社会問題を引き起こしたのだから、まったく同じことが総合型地域スポーツクラブ内で起きたとしてもおかしくない。

〈近代型〉スポーツシステムによって運営される総合型地域スポーツクラブでは、地域社会全体で見るならば、自立した住民も育たないし、本当の意味での地域スポーツ文化や生涯学習社会も育たないといえる。しかも組織は長続きしない可能性が高いと推測されるのである。

(4) 〈近代型〉総合型地域スポーツクラブに潜む危険性

仮に、〈近代型〉スポーツシステムを総合型地域スポーツクラブにも援用してしまうと、どのような結果をもたらすのだろうか。具体例を挙げながら予測していきたい。注意すべきは、供給側と受容側が互いの役割を自覚しそれぞれの立場からスポーツに係わろうとする点にある。そして、〈近代型〉というシステムが自然発生的に互いの距離を広げ、もはや修復が難しくなる。

〈一部のメンバーで固定された運営側でおこる問題点〉

- 組織の新陳代謝が行われず、閉鎖的・独善的組織の方向へ進んでしまい、役員がメンバー内で孤立する。
- 役員以外のメンバーの人の顔が見えなくなり、ビジネスライクな関係の中で、運営に必要な事務処理だけを淡々と行う。
- 役員に特権意識が芽生える。
- 中央集権的で、部門間の横の関係が希薄な縦割り官僚化する。
- 総会、役員会、運営委員会等の会議が形骸化する。
- 各種目・部局が独自に運営しはじめ、運営委員会が部門連絡調整役となる。
- 多様な価値観を排除する傾向を持つ。
- メンバー全体の相互理解というクラブ本来の価値を忘れる、あるいは無視する。
- 会費=サービス料となり、受益者負担=サービス料の負担と見なす。

- 一般会員を「楽しむことを志向するお客様」として扱う。
- 無制限・無分別な成長志向をもち、新規顧客の獲得に焦る。

〈運営に係わらない一般会員内で起こる問題点〉

- 会費以外の資源的出資をしたがらない（余分なお金は払いたがらないし、自分から手伝おうとしない）。
- クラブ運営に対して発言しない、会議に参加しないなど、議論をベースにした相互理解を嫌う。
- 自らを"お客様"として自覚するようになる。
- 会費＝サービス料と認識する。
- 自らが楽しむことだけに関心を持つ。
- メンバー間では楽しむという表面的なコミュニケーションしかしない。
- 同質的な集団で寄り添うようになる。
- クラブ運営に対して関心を持たないし、運営側に協力しようとしない。
- 新しい問題の発見や、それを自らの手で解決策を生み出そうとしない。
- 利己的関心しかないのだから、社会的問題を自己問題化できず、公共的活動が難しくなる。

　下の写真は、ある都市の教育委員会と広域スポーツセンターが作成した総合型地域スポーツクラブの啓発パンフレットである。これは〈近代型〉で見てきた大きな支配組織が、「スポーツとはただ楽しむもの」という価値観を前面に押し出したマーケティングプロモーション戦略をとっている好例といえよう。パンフレットの内容を詳しく読むとメンバー全員で力を合わせたクラブ運営の大切さが説明されているが、読者の目に飛び込んでくるのは第一に「豊かなクラブライフを楽しむ！」というキャッチコピーではないだろうか。これを読んだ人々は地域スポーツクラブの入会動機として「充実した指導者がいて、色々なスポーツ活動を安価で楽しみたい」と抱くのはまったく自然なことである。

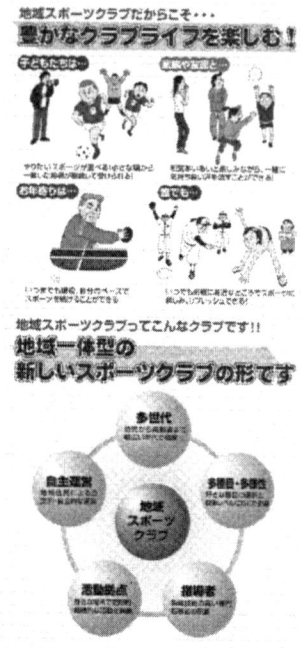

(5)〈近代型〉スポーツシステムに陥らないための留意点

〈近代型〉スポーツシステムに陥らないための留意点を以下に列挙してみた。

〈全体の注意事項〉

- 〈近代型〉スポーツシステムの罠にはまらないよう最大限注意しよう。
- クラブは全員参加型のスポーツ経営体と理解しよう。
- 入会時に会員資格（例のようなクラブの目的に賛同したものが会員である）を徹底させよう。
- 地域住民のため、未来のこどものためという熱意をメンバー全員が常に持ち続ける工夫をしよう。
- 外部評価者・学識経験者の意見を聞こう。

〈設立期の注意事項〉

- 学習を通して運営委員を育てよう。
- 議論を通してクラブ理念の共有を徹底しよう。
- 対話が自由にできる雰囲気をつくろう。

〈創成期の注意事項〉

- 会の目的の賛同者を入会者させよう。
- 学習を通して会員を育てよう。
- 総会を形骸化させないようにしよう。
- クラブハウスを日常的に議論や井戸端会議の場としよう（事務所化すべからず）。
- 社会問題を自己問題化しよう。

〈移行期〜成熟期〉

- 定期的に評価しよう。
- 巨大化による効率化や官僚化に注意しよう。
- 公共性を忘れないようにしよう。
- スポーツに無関心な人・苦手な人を取り込もう。
- 役員の新陳代謝を積極的にしよう。
- 外部組織とのコンフリクトを解消しよう。

資　料

1．総合型地域スポーツクラブモデル図
2．文部科学省　総合型地域スポーツクラブ育成モデル事業
3．スポーツ振興基本計画（抜粋）
4．運動部・スポーツクラブの加入率
5．既設総合型地域スポーツクラブの問題点と課題
6．学校体育施設開放事業の推進について

資料１

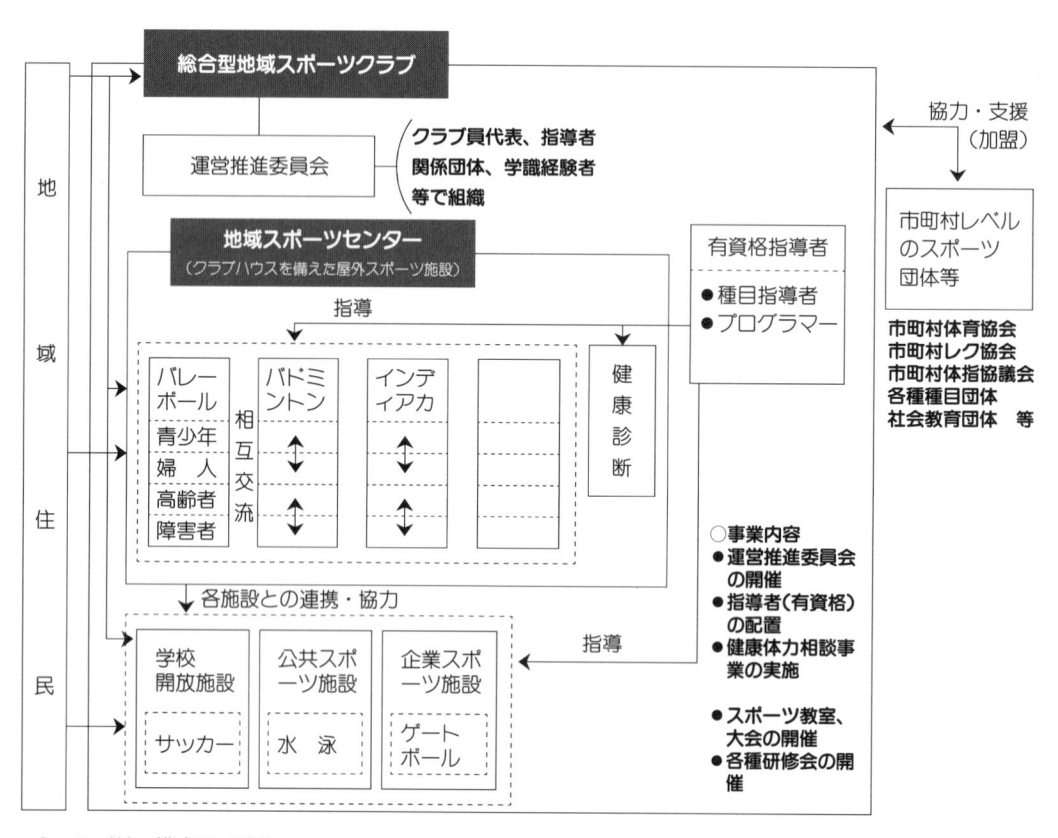

○クラブ員の構成及び活動
・1中学校区程度のスポーツを愛好する青少年、婦人、高齢者、障害者等の各種住民で構成
・各層のスポーツに関する取り組みや技能レベルは多様
・各層での相互交流や技能レベルでの交流が可能
・クラブ員は複数種目の活動が可能
・活動拠点（学校開放施設、公共スポーツ施設等と連携）を有することにより定期的・計画的な活動が可能
・指導者の配置によりクラブ員のスポーツへの取り組み方や技能レベルに応じた適切な指導が可能
・教室・大会をはじめとする多彩なプログラムや行事をクラブ員に提供することが可能
・地域住民を対象とした各種イベントの開催により、地域に根ざしたスポーツクラブの形成が可能

総合型地域スポーツクラブモデル図（文部省、1995）

> 資料2

文部科学省　総合型地域スポーツクラブ育成モデル事業

1．事業の概要

　国民の誰もが、それぞれの体力や年齢、技術、興味、目的に応じて、いつでも、どこでも、いつまでもスポーツに親しむことができる生涯スポーツ社会の実現は国民的課題であり、これを21世紀の早期に実現するためには、日常的なスポーツの場として総合型地域スポーツクラブ（以下「総合型クラブ」という。）を全国に展開することが効果的である。

　また、平成12年8月の保健体育審議会答申「スポーツ振興基本計画の在り方について」においても、2010年までに全国の各市町村において少なくとも一つは総合型クラブを育成することが到達目標とされており、国には、更なるモデル事業の推進が求められている。

　このため、総合型クラブの全国展開の計画的な達成に向け、47都道府県で複数のモデル事業を実施する。

2．事業の内容

　障害者を含めた地域住民が地域スポーツ施設等を拠点とし、複数の種目に親しめる総合型のスポーツクラブを育成・定着させ、自主的に運営できるよう組織化を進め、学校週5日制にも対応するコミュニティクラブの育成を目指す先導的なモデル事業を進める。

(1) クラブの組織づくりのための住民参加の運営推進委員会の開催
(2) 多様化・高度化するスポーツニーズに応じた有資格指導者の配置
(3) クラブ員の技術・レベルに応じた各種スポーツ教室の開催
(4) クラブ員相互の交流および他の地域スポーツクラブとの交流を図るスポーツ大会の開催
(5) クラブ員相互の連携等を図るための各種研修会の開催
(6) メディカルチェック、スポーツテスト等の実施及び必要な備品の整備

3．所要経費

47市町村→94市町村　＠13,000千円（事業費）　補助率1/2

> 資料3

スポーツ振興基本計画（抜粋）

Ⅰ．総論

1．スポーツの意義

　スポーツは、人生をより豊かにし、充実したものとするとともに、人間の身体的・精神的な欲求にこたえる世界共通の人類の文化の一つである。心身の両面に影響を与える文化としてのスポーツは、明るく豊かで活力に満ちた社会の形成や個々人の心身の健全な発達に必要不可欠なものであり、人々が生涯にわたってスポーツに親しむことは、極めて大きな意義を有している。

　また、スポーツは、人間の可能性の極限を追求する営みという意義を有しており、競技スポーツに打ち込む競技者のひたむきな姿は、国民のスポーツへの関心を高め、国民に夢や感動を与えるなど、活力ある健全な社会の形成にも貢献するものである。

　更に、スポーツは、社会的に次のような意義も有し、その振興を一層促進していくための基盤の整備・充実を図ることは、従前にも増して国や地方公共団体の重要な責務の一つとなっている。

ア　青少年の心身の健全な発達
イ　地域社会の再生、地域における連帯感の醸成
ウ　スポーツ産業の広がりとそれに伴う雇用創出等の経済的効果、医療費の節減の効果等、国民経済への寄与
エ　国際的な友好と親善

　なお、人間とスポーツとのかかわりについては、スポーツを自ら行うことのほかに、スポーツをみて楽しむことやスポーツを支援することがある。スポーツをみて楽しむことは、スポーツの振興の面だけでなく、国民生活の質的向上やゆとりある生活の観点からも有意義である。また、スポーツの支援については、例え

ば、ボランティアとしてスポーツの振興に積極的にかかわりながら、自己開発、自己実現を図ることを可能とする。人々は、このようにスポーツへの多様なかかわりを通じて、生涯にわたる豊かなスポーツライフを実現していくのである。従って、スポーツへの多様なかかわりについても、その意義を踏まえ、促進を図っていくことが重要である。

2．計画のねらい

現代社会におけるスポーツの果たす意義、役割を考えたとき、国民のスポーツへの主体的な取組みを基本としつつ、国民のニーズや期待に適切にこたえ、国民一人一人がスポーツ活動を継続的に実践できるような、また、競技力の向上につながるようなスポーツ環境を整備することは、国、地方公共団体の重要な責務である。こうしたスポーツ振興施策を効果的・効率的に実施するに当たっては、施策の定期的な評価・見直しを行いつつ、新たにスポーツ振興投票制度が実施される運びとなっていることも踏まえ、中・長期的な見通しに立って、スポーツの振興をめぐる諸課題に体系的・計画的に取り組むことが求められている。

本計画は、このような視点から、スポーツの機会を提供する公的主体及び民間主体と、利用する住民や競技者が一体となった取組みを積極的に展開し、一層のスポーツ振興を図ることにより、21世紀における明るく豊かで活力ある社会の実現を目指すものである。

3．計画の主要な課題

本計画においては、上に述べたような「ねらい」を踏まえ、今後のスポーツ行政の主要な課題として次のものを掲げ、その具体化を図ることとする。
(1) 生涯スポーツ社会の実現に向けた、地域におけるスポーツ環境の整備充実方策
(2) 我が国の国際競技力の総合的な向上方策
(3) 生涯スポーツ及び競技スポーツと学校体育・スポーツとの連携を推進するための方策

また、地方公共団体において、本計画を考慮しながら地方の実情に即したスポーツの振興に関する計画を定めることとなっているが、これらの計画とあいまって、スポーツ振興のための各種施策を総合的かつ積極的に推進していくこととする。

4．計画の性格

本計画は、スポーツ振興法に基づいて、長期的・総合的な視点から国が目指す今後のスポーツ振興の基本的方向を示すものであると同時に、地方公共団体にとっては、地方の実情に即したスポーツ振興施策を主体的に進める上での参考指針となるものである。現在、個性豊かで活力に満ちた地域社会を実現すること等を基本として、地域の特性を生かしつつ、魅力ある地域づくりを進めている各地方公共団体においては、自らの選択と責任に基づく主体的な地域づくりの一環として、創意と工夫を凝らしたスポーツ振興施策を推進することが期待される。

5．計画の実施

(1) 計画の期間等

本計画は、平成13年度から概ね10年間で実現すべき政策目標を設定するとともに、その政策目標を達成するために必要な施策を示したものである。

本計画に基づく施策の実施に際しては、適宜その進捗状況の把握に努めるとともに、5年後に計画全体の見直しを図るものとする。

(2) 本計画に掲げる施策の推進に必要な財源の確保

本計画に掲げる施策の推進に当たっては、スポーツ振興のための財源確保が重要である。このうち国が推進すべき施策に必要な財源については、予算措置以外に、平成2年にはスポーツ振興基金が設立されたところであるが、更に平成10年には、スポーツ振興投票を通じてスポーツの振興のために必要な資金を得ることを目的としたスポーツ振興投票制度が成立するなど、多様な財源確保のための取組みが行われてきている。

本計画に掲げる国の施策の推進に必要な資金の充実のため、財政事情等を考慮しつつ、スポーツ振興のために必要な予算措置等について今後ともその充実に努めるとともに、特にスポーツ振興投票の収益については、できる限りその安定的な確保に努めることとする。

Ⅱ．スポーツ振興施策の展開方策

1．生涯スポーツ社会の実現に向けた、地域におけるスポーツ環境の整備充実方策

> 政策目標：(1) 国民の誰もが、それぞれの体力や年齢、技術、興味・目的に応じて、いつでも、どこでも、いつまでもスポーツに親しむことができる生涯スポーツ社会を実現する。
> (2) その目標として、できるかぎり早期に、成人の週1回以上のスポーツ実施率が2人に1人（50パーセント）となることを目指す。

A．政策目標達成のため必要不可欠である施策

○総合型地域スポーツクラブの全国展開

> 到達目標
> ・2010年（平成22年）までに、全国の各市区町村において少なくとも1つは総合型地域スポーツクラブを育成する。
> ・2010年（平成22年）までに、各都道府県において少なくとも1つは広域スポーツセンターを育成する。

「総合型地域スポーツクラブ」とは、地域住民が主体的に運営するスポーツクラブの形態である。我が国では、身近な生活圏である中学校区程度の地域において、学校体育施設や公共スポーツ施設を拠点としながら、地域の実情に応じて民間スポーツ施設も活用した、地域住民の誰もが参加できる総合型地域スポーツクラブが定着することが適当と考えられる。特に学校体育施設は地域の最も身近なスポーツ施設であり、住民のスポーツ活動における期待は大きい。なお、総合型地域スポーツクラブを育成することは、完全学校週5日制時代における地域の子どものスポーツ活動の受け皿の整備にもつながり、さらには地域の連帯意識の高揚、世代間交流等の地域社会の活性化や再生にも寄与するものである。

総合型地域スポーツクラブの特徴は、次のとおりである。

ア．複数の種目が用意されている。
イ．子どもから高齢者まで、初心者からトップレベルの競技者まで、地域の誰もが年齢、興味・関心、技術・技能レベルなどに応じて、いつまでも活動できる。
ウ．活動の拠点となるスポーツ施設及びクラブハウスがあり、定期的・継続的なスポーツ活動を行うことができる。
エ．質の高い指導者の下、個々のスポーツニーズに応じたスポーツ指導が行われる。
オ．以上のようなことについて、地域住民が主体的に運営する。

B．政策目標達成のための基盤的施策

(1) スポーツ指導者の養成・確保

質の高い技術・技能を有したスポーツ指導者の養成方策の充実を図るとともに、総合型地域スポーツクラブの全国展開など、スポーツ活動の場の拡大に伴って必要となる指導者の確保を図り、スポーツ指導者が指導を円滑に行うことのできる環境を整備する。

(2) スポーツ施設の充実

学校体育施設や公共スポーツ施設を、総合型地域スポーツクラブの活動の場として有効活用できるよう充実させるとともに、地域の実情に応じて、管理運営を総合型地域スポーツクラブへ委託する等、管理運営の弾力化を図る。

(3) 地域における的確なスポーツ情報の提供

スポーツ情報の提供体制の整備は、地域住民がスポーツに親しむための基盤であり、地域の実態及び住民のニーズに応じた情報提供システムの構築を図る必要がある。

(4) 住民のニーズに即応した地域スポーツ行政の見直し

総合型地域スポーツクラブの全国展開に向けて、国と都道府県、市町村のスポーツ振興を担当する部局相互間の連携・協力を推進する。さらに、それぞれのスポーツ振興部局においては、社会福祉・健康づくりやまちづくり等のスポーツ活動に資する施策を行う関係部局との連携・協力を図り、総合的・効率的なスポーツ行政を推進する。また、地域住民自らが主体的に取り組むスポーツ活動への支援を推進する方向へ行政の重点を移行すること。

資料 4

スポーツ基本計画（抜粋）

第1章　スポーツをめぐる現状と今後の課題

1．背景と展望

　スポーツ基本法におけるスポーツの果たす役割をふまえ、目指すべき具体的な社会の姿として以下の5つを提示。

① 青少年が健全に育ち、他者との協同や公正さと規律を重んじる社会
② 健康で活力に満ちた長寿社会
③ 地域の人々の主体的な協働により、深い絆で結ばれた一体感や活力がある地域社会
④ 国民が自国に誇りを持ち、経済的に発展し、活力ある社会
⑤ 平和と友好に貢献し、国際的に信頼され、尊敬される国

　こうした社会を目指す過程において、またその実現により、スポーツの意義や価値が広く国民に共有され、より多くの人々がスポーツの楽しさや感動を分かち互いに支え合う「新たなスポーツ文化」の確立を目指していくことが必要である。

第2章　今後10年間を見通したスポーツ推進の基本方針

　本計画においては、「年齢や性別、障害等を問わず、広く人々が、関心、適性等に応じてスポーツに参画することができる環境を整備すること」を基本的な政策課題としつつ、次の課題ごとに政策目標を設定し、スポーツ立国の実現を目指すこととする。

① 子どものスポーツ機会の充実
② ライフステージに応じたスポーツ活動の推進
③ 住民が主体的に参画する地域のスポーツ環境の整備
④ 国際競技力の向上に向けた人材の養成やスポーツ環境の整備
⑤ オリンピック・パラリンピック等の国際競技大会の招致・開催等を通じた国際貢献・交流の推進
⑥ スポーツ界の透明性、公平・公正性の向上
⑦ スポーツ界の好循環の創出

第3章　今後5年間に総合的かつ計画的に取り組むべき施策

3．住民が主体的に参画する地域のスポーツ環境の整備

> 政策目標：住民が主体的に参画する地域のスポーツ環境を整備するため、総合型地域スポーツクラブの育成やスポーツ指導者・スポーツ施設の充実等を図る。
>
> 　住民が主体的に参画する地域のスポーツ環境を整備することは、地域社会の再生において重要な意義を有するものであるとともに、生涯を通じた住民のスポーツ参画の基盤となるものである。このような観点から、総合型地域スポーツクラブ（「総合型クラブ」）を中心とする地域スポーツクラブが、地域スポーツの担い手としての重要な役割を果たしていけるよう、さらなる育成とその活動の充実を図る。

(1) コミュニティの中心となる地域スポーツクラブの育成・推進

　総合型クラブを中心とする地域スポーツクラブがスポーツを通じて「新しい公共」を担い、コミュニティの核となれるよう、地方公共団体の人口規模や高齢化、過疎化等に留意しつつ、各市区町村に少なくとも1つは総合型クラブが育成されることを目指す。

　さらに、総合型クラブがより自立的に運営することができるようにするため、運営面や指導面において周辺の地域スポーツクラブを支えることができる総合型クラブ（「拠点クラブ」）を広域市町村圏（全国300箇所程度）を目安として育成する。

2．現状と課題

　総合型クラブは、地域の人々に年齢、興味・関心、技術・技能レベル等に応じた様々なスポーツ機会を提供する、多種目、多世代、多志向のスポーツクラブである。

国においては、平成7年度からこのような理念による総合型クラブづくりのモデル事業を展開し、平成16年度以降は、公益財団法人日本体育協会（「日体協」）を通じて総合型クラブに支援を行っているところである。

文部科学省の「平成23年度総合型地域スポーツクラブに関する実態調査」によると、総合型クラブの設置率は平成23年7月現在、市（東京23区含む）のみの場合は90.9%であり、町村を加えると75.4%と低くなる。この地域差の背景には、各市区町村の人口規模や高齢化、過疎化等の要因が存在すると考えられる。

スポーツ振興基本計画（平成12年策定、平成18年改訂）では、全国の各市区町村において少なくとも1つは総合型クラブを育成することを目標に掲げている。他方、これが標準と受け止められ、複数の総合型クラブを育成できる市区町村でも1つしか育成されていない原因となり、結果として、総合型クラブの育成の鈍化に繋がっていると考えられる。

総合型クラブの自主性・主体性を支える重要な要素である財源については、平成23年7月現在、総合型クラブのうち、自己財源率が50%以下のクラブが半数以上（57.65%）を占めており、財政基盤が弱い総合型クラブが多い（文部科学省「平成23年度　総合型地域スポーツクラブに関する実態調査」（平成24年2月））。

また、多様な財源の確保が期待できる法人格を取得した総合型クラブは11.4%、地方公共団体から指定管理者として委託された総合型クラブは3.7%といずれもまだ少ない。これらのことから、総合型クラブにおける自己財源の確保に向けた取組の充実が大きな課題となっている。

さらに、総合型クラブの認知度については、公益財団法人笹川スポーツ財団の「スポーツライフ・データ2008」（平成20年）によると、総合型クラブを知らない者が約7割にのぼり、総合型クラブの理念・趣旨、特徴、地域住民の関与の仕方等に関わる情報が広く行き渡っていない。

総合型クラブの創設や運営、活動を効率的に支援することが期待される広域スポーツセンターについては、全都道府県に設置されているものの、広域スポーツセンターに相談したことがある総合型クラブは全体の約3割に過ぎず、総合型クラブの期待に十分応えているとは言い難い状況にある。また、広域スポーツセンターについては、会費収入等の恒常的な収入基盤がないことが課題となっている。

文部科学省の「平成22年度　総合型地域スポーツクラブに関する実態調査」（平成23年2月）によると、総合型クラブの設立による地域の変化として、「世代を超えた交流が生まれた」、「地域住民間の交流が活性化した」、「地域の連帯感が強まった」等の意見も掲げられており、総合型クラブは、様々なスポーツ活動を行う場を創出することはもとより、地域スポーツ活動を通して、地域の絆や結びつきを再発見するなど、官だけでなく、市民、NPO、企業等が積極的に公共的な財・サービスの提供主体となり、身近な分野において、共助の精神で活動する「新しい公共」を担うコミュニティの核となることが期待されている側面もある。

3．今後の具体的施策展開：
（地域スポーツクラブの育成・支援等）

○国は、地方公共団体やスポーツ団体、大学・企業等と連携し、市区町村の人口規模や高齢化、過疎化等各地域の実情に応じて、望ましい総合型クラブの在り方や支援策について検討を行うとともに、その成果に基づき総合型クラブの支援策の改善を図り、各地域の実情に応じたきめ細やかな総合型クラブの育成を促進する。

○国は、総合型クラブへの移行を指向する単一種目（多世代・多志向）の地域スポーツクラブや、周辺の拠点クラブ・スポーツ少年団等と連携することにより総体として総合型クラブと同等の役割を果たす地域スポーツクラブ等についても支援を行うなど、総合型クラブ育成に向けた支援の対象範囲を拡大する。

○国は、総合型クラブを含む地域スポーツクラブの財源の拡充のため、会費収入の増加につながる会員募集の広報活動や、認定NPO法人制度の積極的な活用、地元企業とのパートナーシップの確立により幅広く寄附を集める取組、公共の施設の指定管理者となることによりその収入を運営財源にするための取組等の優良事例を収集・検討し、地方公共団体や各地域スポーツクラブに対して普及・啓発を図る。

○国及びスポーツ団体は、現行の「クラブ育成アドバイザー」を一層充実させ、総合型クラブの創設から自立・活動までを一体的にアドバイスできる「クラブアドバイザー（仮称）」について協議・検討し、スポーツ団体は、「クラブアドバイザー（仮称）」を

育成する。

○国は、地域におけるスポーツ活動の推進に関し、特にその活動の功績が顕著な総合型クラブに対する顕彰の在り方を検討する。

○国は、広域スポーツセンターについて、拠点クラブや各都道府県総合型クラブ連絡協議会等のスポーツ関係団体・組織等との間の、地域スポーツ推進に係る役割分担を含め、その在り方を見直す。

○独立行政法人日本スポーツ振興センターは、総合型クラブの活動等への助成等を通じ、スポーツによる地域や世代間の交流の基盤の整備を図る。

○地方公共団体においては、地域スポーツクラブに対して、地域スポーツの推進という公益的な活動への一層の貢献に資するため、NPO法人格を取得することを促すことが期待される。

（地域スポーツクラブと地域との連携による課題解決等）

○国は、地域コミュニティの核として総合型クラブが充実・発展するよう、スポーツ・レクリエーション活動を含むスポーツだけでなく、文化・福祉活動等も展開することに資する先進事例等を収集し、情報発信する。

○地方公共団体においては、育成された拠点クラブが周辺の学校や地域スポーツクラブ等と効果的に連携できるよう、拠点クラブやスポーツ指導者に関する情報の提供を充実することが期待される。

○地方公共団体においては、総合型クラブと連携し、学校の体育に関する活動の中で総合型クラブでの体験等の機会を提供し、子どもに対する総合型クラブの認知度を向上させることが期待される。

○地方公共団体においては、総合型クラブが幼稚園や放課後児童クラブ（学童保育）等と連携し、スポーツ教室における運動や外遊び等の機会を増やす取組を支援することが期待される。

○地域スポーツクラブにおいては、地域の課題（学校・地域連携、健康増進、体力向上、子育て支援等）解決への貢献も視野に入れ、会員はもとより、広く地域住民が主体的に取り組むスポーツ活動を推進することにより、地域スポーツクラブがスポーツを通じて「新しい公共」を担うコミュニティの核として充実・発展していくことが期待される。

（総合型クラブ間のネットワークの拡充）

○国は、総合型クラブを世代間又は地域間の交流や様々なスポーツ活動を実践する場として充実させるため、「総合型地域スポーツクラブ交流大会(仮称)」の開催を検討する。

○地方公共団体においては、スポーツ団体と連携し、各都道府県にある総合型クラブ連絡協議会を支援し、総合型クラブの総合型クラブ連絡協議会への加盟を促進し、総合型クラブ間の情報共有やスポーツ交流大会等の中核となるよう組織体制を充実させるとともに、総合型クラブ連絡協議会の自立化を促すことが期待される。

○スポーツ団体においては、総合型クラブ全国協議会の活動の充実を支援することが期待される。総合型クラブ全国協議会においては、総合型クラブの創設活動の支援、社会的な認知度向上のための広報活動、総合型クラブ育成に関する調査研究等を実施することが期待される。

運動部・スポーツクラブの加入率

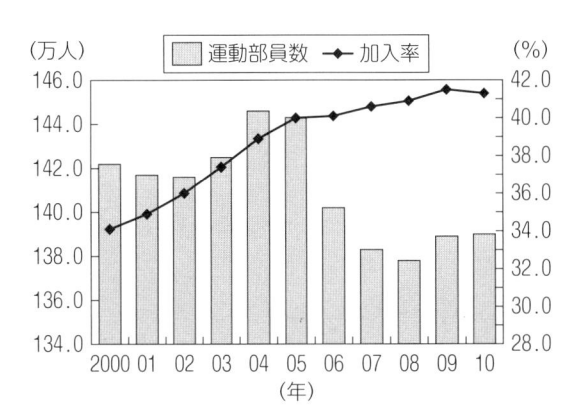

図　高等学校における運動部員数と加入率の推移
SSF笹川スポーツ財団「スポーツ白書」(2011)、p.101 より作成

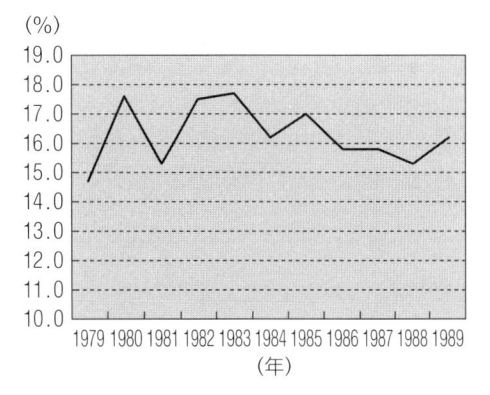

図　地域スポーツクラブ加入率の推移
内閣府（旧総理府）「体力・スポーツに関する世論調査」より

テキスト 総合型地域スポーツクラブ 増補版　NDC780 viii, 167p 26cm
ⒸJapanese Society of Management for Physical Education and Sports　2004

初　版第1刷──── 2002 年 12 月 10 日
増補版第1刷──── 2004 年 5 月 20 日
　　第 4 刷──── 2013 年 9 月 1 日

編　者─── 日本体育・スポーツ経営学会
発行者─── 鈴木一行
発行所─── 株式会社大修館書店
　　　　　〒113-8541　東京都文京区湯島 2-1-1
　　　　　電話 03-3868-2651（販売部）03-3868-2298（編集部）
　　　　　振替 00190-7-40504
　　　　　［出版情報］http://www.taishukan.co.jp

装丁者─── 和田多香子
表紙イラスト─waha（小沢和夫）
印刷所─── 八光印刷
製本所─── 司製本

ISBN 978-4-469-26548-4　Printed in Japan

Ⓡ本書のコピー、スキャン、デジタル化等の無断複製は著作権法上の例外を除き禁じられています。本書を代行業者等の第三者に依頼してスキャンやデジタル化することは、たとえ個人や家庭内の範囲であっても著作権法上認められておりません。